产业经济学的微观基础与宏观应用

耿 琼 王 云 张 茜◎著

中国商务出版社
·北京·

图书在版编目（CIP）数据

产业经济学的微观基础与宏观应用 / 耿琼，王云，张茜著．— 北京：中国商务出版社，2024. 8. — ISBN 978-7-5103-5380-2

Ⅰ．F062.9

中国国家版本馆 CIP 数据核字第 2024HW1234 号

产业经济学的微观基础与宏观应用

耿 琼　王 云　张 茜◎著

出版发行：中国商务出版社有限公司
地　　址：北京市东城区安定门外大街东后巷 28 号　邮编：100710
网　　址：http://www.cctpress.com
联系电话：010—64515150（发行部）　　010—64212247（总编室）
　　　　　010—64515164（事业部）　　010—64248236（印制部）
责任编辑：薛庆林
排　　版：河南济航文化有限公司
印　　刷：宝蕾元仁浩（天津）印刷有限公司
开　　本：787 毫米 ×1092 毫米　1/16
印　　张：14.5　　　　　　　字　　数：230 千字
版　　次：2024 年 8 月第 1 版　　印　　次：2024 年 8 月第 1 次印刷
书　　号：ISBN 978-7-5103-5380-2
定　　价：79.00 元

前　言

随着全球化的深入发展和科技创新的不断推进，产业经济学的研究领域不断扩展和深化。基于微观层面，产业经济学关注的价格设定、产量控制、成本管理，以及市场策略等内容揭示了市场力量对企业行为的影响，展示了企业策略如何在市场环境中发挥作用，有利于理解现代市场的运作；基于宏观层面，财政刺激、货币政策调整、贸易协议等宏观政策的制定与实施，影响了经济市场的整体结构和长期发展趋势。在数字化转型、可持续发展目标的实现、全球供应链重构的要求下，产业经济学的理论和方法需要不断更新和发展，整合了环境科学、资源管理等多学科知识，为经济发展和产业政策的制定提供了理论支持。

本书综合微观经济学与宏观经济学的理论基础，探讨价格机制、市场结构、企业行为和生产理论等微观经济学领域的核心内容，以及研究产业政策、全球产业链、经济稳定政策和全球经济危机中产业经济学的宏观应用。基于经济发展的背景，书中进行了产业融合与结构变迁、数字化转型、环境可持续发展和技术创新等方面的前瞻性分析，指出产业经济学在应对未来经济挑战中的关键作用，以提供一个全面的视角来理解产业经济学在当代经济中的应用，使读者能够更好地把握产业经济学在解决现实经济问题中的实际效用，以便在复杂多变的经济环境中做出更有效的决策。

本书由郑州升达经贸管理学院耿琼、王云、张茜共同编写。具体分工：耿琼编写第一章、第四章第一节、第四章第四节及第五章；王云编写第二章及第四章第三节；张茜编写第三章及第四章第二节。在写作过程中，笔者参阅了相关文献资料。由于水平有限，疏漏和不足之处在所难免，希望广大读者批评指正，并衷心希望同行不吝赐教。

作　者

2024 年 5 月

目录

第一章　绪　论

第一节　研究背景与意义

新中国成立 70 多年，尤其是改革开放 40 多年来，经济取得了辉煌的成就，创造了令世界惊叹的发展奇迹。1952 年至 2019 年，中国 GDP 从 679 亿元增长到 99 万亿元，年均增长率达 11.5%。中国 GDP 占美国 GDP 的比例从 1995 年的 9.7% 上升至 2019 年的 66.3%，全球占比也从 1960 年的 4.4% 上升到 2019 年的 16.4%，经济总量稳居世界第二位。2019 年，中国人均 GDP 突破 1 万美元，全国居民人均收入达到 4500 美元，从低收入国家成功跨入中等偏上收入国家行列。在令人可喜的现状面前，更应当保持居安思危、防微杜渐的心理，剖析经济发展中的利好因素和不稳定因素。

尽管我国的经济总量尚处于增长态势，但就其结构而言，已出现了经济减速的趋势，当今新质生产力席卷全球，科技进步进一步释放了生产力，传统经济学集中于宏观层面和微观层面的经济理论及实证研究，已无法适应经济的多样性发展和多层次变化。现代经济学日益成为热门议题，其中突出了中观层面即产业经济的经济活动的重要性，具体来说，产业经济学的研究背景主要分为以下六个部分。

一是全球化趋势及其对国际贸易的影响力。全球化推进并强化了国际生产分工协作，促使跨国公司与全球价值链体系成为现代产业架构的重要构成要素。关注全球供应链的治理策略、国际贸易规则的制定与执行、跨国资本流动的规制，以及国际市场竞争态势，有利于研究全球经济一体化的影响。此外，全球化进程的深化不仅重塑了产业组织结构，也形成了新的挑战与机遇并存的局面。目前，随着全球化的深化，各国之间的贸易摩擦和保护主义不断抬头，尤其是中美贸易摩擦，对全球产业格局产生了深远影响。这种贸易摩擦不但影响了双边贸易，还对全球供应链的稳定性和产业布局产生了重大冲击。

二是技术创新和数字经济。科技领域的迅猛进步，尤其是信息技术、人工智能、大数据技术及区块链等对既存产业及新兴行业均产生了深刻的变革效应。这些科技创新引领了产业结构的根本性转变，促进了数字经济模型的兴起与互联网平台经济现象的蓬勃发展，为产业经济学研究开辟了全新的分析维度。

三是可持续发展和绿色经济。其议题日益凸显重要性，尤其是在全球气候变化日益严峻的背景下，国际社会普遍认识到在经济增长过程中融入绿色经济与可持续发展理念的紧迫性。这一共识强调了绿色技术创新的推广、可再生能源项目的加速开发，以及将其深度整合进产业发展的战略之中。资源的循环利用机制、废弃物的有效再生及环保政策的科学制定，共同构成了提升产业可持续发展的关键支柱，它们促进了经济活动与生态环境的和谐共生，同时也是导向产业长期繁荣与环境责任并重发展的必由之路。

四是经济政策和产业政策。在应对市场失灵和促进产业发展的背景下，经济政策和产业政策的有效设计和实施对于促进产业健康发展和降低国民经济波动性带来的损失至关重要。产业政策、竞争政策和创新政策的制定和执行，以及货币政策和财政政策的调控，直接影响产业结构调整和经济发展方式的转变。因此，产业经济学的研究能为政策制定提供科学依据和实践指导，推动经济的高质量发展。

五是人口和社会变迁。近年来“人口红利”的概念被经济学界所提及。具体而言就是，老龄化社会的加速、生育率下降导致的少子化现象，以及快速城镇化进程，这些人口结构的深刻变动，对劳动力供需市场、消费模式及产业结构产生了根本性的影响。产业经济学研究需紧密跟随这些社会变迁的趋势，深入剖析人口结构变化如何重塑产业需求格局，并探索适应这一变化的企业市场策略，促进经济的平稳转型与升级。

六是区域经济发展和产业集群。鉴于全球各个国家及地区间存在的显著经济成长差异与产业结构的多样性，产业经济学需要研究产业策略如何促进区域间的协调发展并缩小这些发展差距。这就要求全面审视各地的资源分配、产业根基及政策扶持条件，确保策略的精准性和实效性。此外，产业集群作为推动地方经济增长与创新的主要力量，其内部的创新网络构造对经济活动具有正面影响，通过细致分析产业集群的运行模式与成效，为国家制定更为科学合理的区域发展战略提供坚实的理论支撑与实证导向，进一步加快区域经济的转型升级与均衡发展。

总体来说，当前我国的经济发展正处于转型阶段，现代经济学突出了高科技、自动化和信息技术的运用，指出加强市场经济体的发达程度，推进全球化贸易，现代经济学中的经济决策基于数据分析、理论模型和政策工具，能够进一步优化资源配置，提高效率和公平。高质量的经济发展离不开现代经济学的支撑，研究产业经济学是为了更好地研究中观经济学，依托产业，实现微观层面上的“可操作”和宏观层面下的“可执行”。

第二节 文献综述

一、国外研究现状综述

各国在产业经济学的研究上投入了大量资源，并且有不同的侧重，其产业经济在不同领域存在差异化、领先的研究态势。以发达国家为首，结合产业经济学的最新成果，着重介绍以下几个国家产业经济的现状：

（一）美国产业经济学研究现状

20 世纪 70 年代初期，美国经济学家迈克尔·波特（Michael E. Porter）提出了产业集群理论，将产业的竞争力与地理位置、供应链和产业相关性联系起来。这一理论推动了对产业内部结构和外部环境的研究，揭示了产业集群对创新和竞争的促进作用，为产业政策和地区经济发展提供了理论基础。

在 20 世纪 80 年代和 90 年代，美国经济学家奥利弗·威廉姆森（Oliver Williamson）提出了“交易费用经济学”理论，强调了企业组织结构对于降低交易成本和解决合作问题的重要性。这一理论促进了对企业内部组织和产业链上下游关系的研究，为理解企业行为和市场效率提供了新的视角。

2006 年，约瑟夫· S. 哈斯廷斯（Joseph S. Harrington.）发表了一篇重要的论文《行为博弈论中的卡特尔稳定性：理论与实验研究》（Cartel Stability in Behavioral Game Theory: Theory and Experimental Evidence）。在这篇论文中，哈斯廷斯深入探讨了卡特尔行为及其稳定性问题，结合理论模型和实验数据，揭示了卡特尔在不同市场环境下的行为特征和稳定性条件。该文利用先进的计量经济学方法和实验经济学技术，对卡特尔行为进行了细致的实证分析，提供了关于市场竞争和反垄断政策的重要见解。进一步丰富了产业经济学和竞争政策的理论基础，并且为监管机构制定和实施反垄断政策提供了有力支持。

2010 年以来美国在数字经济和创新产业方面取得了显著进展。数字经济的兴起促进了互联网平台经济和在线市场的发展，重塑了传统产业的竞争格局。2015 年，加州大学伯克利分校的卡尔 ·夏皮罗（Carl Shapiro）发表了有关平台经济和市场结构的研究。夏皮罗的研究强调了互联网平台在现代经济中的重要性，分析了平台竞争的特征和对传统市场的影响。他指出，平台经济重塑了市场竞争格局，推动了新的商业模式和市场动态的形成。2017 年，美国联邦通信委员会（FCC）主席阿吉特 ·帕伊（Ajit Pai）推动废除了“网络中立性”政策。这一政策变动对互联网服务提供商和平台经济产生了重大影响，促使一些学者研究网络中立性政策对市场竞争和消费者福利的影响。阿吉特 ·帕伊的举措引发了关于数字经济监管的广泛讨论，并推动了相关政策和产业经济学研究的深入发展。

2019 年，斯坦福大学的苏珊 · 阿西（Susan Athey）在人工智能和大数据对市场竞争和创新的影响方面进行了研究，探讨大数据在商业决策中的应用，分析了人工智能如何促进技术创新和产业升级。

近年来，美国政府出台了越来越多的直接干预型的产业政策，推动产业本土化归岸化、加强供应链安全性、加大新兴产业支持力度，具体可见表 1–1。

表 1–1 当前美国主要产业政策

时间	政策名称	主要目标	具体内容
2018 年 12 月	联邦采购供应链安全法	加强供应链安全	重点开展审查相关机构信息系统或采购活动中是否涵盖违规物品，将进一步评估供应链中的知识产权盗窃、数据泄露、关键基础设施破坏等风险环节
2020 年 10 月	关键与新兴技术国家战略	维持美国在人工智能、量子信息科技等关键技术及产业领域的优势	加大科技研发投资、培育高素质人才、与盟友和合作伙伴一同行动
2021 年 2 月	关于美国供应链的行政命令	加强供应链安全，维护经济繁荣和国家安全	下令对美国依赖进口的 6 个行业进行审查，对四类产品进行百日审查，要求国防部、商务部和公共服务部提交报告
2021 年 11 月	基础设施投资与就业法案	提振经济，增加就业	投入约 1.2 万亿美元，以修复美国老化的道路和桥梁，完善铁路运输系统，优化机场和港口设施，改善公共交通，加快电动汽车发展，推动清洁能源转型、电力基础设施升级改造等
2022 年 1 月	美国竞争法案	提升经济和科技竞争力	总投入 2570 亿美元，包括向芯片制造业投资 520 亿美元，450 亿美元用于改善重要商品的供应链，以及 1600 亿美元的科学研究和创新投入
2022 年 8 月	通胀削减法案	降低通胀，促进经济发展和社会福利	未来十年投入约 4300 亿美元用于气候和清洁能源及医疗保健领域
2022 年 8 月	芯片与科学法案	保持美国在半导体产业的优势地位，重振制造业，增加就业机会	提供约 527 亿美元的资金补贴和税收等优惠政策，以吸引各国芯片产业转移到美国去，限制中国芯片产业发展，同时对前沿科技进行补贴

资料来源：美国联邦政府及下属机构等公开的政策文件内容。

总体来说，美国凭借其丰富的科研资源、强大的大学和研究机构，以及高度发达的产业体系，在数据驱动产业研究和竞争策略理论上有较大的创新，并通过产业政策来引导相关资源和人力向先进产业倾斜。

（二）日本产业经济学研究现状

20 世纪 50 年代至 70 年代初期，日本依据“幼稚产业保护理论”制定和实施产业政策，以快速实现工业化并促进重点产业发展。该理论主张，国家应根据要素禀赋的动态变化和经济发展方向选择需要保护的产业，通过关税保护等措施促进新兴产业的发展，从而推动经济结构调整并确立动态比较优势。日本提出了“所得弹性标准”和“生产率提升标准”，确定了合成纤维、石油化工、汽车、电子机械和航空工业等重点发展产业。为促进这些产业的发展，国家采取了制订合理化计划、税收优惠、外汇控制、关税和非关税壁垒、政策引导和企业合作等一系列措施。

1994 年起，“结构改革”成为产业政策的重点，通过改革现有社会经济制度，完善市场机制，促进经济发展。该理论指出国家行为存在公共政策失误、行政效率低下和寻租活动等问题，政策失败会产生巨大的社会经济成本。因此，日本国家推进经济制度改革，减少对市场的直接干预，并实施产业再生政策，推动企业调整经营业务，解决债务过剩、设备过剩和人员过剩等问题。

进入 21 世纪，日本在积极参与经济全球化的同时，进一步推行结构改革，以消除企业参与全球化经营活动的障碍，释放供给潜力，促进经济增长。“安倍经济学”包含了结构改革内容，如促进企业投资、完善市场环境、改善就业制度、推动科技创新和新兴产业发展等。

面对新形势的挑战，日本认识到仅依靠市场机制难以实现经济结构的快速转型和应对复杂的国际形势。因此，支持日本产业政策的理论再次转变，“企业家型政府理论”成为新的主导理论。该理论主张，国家不仅应调节市场，还需积极创造市场，推动技术革命，资助企业的创新研发，并将社会经济发展的“课题”作为产业政策的目标，制定政策方向及重点发展的产业和技术。日本调整了新自由主义的“结构改革”，转向实施以加大国家投入为特征的产业政策，以应对国际挑战并推动经济转型升级。

在新形势下，日本的经济发展面临推动科技创新、绿色转型、缩小贫富差距等内部挑战，以及提升“战略不可或缺性”和“战略自主性”等外部压力。因此，日本的产业政策概念需要重新界定，其范围也有所扩大。

从狭义角度看，日本采取的是一种选择性产业政策，针对特定产业或企业给予扶植或保护，并且配合财政金融等政策资源支持，以缩短产业结构演变进程。加快企业经营业务重组，推动经济平稳发展。20世纪50年代至80年代中期，日本实施的产业合理化政策和产业结构政策主要着眼于特定产业发展，属于狭义的产业政策。80年代中期以后，日本转向针对特定企业落实产业政策，对符合国家认定条件的特定企业实施财政金融支持措施，这也属于狭义的产业政策。

从广义角度看，日本的产业政策可以理解为国家为解决经济发展中各种经济社会课题所实施的一切关于产业的政策总和。这些社会经济课题包括但不限于新兴产业发展、资源要素配置优化、科技水平提升、应对气候变化、保障经济安全、防范贫富差距扩大等。日本在《经济产业政策新重点》中指出，当前的产业政策需确立“任务”导向，将解决中长期经济社会课题作为主要方向。

20世纪90年代至21世纪初，日本曾弱化产业政策，转而实施“结构改革”。然而在新形势下，产业政策再次受到关注，范围与内涵有所扩大，属于广义的产业政策范畴。从广义角度看，日本实施的促进绿色产业发展、强化科技创新能力、维护产业链供应链安全、缩小社会贫富差距等措施，以及配合实施的研发补贴、财政金融政策支持、规制改革等，都应被视为新形势下的产业政策。例如，产业链调整政策虽然不属于狭义的产业政策，但从提升经济安全水平的角度看，属于广义的产业政策。推动企业制订业务调整计划、提供补助金等措施也属于产业政策范畴。环境和分配等课题虽然不在狭义的产业政策范围内，但对实现中长期社会经济发展目标具有重要意义，因此需纳入广义的产业政策。

2021年6月，日本经济产业省提出需要重新审视战后产业政策的经验和教训，构建既不同于传统国家主导模式、也不同于新自由主义“结构改革”的新产业政策框架。其主要思路如下。

一是经济与环境相协调。新形势下，绿色转型被视为经济增长的机遇。近年来，日本对环境保护和经济绿色转型的重视程度不断提高。例如，环境相关项目在《经济产业政策重点》中的排名从2018年的第五位升至2022年的第二位。2020年发布的《2050年碳中和绿色增长战略》将增长战略与实现脱碳社会相结合，成为近期日本产业政策的重要组成部分。

二是经济与安全相协调。面对国际技术竞争和产业链供应链稳定的挑战，日本强调经济与安全问题的不可分割性。在2018年提出强化产业安全保障后，2021年首次将“强化产业链供应链韧性”纳入产业政策重点项目，2022年进一步提升经济安全在产业政策中的重要性。

三是经济与分配相协调。新冠疫情加剧了日本社会的贫富差距，呈现出“K字形”经济复苏态势。以往产业政策注重企业设备投资，忽视了劳动者的收入分配。新形势下，日本强调增加人力资本投资，提高劳动者收入占比，以实现更平等的收入分配和扩大劳动者的消费能力，从而推动分配与经济增长的良性循环。

在面对新的国际政治经济形势和国内社会经济发展问题时，日本的产业政策展现出了一系列新特点。这些特点包括以解决经济社会发展问题为主要目标、注重制造业发展与产业链供应链安全，以及供给与需求政策并举的新框架。具体如下。

一是将解决社会经济问题置于首要目标。传统上，日本的产业政策侧重于特定产业或企业的成长，历经数个阶段的迭代与革新。但在新冠疫情的冲击、国际政治经济格局的变动，以及第四次工业革命的浪潮下，原有的产业政策框架面临严峻考验，难以有效应对新时代的多重挑战。在环境保护层面，聚焦于汽车与钢铁行业的减排目标，推动能源结构向以可再生能源为中心的转型，加速低碳技术的研发与应用，将2050年实现碳中和视作激发经济增长潜能的契机；在经济安全范畴，致力于增强国内重要物资的供给能力，加强对核心技术的保护与投资，提升产业链供应链的抗风险能力，驱动国家与企业的数字化改革进程；在收入分配领域，通过加大人力资本投入，提升劳动者的生产力，致力于缩小社会贫富差距，构建更为公正的收入分配体系，助力“新资本主义”理念的实践与推广。

二是着力于制造业的振兴与产业链供应链的稳固安全。尽管自20世纪90年代起，日本对制造业的直接扶持有所减弱，但鉴于经济安全考量的日益凸显，日本再度将制造业的繁荣置于战略重心，强调提升“战略自主性”与“战略不可替代性”。为实现这一目标，日本采取了一系列具体行动，包括但不限于推动国内制造业发展、重点扶持半导体产业、加强产业链供应链安全。

三是供给与需求双管齐下的新型政策架构。其汲取了传统产业政策与“结构改革”实践的得失，日本构建的新一代产业政策框架彰显了供给侧与需求侧政策的协同运作。在供给侧，政策制定者通过规划引导、财政资金援助、规制环境优化等手段，倾力支持关键产业的壮大，激发企业的创新活力；在需求侧，采取大规模、持续性的财政刺激措施，辅以积极的需求管理策略，以便达成宏观经济社会发展目标；在政策评估环节，引入基于证据的政策制定（EBPM）机制，精确实施政策，以赢得公众认同与支持。

（三）德国产业经济学研究现状

德国一直秉持“工业立国”理念，凭借强大的制造业基础，成为国际公认的工业强国。因此德国的产业经济学注重在工业方面的研究。2017 年，德国制造业增加值占 GDP 的 21.06%，远高于欧元区、经合组织（OECD）成员和世界平均水平，也高于日本和美国。1997 年至 2017 年，德国制造业增加值占比一直维持在 20% 以上，显示出其对制造业基础地位的重视与维护。

在新一轮科技革命和产业变革中，德国工业面临着内外部挑战。内部挑战主要表现为科技创新和商业模式的后劲不足，外部挑战包括新兴市场国家和其他发达国家的双重挤压。为了应对这些挑战，德国提出了一系列新兴产业发展战略。在 2010 年德国颁布了《德国高技术创新战略 2020》，指明重点发展能源、健康、交通、安全和通信等五大产业；在 2013 年颁布了《工业 4.0 战略》，通过物联网技术推动第四次工业革命，提升德国在工业技术方面的领先地位；在 2019 年颁布了《国家工业战略 2030》，旨在应对全球创新加速和其他大国产业政策扩张，维护和发展德国的经济繁荣。

《国家工业战略 2030》明确指出，制造业是德国经济的基石，维持了德国的竞争力和创新力。如果没有强大的工业基础，大量就业机会将丧失，人均收入水平可能下降，进而影响高质量公共服务的提供。因此，夯实工业基础是德国的立国之本。战略将钢铁、汽车、化工、机械、医疗器械、光学、国防、绿色科技、航空航天和增材制造等十大产业列为关键核心部门，目标是到 2030 年提升德国和欧盟的工业增加值比重至 25% 和 20%。

该战略勾勒了未来产业政策的五大核心要旨：①聚焦于工业技术的主导地位，特别是关键技术和颠覆性创新领域，以确保技术自主与领先；②构建完整的工业价值链，增强产业链的韧性和抗逆境能力，有效应对地缘政治波动及公共卫生紧急状况的冲击；③致力于创造更多的就业机会，巩固优势产业基础，加速落后领域的追赶步伐，摒弃对产业层级的简单划分，如低端与高端之分；④加大对中小企业的扶持力度，实施精准的优惠政策，帮助企业应对数字化转型带来的挑战，确保其在数字经济时代的生存与发展；⑤支持行业领军企业，必要时国家可以采取参股措施，防止战略意义重大的企业落入外资控制，保障国家经济安全与产业自主权。

在产业监管政策上，《国家工业战略 2030》强调市场经济的基础性作用，反对国家强行干涉市场，但也强调公平竞争环境的重要性。如果其他国家不能创造公平竞争环境，德国将采取相应的行动抵制不正当竞争，必要时进行国家干预。国家干预的程度将根据经济活动的重要性决定，经济意义越大，国家干预越多。为消除不平等和不利因素，德国将采取包括改革补贴法和竞争法、给予企业限时补贴、限制倾销、推动企业合并等措施。

二、国内研究现状综述

以“产业经济学”为关键词，在中国知网进行高级检索，经过对文献的梳理和总结，共筛选出 1018 篇期刊，255 篇博士论文及 277 篇硕士论文。该领域的研究内容主要包括产业经济学教学课程及模式、产业经济学分析、产业经济学视域下某行的探究。由此可见，产业经济学是一个有待发展的领域，对其的研究以理论和探析为主。

（一）产业经济学教学课程及模式

学者梁江艳、肖春梅、艾麦提江·阿布都哈力克在《经济学一流本科专业建设视角下产业经济学课程教学创新实践探索》提出了产业经济学应借鉴西方产业经济学理论及成果，并结合我国经济和产业发展状况，构建中国特色的产业经济学理论框架。课程的目标分成三部分：知识目标、能力目标、育人目标。知识目标层面，中国产业经济学主要研究企业间相互作用规律、产业自身发展规律、产业间互动联系规律，以及产业在区域中的分布规律等。其研究内容涵盖产业组织理论、产业结构理论、产业关联理论、产业布局理论、产业发展理论和产业政策等方面。近年来，由于产业安全问题和生态环境问题日益突出，产业安全理论和产业竞争力理论也被纳入产业经济学研究范畴，进一步拓宽了研究视野。能力目标层面，产业经济学课程注重培养学生的思辨能力和探究问题的意识。通过深入挖掘与专业知识点契合的思政元素，引导学生在课程中高参与度地开展研究性学习。让学生从这些维度查找相关数据并进行可视化分析，以数据展示变革，以事实说明改革。通过这种方式来领悟坚持道路自信、理论自信、制度自信和文化自信的深远意义，加强对理论知识的掌握，同时提升对前沿热点问题的分析能力。育人目标层面，产业经济学课程以课程思政为载体，引导学生树立正确的世界观、人生观和价值观。通过结合当代新兴产业发展实践，培养学生的爱国情怀，使其成为可靠、稳定、熟悉产业管理工作并具有国际视野和创新思维的产业经济人才。教学创新的具体实践路径是通过“产业经济新闻翻转小课堂”“讲好中国产业发展‘小故事’”“社会实践与专题讨论”“产业案例收集与分析”“产业经济专题讲座”五个版块进行，形成了“五位一体”教学实践总体框架。

学者程云鹤、胡贝贝分析了产业经济学课程教学存在的问题：一是产业经济理论的本土化不足。现有教材中有关产业结构和产业组织的理论是基于西方经济学研究，既有的产业经济研究主要是围绕市场结构—市场行为—市场绩效开展，忽略了中国经济治理结构的影响。二是教学目标的价值观引领失衡，产业经济学研究作为舶来品，继承了西方“理性经济人”的假设，该假设将个人的自由、权利和私欲置于优先考虑的地位，追求消费者个体效用最大化和企业个体利润最大化，而马克思认为个人是社会的主体，社会是个人的联合，应当兼顾个人和社会的利益最大化，三是理论教学与实践融合度低，产业经济学在高校教学中以理论为主，实践教学微乎其微，实践的缺乏使学生对理论知识的认识与掌握缺乏系统性，无法解决实际问题，因此满足社会的高质量经济发展也就无从谈起了。

学者陈素琼、鲁希总结了有关产业经济学的研究现状。近年来，产业经济学课程教学改革研究丰富多样，涵盖了不同目标导向下的教学模式改革、教学方法的探讨、教学信息化改革下的教学形式变化，以及课程思政研究。在目标导向方面，研究提出了多种教学模式，如“课堂信息化 + 教学多元化 + 实践本土化”和 PBL（问题导向学习），以培养复合应用型人才。在教学方法方面，案例教学、参与式教学、情景教学和翻转课堂等方法的运用，显著提升了教学效果和学生的参与度。在信息化改革方面，在线开放教学模式和超星学习通软件的应用，促进了传统教学与网络教学的融合，提升了课程质量。课程思政研究强调在教学中融入思政元素，通过丰富教学内容、培养文化自信和树立正确的价值观，构建专业教育与思政教育相结合的立体教学模式。并基于财经类专业创新型人才培养目标的产业经济学教学提出改革策略。紧密联系实际教学内容设计创新，结合国家战略性新兴产业发展规划，选取新型显示产业和新能源汽车的实例，将产业经济学各模块知识体系融入实际案例，以提高学生分析和解决现实问题的能力。在教学模式创新方面，提出“一导向、三环节”模式，以问题为导向，进行课前自主学习、课中合作学习和课后拓展学习，改变传统教学方式，突出学生中心地位，提升学习的能动性和兴趣，培养学生的自主学习能力和创新能力。教学结果评价创新强调全过程参与，采用多元化考核体系，降低期末考试比重，增加平时参与度、作业完成度和小组合作的考核，激励学生积极参与课程学习，提高综合运用知识的能力和创新思维。

（二）产业经济学 SCP 范式案例分析

产业组织结构理论作为产业经济学不可或缺的理论支柱，致力于分析经济体系中产业的内在构造与运作机制。其中最为著名的是哈佛学派所构建的理论体系，该学派通过将复杂的产业环境细分为若干微观市场，确立了一套逻辑严密的分析框架，即 SCP 范式——市场结构（Structure）、市场行为（Conduct）与市场绩效（Performance）三者的依次推演关系。SCP 框架构成了产业组织理论研究方法论的核心，系统性地探讨了市场结构如何影响企业的行为模式，进而决定整个市场的运行绩效。

学者倪燕对高校图书馆创客空间建设进行了产业经济学研究。首先，市场结构呈现中小企业群生型产业集群特征,市场集中度低,产品差别化大,进入壁垒低,但要求高，有合理退出机制。其次，市场行为表现为高校创客研发主要分为集中开发和创新学习模式，合作以基地合作为主，多方合作有助于技术创新和新技术的实践应用。创客空间内部运作需要制定规章制度，强化管理，营造积极合作氛围。最后，市场绩效体现在资源配置效率高，具体体现在集聚创新人才，促进产学研深度融合，X 非效率是资源利用效率的反映，创客空间 X 非效率程度低，并且实现了技术和学科的融合、资源共享、平台共建，将社会总效用最大化。通过 SCP 分析范式，研究高校创客空间的发展有助于促进空间集聚和产业集群的成长。

学者杨雪子研究了国内的网络自制综艺产业。在中国网络自制综艺行业，国家产业政策受市场结构和市场行为影响，首先，在市场结构层面上网络自制综艺产业集中度中上（50%~65%），以寡占Ⅲ型为主，产品差异化体现在各视频网站推出不同类型的自制综艺，如爱奇艺的《中国有嘻哈》、腾讯的《口袋里的秘密》等，并且市场进入壁垒较高，需要获得相关许可证和资质。其次，在市场行为层面上该产业呈现出视频网站与专业制作公司合作的趋势，分工更明确，专业化更强。最后，在市场绩效层面上体现在高产量和播放量，2017 年上半年发布了 57 部网综，播放量高达 172 亿，广告收入增长迅速，例如，《奇葩说》第四季广告收入接近 4 亿元，视频网站也逐渐转向以广告为主、付费会员并行的盈利结构，2017 年中国视频网站付费用户规模预计超过 1 亿。杨雪子根据 SCP 范式分析得出结论：2016 年开始，我国网络综艺产业政策逐渐收紧，监管日益严格，推动了行业由原本放任自流的状态向精耕细作式发展转变。资金的充裕和互联网巨头的涌入使得资本已不再是问题，个性和创新成为竞争核心，促使网综注重内容品质，制作水准逐渐提升，进入了精品化时代。然而，网综行业仍面临一些问题，如行业集中度高、市场同质化竞争等，这不利于整个文化产业的健康发展。差异化布局成为关键。但随着政策规范和网络平台的努力，网络自制综艺有望朝着规范化、高品质、精品化的方向不断发展。

（三）产业经济学视域下某行业的探究

学者陈漫漫从产业经济学视域研究了文创产业。中国的文创产业经历了从预热到初创再到体制改革创新的发展阶段，随着“文化强国”战略的提出，文创产业蓬勃发展，大量文创产业城市和聚集区相继建立，进入了高潮期。文创产业发展的关键是原创性，市场竞争主要依赖产品的创新价值，因此保护知识产权至关重要。文创产业的附加值体现在与其他产品的融合上，通过整合创意与成熟产品提升市场价值，推动传统文化的创新发展。文创产业的外溢性影响着人们的生活和审美观念，促进了国家文化影响力的提升，推动了相关产业的多元化发展，引领着产业结构重组的变革。然而产业经济学背景下文创产业的发展存在着三个亟待解决的问题：创新能力不足、产业体系亟待完善、金融服务不够健全。针对这三个问题提出了三个发展策略；一是拓宽产业发展方向，利用互联网信息技术进行设计创新和推广，捕捉国际市场需求，将文创产品产业化、本土化和规模化。二是促进文创产业与市场联动，国家发挥管控作用，引导文创市场分工明确、良性发展，提高文创产业的发展动力，三是完善文创金融配套机制，国家针对文创产业出台相应的管理政策，确保金融融资的安全性，鼓励相关产业利用自身发展优势灵活运用市场手段拓展融资渠道，可以结合多元化融资方式，根据实际情况进行组合融资，还可以加大对文创平台的建设及服务，规范文创产品交易，提高文创产业交易的安全性。

学者程胜利研究了产业经济学视域下物联网的发展。产业经济学研究的是产业结构的组成、发展和应用，而互联网作为一种重要的技术进步，已经深刻改变了人们的生活方式和生产建设，进而影响了产业结构，形成了独特的经济模式。随着互联网的深入发展，它逐渐渗透到各行各业，成为产业经济发展的基础和推动力。具体来说，互联网为物联网的发展奠定了基础。物联网通过互联网将物与物、人与物连接在一起，实现了信息的有效交互和传递。互联网和物联网的整合促进了产业经济的变革，推动了生产实践的创新和效率的提升。尽管物联网还处于初始化阶段，但其潜力巨大，与产业经济的结合有望加速经济的进步，推动市场经济体系的高效运转。因此，产业经济学需要不断研究和探索互联网与物联网的发展及其应用，推动产业经济的现代化和科学化。当下产业经济学视域下物联网存在着明显问题：一是缺乏核心技术，目前，我国的物联网发展呈现出各自为战的局面，缺乏多方位的协同发展。许多企业在同一个项目上相互竞争，导致了重复建设和资源共享不足的问题。二是商业链不够完善，我国物联网发展缓慢，主要由于技术不够成熟和缺乏统筹性计划，导致资源共享不足和投资浪费。此外，物联网运用不成熟使得商业链不完整，企业规模小，产业链不完善，资源和利益分配不均衡，这些因素致使国内企业在全球竞争中依然弱小，运行过程中小问题被逐渐放大，阻碍了商业链的发展。三是缺乏合理的整合因素，我国物联网发展缓慢主要是缺乏统筹性规划和合理的战略整合，导致各地区和企业自发发展、重复建设，资源浪费和投资成本增加。还有，在市场竞争机制下缺乏保障和协调机制，使得风险难以应对，国家未能制定有效的战略规划，阻碍了物联网的有序发展。

三、综述述评

总体来说，国内在产业经济学的研究起步较晚，学者们结合中国的具体国情在产业发展实践的基础上，提出了一些具有中国特色的产业经济理论，具体包括国有企业改革、产业结构调整和区域经济协调发展等问题。随着各国对产业经济学的重视，我国也积极参与到国际学术交流中，促进了产业经济学的理论发展。在产业新一轮变革后，我国学者对产业经济学开展了实证研究，对产业结构、企业行为、市场绩效等进行了深入分析，以期对国家产业政策的制定提供重要参考。

中国在产业经济学领域制定了一系列的政策来推动产业升级、促进经济高质量发展、提升国际竞争力，如《中国制造 2025》、《国家创新驱动发展战略纲要》、国家“十三五”规划和“十四五”规划、“双碳”政策、区域协调发展战略、数字经济发展战略。

目前，我国产业经济学研究在五大方面处于国际领先地位。

一是数字经济与平台经济。举例来说，互联网平台经济如阿里巴巴、腾讯，电子商务如淘宝、京东等电商平台，移动支付如支付宝和微信支付都为学者探究产业经济提供了丰富的实践机会，相关领域的理论领先于全球。

二是人工智能和大数据应用。将人工智能技术与大数据分析应用到制造业、城市建设和交通上，制造业将进一步向智能制造发展，城市建设也将依托智能交通向智慧城市发展。

三是产业集群与区域经济发展。研究集中于珠三角、长三角、京津冀等区域经济一体化和产业集群，积累了大量的实践经验，研究逐渐成熟。在区域协调发展、产业转移和升级方面的研究也具有独特的优势。

四是中小企业与创新企业。国内在中小企业发展、创新创业生态系统的研究，尤其是关于创业孵化器、科技园区、创新融资等方面，提供了中国特色的经验。

五是国有企业改革。针对中国特有的国有企业改革和混合所有制经济的研究，学者们提出了一些具有中国特色的理论框架和政策建议，这些研究对其他发展中国家具有借鉴意义。

虽然中国学者在结合本土实际进行研究方面取得了一定成绩，但仍存在一些问题和挑战。①在产业经济学上原创理论和具有全球影响力的理论创新方面仍存在不足，很多研究仍然是基于西方理论进行的实证分析，缺乏独立的理论构建。②实证研究数量庞大，但在数据质量、研究方法的严谨性和结论的可靠性等方面，仍有提升空间，部分研究存在数据样本不足、方法不够严谨等问题，导致结论的普适性和可靠性受限，并且部分研究侧重于理论探讨和学术讨论，忽视了与实际产业发展的结合，导致研究成果难以在政策制定和企业实践中得到有效应用；③产业经济学涉及广泛的领域，包括技术、管理、社会学等。当前中国的产业经济学研究在跨学科合作和综合研究方面还不够深入，缺乏多学科视角的综合分析。

第三节 研究思路

本书在产业经济学下，剖析了微观经济学和宏观经济学各 8 个影响因素，这对于理解和促进产业经济学发展具有重要的现代性意义：一方面，本书贯穿了微观、中观、宏观经济之间的关系，在更广泛的主体维度上，把握全局观，使用系统论和规范与实证的研究结合的方法论，帮助读者理解三者之间的关系；另一方面，立足于当代产业经济的发展规律和我国产业政策的布局引领，提出了产业经济学的前瞻性发展特征，在此发展特征范式下，指出产业经济学在未来经济中面临的挑战和相应对策，运用产业经济学理论在未来经济环境下进行实际评估。

第一章绪论。介绍本书的研究背景与意义，搜集产业经济学研究的相关文献并进行汇总，对比国内外产业经济学的发展现状，借鉴国外产业发展的历史经验，结合我国的经济发展环境和国家制度，总结了产业经济学领域内研究的范式，通过共性的案例窥见产业经济学的实际应用水平。

第二章理论基础。主要阐述产业经济学、微观经济学、宏观经济学的研究对象、基本原理、理论发展等，为后续的深入阐述提供基础经济学知识储备和铺垫。

第三章产业经济学的微观基础。产业经济学和微观经济学有个共同的主体即企业，因此本章内容基于企业的形态，来阐述在产业经济发展的视域下，价格理论与市场机制、企业行为与市场结构、生产理论与成本分析、企业战略与竞争优势影响产业发展的路径。

第四章产业经济学的宏观应用。产业经济学与宏观经济学息息相关，密不可分，二者在经济指标上呈现强正相关的关系，因此，本章以产业政策与经济发展、全球产业链与贸易、宏观经济稳定与产业支持、经济危机与产业影响为抓手，探究产业经济学与宏观经济学之间的影响路径，为国家加快经济发展提供建议。

第五章产业经济学的未来趋势。根据前文所述，归纳当下产业经济学的发展趋势，预测产业经济学未来的研究重点方向及特征，为学者们的研究和产业政策的制定提供参考意见。

第四节　研究方法

一、系统论方法

系统论方法是一种以系统为研究对象，通过分析系统的整体性、结构性、功能性和环境适应性等特征，来理解和解决复杂问题的方法。系统论强调系统内部各部分之间的相互关系和整体功能。将系统论方法应用于产业经济学研究，可以从以下几个方面进行。

一是系统的综合性特征。即系统构成一个不可分割的有机整体，其中各个组成要素间存在着紧密的联系与动态交互作用。在开展产业经济学研究时，应当将产业视作一个完整且错综复杂的系统来加以分析，尤其重视探究产业链条内部各阶段之间的依存性和影响力。

二是探讨系统结构维度的问题。集中于系统内部组件的布局形式及相互关系的网络结构。通过深入剖析产业结构，可以有效地揭示不同产业部门之间的组织架构特性与彼此间的关联模式。

三是考虑系统动态性。系统论关注系统的动态变化和发展过程，通过比较不同时期的产业发展，关注产业系统的动态演变，分析产业生命周期、技术进步、市场竞争、政策变动等因素对产业发展的影响。采用动态分析来揭示产业发展的趋势和规律，为产业政策的制定提供科学依据。

四是注重系统环境。系统与其外部环境相互作用，环境变化会对系统产生重要影响，产业经济学研究需要考虑宏观经济环境、政策环境、技术环境、市场环境等对产业发展的影响。

五是探讨系统反馈机制。该机制涉及系统内部元素借助反馈信息自我调整行动路径与状态的过程。在具体实践中，可融入反馈机制原理，以深入考察产业策略、市场动向讯号及企业运作等多方面因素的反馈效应与相互调适过程。

六是着眼系统优化层面，实现系统效能的最优化配置。这一过程涉及深入评估资源分配的有效性，对产业布局进行策略性改进，并密切关注产业政策执行成果的影响评估，以期达成系统运行的全面升级与效率提升。

二、唯物辩证法

唯物辩证法，作为根植于唯物主义哲学基石之上的一种科学理论与方法论，揭示了自然界、社会与思维发展中的普遍法则，构成了人们认识与研究世界的基石。在产业经济学领域，唯物辩证法充当了理解和分析产业现象的重要工具。该理论强调，宇宙万物处于永恒的运动、演变和发展之中，其核心法则，诸如对立统一律、量变质变律及否定之否定律，揭示了事物演进的基本轨迹。唯物辩证法还强调了事物间复杂的关联性，涵盖了本质与表象、实质与形式、因果关系、必然与偶然、潜在与现实等多个维度。

在产业经济学的视角下，唯物辩证法为我们提供了一种洞悉产业本身、产业间，以及产业内部企业间复杂多维经济联系的方法论。由于这些联系处于不断变化与发展的状态，只有借助唯物辩证法的分析视角，才能全面而准确地把握产业的各个方向，洞悉产业经济发展的内在规律。例如，在探究产业结构、产业关联性与产业布局时，我们不能孤立或静态地审视单一产业或地域的产业布局，而应将其置于更广泛的产业与地域背景中，进行动态分析，以洞察发展趋势，提升研究的前瞻性和实际价值。

在产业组织学中，企业之间的竞争与垄断关系构成了对立统一的矛盾体。通过唯物辩证法的视角，我们能够深入剖析这些矛盾关系的本质及其规律性，为产业组织的优化提供理论指导。在产业选择策略上，应运用主要矛盾与次要矛盾及其相互转化的分析框架，合理确定主导产业、先导产业与支柱产业的地位，避免过度强调个别产业而使产业结构失衡。在进行产业结构调整时，我们必须秉持实事求是的态度，兼顾可能性与现实性，避免盲目追求理想化的设想，应基于本国国情与国际经济环境的实际考量，制定切实可行的调整方案。

总而言之，唯物辩证法为产业经济学研究提供了一种全面而深刻的分析视角，它揭示了产业经济现象背后的普遍规律，为我们理解产业间的复杂联系、产业组织的矛盾关系、产业选择与结构调整提供了方法论指导。在实践中，唯物辩证法要求我们既要关注产业发展的动态趋势，又要深入剖析产业组织的内在矛盾，还要考虑到产业结构调整的可能性与现实性，以实现产业经济的健康、持续发展。唯有如此，我们方能在纷繁复杂的产业经济现象中，找到推动产业进步与经济社会发展的关键路径。

三、实证研究与规范研究相结合的方法

产业经济学，兼具理论科学与实践应用的双重属性，实证研究与规范研究作为经济学研究的两大基石，共同构筑了产业经济学研究的理论框架与实践指南。

实证研究，作为描述、分析与解释社会经济运行实况的利器，聚焦于经济现象的“现状何如”，而非对其进行价值评判。该研究方法可细分为理论实证研究与经验实证研究。在产业经济学领域，理论实证研究通过观察现实经济活动，提炼潜在的经济定律，继而基于预设条件，借助严谨的逻辑推理，证实或预测这些定律与后果。而经验实证研究，则侧重于剖析具体经济事件，揭示实际存在的经济法则与现象，为理论提供实证支持。

实证研究在产业经济学中的应用，有助于深入理解产业结构、市场竞争态势及产业政策的影响。通过理论实证研究，学者们能够探索产业间的依存关系，揭示产业发展中的共通规律。借助经验实证研究，对特定产业的发展历程、市场表现及政策干预效果进行详尽分析，提炼出具有实践指导意义的实证结论。不管是理论还是经验实证研究，都强调以实际数据与案例为依据，以确保研究结论的科学性与可靠性，为产业经济学研究奠定坚实的实证基础。

规范研究，作为一种探讨社会经济应然状态的研究方法，致力于对经济运行

过程与结果进行伦理审视与价值评判，评判其优劣得失，解答社会经济现象“应为何状”的根本问题。在产业经济学的语境下，规范研究不仅描述与分析产业发展实况，也肩负着对产业政策、市场行为及经济活动的价值评判重任，提出改进与优化的建设性意见。实证研究为规范研究提供事实依据，而规范研究则是对实证研究的深化与升华，二者互为补充，缺一不可。倘若仅限于实证研究，可能会因缺乏价值导向而难以形成系统的方法论，其研究成果的价值将大打折扣；反之，若单纯地追求规范研究，则极易陷入脱离实际的抽象理论，违背经济发展的内在规律，导致决策失误与经济损失。

因此，产业经济学研究需兼顾实证与规范研究，两者相辅相成，共同服务于经济发展的宏大目标。实证研究立足于经济现象的客观描述与分析，规范研究则在此基础上进行价值评判与优化建议，共同推动产业经济学理论的完善与实践的有效性。唯有将实证研究的客观性与规范研究的价值导向相结合，方能为产业政策的制定提供坚实的理论支撑与实践指导，从而促进产业经济的健康持续发展。在这一过程中，产业经济学研究者需始终保持批判性思维与开放态度，不断吸纳新知，以适应不断变化的经济环境，为推动产业经济学领域的理论创新与实践进步贡献力量。

第二章　理论基础

第一节　产业经济学

一、相关概念界定

（一）产业

马克思在《资本论》中将产业定义为劳动和资本在生产过程中相互作用的系统。他关注产业如何通过剥削劳动力来积累资本，进而分析资本主义经济的内在矛盾和危机；迈克尔·波特在《竞争战略》中提出，产业是由一组生产和销售相似产品或服务的企业构成的经济活动集合。波特强调，理解产业结构和竞争力对于制定有效的企业战略至关重要；保罗·克鲁格曼（Paul R Krugman）在《地理与贸易》中将产业定义为生产类似产品或服务的企业集合，强调产业的地理集中和规模经济在国际贸易中的作用。他认为，产业的空间分布对经济发展和国际竞争力有重要影响；林毅夫在其著作《产业经济学》中提出产业是指生产经营具有密切替代关系的产品和劳务（即同一类产品或劳务）的企业的集合。产业内企业往往具有类似的生产经营技术、工艺和经营管理等基本特性。产业有别于市场，产业是以生产为特征的，而市场是以交换为特征。

根据以上内容，可以看出一些学者从产业的功能、产业的组成要素、产业的生产过程及结果等来界定产业，但是人类的生产活动随着生产力和科技创新日益多样化和复杂化，各个产业的联系和交流也变得紧密，这给产业的界定和分类带来了困难。在本书中，产业的界定立足于国家的体制，是指在生产过程中采用相似的技术和工艺，生产相同或类似的产品和劳务的企业集合。

（二）经济学

亚当·斯密(Adam Sm:th)在《国民财富的性质和原因的研究》(简称《国富论》)中提出,“经济学”的内涵是研究国民财富的性质及其原因的科学。亚当 ·斯密指出，经济学的核心是理解财富的生产、分配和交换过程，以及这些过程对社会整体福利和国家富强的影响；阿尔弗雷德· 马歇尔（ Altred Marshal ）在《经济学原理》中提出，“经济学” 是研究个人和社会在使用稀缺资源以生产商品和服务，并在不同时间分配这些商品和服务的行为的科学。马歇尔强调,经济学不仅关注财富，还关注行为与福利的关系；约翰· 梅纳德· 凯恩斯（ John Maynard Keynes ）在《就业、利息和货币通论》中指出，经济学研究的是宏观经济变量及其相互关系，特别是收入、就业和总需求的决定因素。凯恩斯强调国家在调节经济波动中的作用，并提出经济政策对宏观经济稳定的重要性。

21 世纪以来，不少学者对经济学的内涵进行了补充和丰富。约瑟夫 · E.斯蒂格利茨和卡尔 · E.沃尔什（ Carl E Walsh ）在《经济学》第三版中提出，经济学是研究资源配置、市场机制和国家政策如何影响经济绩效与社会福利的学科。他们强调经济学不仅要关注经济效率，也要考虑公平与正义的问题；德隆 · 阿西莫格鲁（ Daron Ace moglu ）和詹姆斯 · A. 罗宾逊（ James A. Robinson ）在《国家为什么会失败》中定义经济学为研究制度、政治力量和经济发展之间关系的学科。他们认为，经济学应关注不同国家的发展轨迹及其背后的制度原因，以解释为何一些国家繁荣而另一些国家贫困；让 · 梯若尔（ Jean T : role ）在《市场失灵与公共政策》中认为经济学是研究市场失灵的原因及其纠正机制的学科。他强调，通过理论和实证研究，经济学可以为制定有效的公共政策提供科学依据，以改善市场效率和社会福利。

结合以上内容可以看出，经济学的内涵得到了延伸，经济学中的主体也越来越丰富，经济学体系内的研究方向也跟随主体的细化得到了分化，内容从研究经济本身的变化规律到国家干预经济产生的影响，从研究经济的因果关系到经济内外因素联动效应，从经济绩效到社会福利，其涵盖面也愈加宽广。总的来说，经济学是一门研究在国家体制下，市场机制和国家干预对经济发展的影响，探究影响经济发展的速度和走势的根本原因，以及如何更好地协调两种机制促进经济良性发展和协调发展的学问。

（三）产业经济学

产业经济学是一门新兴的学科，它研究产业或行业层次的经济活动及其规律，涉及分析各种产业的结构、行为和绩效，以及这些产业在整个经济体系中的相互作用和影响。其内涵主要包括以下六个方面：

一是产业结构。研究不同行业内部和行业之间的结构特点，包括市场结构、企业规模和分布、市场集中度等。

二是市场行为。分析企业在市场中的行为和策略，包括定价策略、产量决策、产品差异化、广告和营销策略、研发和创新、兼并和收购等。

三是产业绩效。评价产业的整体表现，包括生产效率、成本结构、利润率、技术进步和创新、产品质量和多样性等。

四是产业组织理论。通过建立模型和理论框架，解释和预测产业结构、市场行为和产业绩效之间的关系。常用的理论模型包括博弈论模型、委托—代理理论、交易成本经济学等。

五是产业政策。研究国家在产业发展中的角色和作用，包括产业政策、竞争政策、创新政策、环保政策等。

六是国际产业经济。随着全球化的发展，国际产业经济学研究跨国公司的行为、国际贸易和投资、全球产业链和价值链等。

综上所述，产业经济学涵盖了从理论分析到实证研究，从国内到国际，以产业为依托，辐射企业到国家，是一门广泛而深入的中观经济学分支。通过对产业经济学的研究，可以更好地理解和预测产业发展趋势，制定有效的经济政策，促进经济的可持续发展。

二、产业的分类

产业的分类繁多，鉴于产业的体系较为庞大且彼此之间或多或少存在关联，因此在研究产业经济学时，有必要对产业进行科学分类，下面着重介绍主流的分类法。

（一）马克思的两大部类分类法

依据产品的终端用途，社会生产部门被划分为两大产业部类：一类专注于生产消费资料，另一类则致力于生产生产资料。生产生产资料，即资本品的产业部门，被归类为第一部类（I），其产出包括机器、工具、建筑设施、原材料等，用于生产其他商品，而非直接满足个人消费。相反，生产消费资料，即生活必需品的产业部门，即第二部类（II），其产品如食品、衣物、住宅、娱乐设备等，直接服务于消费者的日常生活需求。马克思指出，两大部类需维持均衡关系，第一部类需满足第二部类对生产资料的需求，而第二部类生产的消费资料则需满足第一部类劳动力与资本持有者的生活消费需要。通过两大部类分类法，马克思剖析了社会总资本的循环与周转机制，揭示了资本主义生产中的若干基本法则，包括资本积累机制对生产结构的影响、社会再生产中的供需均衡问题，以及生产资料与消费资料生产比例对经济稳定性的关键作用。

马克思的两大部类分类法在很大程度上阐释了社会再生产中的总量与结构平衡，映射了社会生产的基本构架，有助于深化对社会经济活动核心环节的理解。一方面，该分类法凸显了生产资料生产与消费资料生产间的依存关系，揭示了两大部类在社会再生产链条中的内在联系与制约机制。生产资料生产为消费资料生产奠定基础，而消费资料生产则构成生产资料生产的目的所在。第一部类的扩大再生产需持续增加生产资料投入，第二部类的扩大再生产则需更多消费资料的供给。另一方面，通过分析两大部类的互动效应，该理论有助于洞察资本积累流程，且其适用范围广泛，覆盖了大多数经济社会形态的再生产过程。马克思通过对资本主义社会再生产过程的剖析，阐明了生产资料与消费资料生产在所有社会形态中的普遍性，揭示了剩余价值在社会再生产过程中的分配状况。第一部类剩余价值用于扩大再生产，第二部类剩余价值则用于满足社会成员的消费需求，这对国家制定宏观经济政策以确保国民经济持续稳健增长具有深远的现实意义。

然而，两大部类分类法在实际应用与理论探讨中显现出若干局限性。首先，单一的部类划分忽视了现代经济中生产结构的多样性和复杂性，如服务业及新兴技术产业部门未能得到充分反映。其次，该理论侧重于静态分析，立足于某一时点的生产与交换活动，而未深入探讨动态变化与经济周期问题。再次，市场机制与价格体系的复杂性未获得充分关注，马克思的分析侧重于生产流程与价值转化，较少触及市场机制与价格体系的微妙之处。在现实经济中，市场价格波动、供需关系变动，以及市场竞争对生产和交换过程产生的重大影响，两大部类理论未能全面考量。最后，技术进步与创新的动态效应未能充分展现，尽管马克思的模型在一定程度上考虑了技术进步对生产的影响，但没有深入揭示技术进步与创新在资本主义生产中的动态作用，例如，科技创新如何重塑生产结构、市场竞争格局及生产效率，这些问题在两大部类框架内都没有进行系统探究。

（二）农轻重产业分类法

农轻重产业分类体系，作为经济学中一种重要的分类方法，按照产业的生产特性和功能，对国民经济中的各类产业进行系统划分。该体系将产业主要归类为农业、轻工业与重工业三大板块，深化了对各类产业在国民经济体系中所扮演角色及功能的理解与分析。农业作为国民经济的基石，涵盖利用自然资源进行动植物养殖与种植的活动，如种植业、林业、畜牧业与渔业，其主要职责是提供粮食、蔬菜、水果、肉类、乳制品及木材等基础生活物资与工业原料。轻工业聚焦于消费品与日常工业品的生产，这些产品直接面向终端消费者，生产流程相对简易，对资金与技术的要求相对较低，代表性行业包括纺织业、食品加工与家具制造等。重工业侧重于生产资料与大型设备的制造，产品主要用于支撑基础设施建设与工业生产，其生产流程复杂，对资金与技术的需求较高，典型代表有钢铁工业、机械制造与化工行业。

农轻重产业分类体系，作为基于产业生产性质与功能的分类方法，为深入了解与分析产业在国民经济中的地位与作用提供了有力工具，为产业规划与经济政策的制定奠定了科学基础。该分类法有助于形成对国民经济结构与发展方向的全面认知，促进经济体系的协调与优化。然而，农轻重分类法亦存在局限性，主要体现在未能完全囊括所有物质生产部门，产业覆盖范围存在空白。此外，随着城乡一体化进程的加速，农轻重三类产业之间的界限逐渐模糊，农工贸一体化趋势的显现，对传统农轻重分类法的实际应用构成了挑战，限制了其在现代经济体系中的适用性。因此，在应用农轻重产业分类法时，需结合现代经济发展的新特点与趋势，适时调整与优化分类体系，以增强其在现代经济体系中的适用性与有效性，促进国民经济的协调发展与产业升级。

（三）三次产业分类法

三次产业分类法以产业发展的层次顺序及其与自然界的关系作为标准的分类方法，由新西兰经济学家费歇尔提出，他将产业的分类与人类经济活动的发展阶段相联系，第一次产业是与人类的第一个初级生产阶段相对应的农业和畜牧业。第二次产业是与工业的大规模发展阶段相对应，对原材料进行加工并提供物质资料的以制造业为主的产业。第三次产业是以非物质产品为主要特征的、包括商业在内的服务业。使用三次产业分类法能够更直观地看出三次产业在国民生产总值中所占份额及变化趋势，也便于判断国家的经济发展水平。

然而，三次产业分类法存在着较多的局限性：一是将全部经济活动进行了简单化处理和分类，除家庭内部活动以外的一切社会经济活动都被认定为生产部门，对社会再生产的过程描述过于宽泛；二是划分现实的经济活动时，存在较多的难以自圆其说的矛盾，很多产业同时具备多种功能，因此在界定产业的归属类别时存在着分歧；三是产业的内容过于庞杂，第三次产业是第一、第二产业未曾纳入的部分，因此第三产业的结构紊乱、相关性弱、发展程度相差甚大，对分析第三产业的变化造成了阻碍。

（四）霍夫曼的产业分类法

德国经济学家霍夫曼（Walther Gustar Hoffmann）研究工业化及其发展阶段时将产业划分为三类：初级产业、次级产业和高级产业。初级产业主要包括那些直接利用自然资源进行生产的产业，如农业、渔业、采矿业。初级产业高度依赖自然资源，生产过程中技术水平低，生产的产品通常是原材料或初级产品，需进一步加工才能使用；次级产业主要包括那些对初级产业进行加工、制造的产业，包括制造业、建筑业、加工业等。次级产业通过工业生产过程，将初级产品加工成成品或半成品，在生产过程中应用更多的机械和技术工艺，且通常集中在工业区或工业城市；高级产业主要是提供服务而非实物产品的产业，其典型产业有服务业、教育与医疗、信息和通信。产品主要是各种服务、房地产服务等，其特点是以服务为导向、技术和知识密集、多样化和个性化。

霍夫曼产业分类进一步解决了产业的归属问题，当某产业产品的用途 75% 以上是资本资料时即将该产业归入资本资料产业，而当某产业产品的用途有 75% 以上是消费资料时即将该产业归入消费资料产业。在一定程度上弥补了三次产业分类法的不足。

运用霍夫曼的产业分类体系来剖析某一国家或区域的产业结构组成，能够洞察其经济发展阶段与特性。一般而言，若经济体中初级产业占比显著，则表明其尚处于发展初期；相反，次级及高级产业占比较高，则标志着该经济体已达到较高发展水平。基于各产业的独特性，国家应量身定制经济策略：初级产业要求侧重于资源保护与扶持措施；次级产业需聚焦技术创新及工业化进程的推动力；至于高级产业，政策导向应倾向于服务业的扩展及信息化的深化。通过促进产业结构的升级转型，从初级向次级乃至高级产业过渡，是提升经济质量与效益的关键路径。霍夫曼的分类方法还有利于把握劳动力市场因产业差异而展现的不同需求趋势，为教育与职业培训的规划提供导向，以适应未来劳动力市场的发展走向。

（五）生产要素集约分类法

生产要素集约分类法是一种根据生产过程中主要投入的生产要素，对产业进行分类的方法。这种分类法强调不同产业在生产过程中对劳动、资本和技术等生产要素的依赖程度。根据这一标准，产业通常被分为劳动密集型产业、资本密集型产业和技术密集型产业。

劳动密集型产业是指其生产活动主要依靠庞大数量的人力资源。此类产业最大的特点是高劳动力需求，且劳动力成本在总体生产成本中占有重要份额。由于对人力资源的高度依赖，其生产工艺和技术水平往往维持在较基础的层面，流程简明。相较于资金密集型产业，这类产业在资本投资上趋于保守，所配备的生产设备与设施较为简易，例如，纺织与成衣制造业、鞋类制造及家具制造领域。

资本密集型产业是指在生产过程中主要依赖大量资本投入的产业。此类型产业的明显特征包括对重型机械、厂房产能及基础设施等资本要素的高度依赖，展现出高额资本投入、先进技术应用及相对较低的劳动力需求态势。诸如石油化工、汽车制造以及航空航天等行业，均为此范畴内的典型代表。

技术密集型产业是指在生产过程中主要依赖先进技术和高水平科研投入的产业。此类产业的显著标志为对创新技术开发及科研活动的高度依赖，生产操作伴随着庞大的科技与研发资本消耗，技术成本在总体成本结构中占据重要位置。为维持技术前沿地位与创新能力的持续迭代，不断追加的研发资金投入成为必要条件。其所产出的商品往往具备高度的附加值与强劲的市场竞争力，如信息技术、生物制药及高端制造等行业是技术密集型产业典型实例。

生产要素集约分类法的应用主要有四个方面：一是国家可以根据不同产业对生产要素的依赖程度，制定相应的经济政策。对劳动密集型产业，需要制定劳动保护和就业政策；对资本密集型产业，需要提供融资支持和税收优惠；对技术密集型产业，需要加大研发投入和技术创新的支持力度。二是进行经济结构分析，通过分析一个国家或地区的产业结构，可以了解其经济发展水平和特点，劳动密集型产业比重较高的国家通常处于经济发展的初级阶段，而技术密集型产业比重较高的国家则往往经济较为发达。三是推动产业升级和转型，国家和地区可以推动经济从劳动密集型向资本密集型和技术密集型发展，提高经济发展的质量和效益。四是能够有效预测劳动力市场分析，不同产业对劳动力的需求特点不同，生产要素集约分类法有助于分析和预测劳动力市场的变化趋势，指导教育和培训的方向。

（六）产业地位分类法

产业地位分类法是一种基于产业在国民经济中的地位和作用来进行分类的方法。这种分类法主要考虑产业对经济发展的贡献、在经济结构中的位置，以及产业地位分类法对其他产业的影响力和带动作用。根据产业地位，通常将产业分为基础产业、支柱产业、先导产业、辅助产业等。

基础产业是指那些为国民经济其他部门提供基本物质条件和基础设施的产业。它们是经济发展的基础和前提。这类产业为其他产业的生产和发展提供必需的资源和条件。通常具有较强的公共属性，涉及公共服务和基础设施，投资大、周期长，对经济发展的持续性和稳定性起重要作用。

支柱产业是指在国家经济体系中扮演关键角色，在促进经济增长、确保就业机会及增加财政税收等方面发挥举足轻重作用的产业部门。这些产业不仅呈现出高贡献水平、高度的产业关联性，而且在市场竞争中展现出强劲实力，典型例证涵盖制造业、信息技术领域及服务业等。

先导产业是指那些技术创新快、发展潜力大、对未来经济发展具有引领作用的产业，这类产业通常是经济转型和结构升级的核心动力，具有创新性强、高增长潜力、带动性强的特征。

辅助产业是指那些为基础产业、支柱产业和先导产业提供配套服务和支持的产业，这类产业在整个经济体系中起到辅助和支撑作用，具有配套性、服务性和衔接性，例如，物流和运输业、贸易服务业、金融服务业。

（七）标准产业分类法

标准产业分类法是指根据一定标准，将国民经济中的各类经济活动划分为不同的产业门类和类别的方法，通常基于生产过程的相似性，产品和服务的特性、用途等标准，目的是便于经济统计、分析和政策制定。

标准产业分类法分为三个层次，即大类、中类和小类。下面介绍国际上常见的标准产业分类体系和我国的产业分类体系。

国际标准产业分类体系（International Standard Industrial Classification of All Economic Activities，ISIC）是联合国统计署制定的用于各国经济活动分类的标准。该分类法采用四级分类结构，编码由字母和数字组成，每级分类逐步细化，大类由字母表示，共 21 个，中类由两位数字表示，共 88 个，小类由三位数字表示，共 238 个，细类由四位数字表示，共 419 个。

以下是 21 个大类名目：

A. 农业、林业和渔业；

B. 采矿和采石业；

C. 制造业；

D. 电力、燃气、蒸汽和空调调节供应；

E. 供水，污水处理、废物管理和补救活动；

F. 建筑业；

G. 批发和零售业，机动车和摩托车的修理；

H. 运输和仓储；

I. 住宿和餐饮服务；

J. 信息和通信；

K. 金融和保险业；

L. 房地产业；

M. 专业、科学和技术活动；

N. 行政和支持服务活动；

O. 公共管理和国防，社会保障；

P. 教育；

Q. 卫生和社会工作；

R. 艺术、娱乐和休闲；

S. 其他服务互动；

T. 家庭作为雇主，未加区分的生产活动；

U. 国际组织机构。

国际标准产业体系分类具有三个特点，即标准化、全面性、灵活性。标准化是它提供了一个国际通用的分类标准，确保数据的一致性和可比性。全面性是它覆盖了所有经济活动，细化程度高，适用于各种经济分析。灵活性是可以根据经济发展变化进行修订，保持分类体系的先进性和实用性。

中国国民经济行业分类（GB/T 4754）是由国家统计局发布的，用于对中国境内的经济活动进行系统分类和编码的标准。这个标准是为国家统计、分析和政策制定提供一个统一的框架，使各类经济数据能够更准确地反映国民经济的实际情况，并与国际标准接轨。

GB/T 4754 采用分层结构进行分类，按照国民经济的不同活动，将所有经济活动划分为门类、大类、中类和小类四个层次。编码由字母和数字组成，每个层次的分类逐步细化，门类由字母表示，共 20 个；大类由两位数字表示，共 97 个；中类由三位数字表示，共 473 个；小类由四位数字表示，共 1 387 个，具体见表 2–1。

表 2–1　中国国民经济行业分类（数）、类别名称与代码索引表

门类	大类（数）	中类（数）	小类（数）	类别名称	说明	代码索引
A	5	14	16	农、林、牧、渔业	略	0110—0590
B	7	11	21	采掘业		0610—1220
C	30+1	172	543	制造业		1311—4392
D	3	7	10	电力、煤气及水的生产和供应业		4411—4620
E	3	7	7	建筑业		4710—4900
F	2	8	15	地质勘查业、水利管理业		5010—5100
G	9	21	22	交通运输、仓储及邮电通信业		5200—6030
H	6+1	32	67	批发和零售贸易、餐饮业		6111—6799
I	2+2	8	11	金融、保险业		6810—7000
J	3	3	3	房地产业		7200—7400
K	9+1	29	36	社会服务业		7511—8490
L	3+1	11	17	卫生、体育和社会福利业		8511—8790
M	3	18	25	教育、文化艺术及广播电影电视业		8911—9130
N	2	12	12	科学研究和综合技术服务		9210—9390
O	4+1	5	5	国家机关、政党机关和社会团体		9400—9720
P	1	2	2	其他行业		9910—9990
16	92+7	812	812			

注：表中大类 C、H、I、K、L、O 中的加数表示留有空码个数，共 7 个空码。

GB/T 4754 广泛应用于国家和地方经济统计、经济分析和政策制定，包括：一是统计各类经济数据按行业分类，有助于统一标准，提高数据的可比性。二是研究人员和国家部门利用这一分类标准进行行业分析和经济预测。三是国家根据分类标准制定产业政策和经济发展规划。四是与国际标准产业分类体系（ISIC）对接，使中国经济数据具备国际可比性。

三、产业结构

广义的产业结构是指经济体系中各产业部门在总体经济活动中的比例及相互关系，包括各产业在产出、就业和增加值等方面所占的份额。产业结构的变化反映了经济发展的动态过程和资源配置的变化趋势，通常用来分析和评估经济发展的质量和可持续性。典型的产业结构包括三次产业结构，即农业（第一产业）、工业（第二产业）和服务业（第三产业）的构成及其比例关系。产业结构优化和升级是现代经济发展的重要目标，有助于提高资源利用效率，促进经济增长和社会进步。

从广义的产业结构出发，产业结构演进具有以下八个规律。

（一）产业按比例协调发展规律

在国民经济的各个部门和行业中，不同产业之间应当保持适当的比例关系，以实现经济的协调和可持续发展。该规律强调经济发展过程中各产业之间应当相互依赖、相互促进，而不是单方面的无序发展。一方面通过合理配置有限的资源，使不同产业能够得到适当投入，避免资源过度集中在某一特定产业，造成其他产业的萎缩或停滞，以及不同产业的发展应当与社会需求相匹配，既要满足当前的市场需求，也要为未来的需求变化做好准备，以实现产业均衡发展；另一方面秉持相互促进原则，各产业之间通过纵向和横向的产业链条形成有机联系，上游产业为下游产业提供原材料和技术支持，而下游产业为上游产业提供市场和需求反馈。产业之间技术和知识的交流与合作，有助于整体技术水平的提升，推动整个经济体系的创新和进步。此外，不断优化和升级传统产业，发展新兴产业，推动产业结构向高附加值、高技术含量方向转变，提高经济发展的质量和效益。防止产业之间的失衡发展，避免出现“瓶颈”产业，确保经济体系各个环节能够协调运作。

（二）生产资料生产更快增长规律

马克思在分析社会资本再生产的实现条件时，提出了社会增加劳动生产率和生产资料的规律。列宁进一步分析了物质生产两大部类的相互关系和变化趋势，明确指出：资本发展的规律是相对不变资本比可变资本增长得更快，也就是说，新形成的资本更多地转向制造生产资料的经济部门。因此，这个部门必然比制造消费品的部门增长得更快，导致个人消费品在资本主义生产总额中的比例逐渐减少。增长最快的是制造生产资料的生产，其次是制造消费资料的生产资料生产，最慢的是消费资料的生产。这种现象的客观必然性在于技术进步导致资本有机构成的提高，资本有机构成的提高又使得不变资本相对更快地增长，对生产资料的需求也就相应增加，要求生产资料生产以更快的速度增长，以满足这一需求。

正确理解生产资料生产增长更快的规律，这并不意味着先发展生产资料生产，再发展消费资料生产，而是指生产资料生产的增长速度比消费资料生产更快。并且这也不意味着生产资料生产可以脱离生活资料生产而孤立发展。生产资料生产最终是为消费资料生产服务的，必须受到生活资料生产的制约。生产资料生产的增长归根结底是为消费资料生产提供更多的生产资料，如果没有生活资料生产的相应发展，生产资料生产的增长终将遇到困难和障碍。因此，生产资料生产的更快增长是物质生产领域中产业之间相互关系变化的规律。

（三）工业化过程中的重工业化规律

工业化是人类社会经济发展的必经阶段，通常指工业在国民收入和劳动人口中占比不断上升的过程。工业化是以农业为主的产业结构向以工业为主的产业结构演变的过程，也是工业内部结构的调整过程。具体表现为消费品工业比重逐步下降，而资本品工业比重不断上升，显示出重工业化的规律性。

在工业化的初期阶段，由于食品、纺织等消费品工业满足人们的基本需求，这些部门优先得到发展。消费品工业投资少、周期短、技术要求低、见效快，因而容易推进。此外，由于初级阶段资本缺乏、技术落后、劳动力成本低且丰富，所以劳动密集型的消费品工业更具发展优势。

随着消费品工业的逐步发展，对资本品的需求不断增加，资本积累规模扩大，技术水平提升，劳动力成本上升，为资本品工业的发展提供了必要条件，并推动其加速发展。最终，资本品工业的增长速度超过消费品工业，逐渐成为主导产业。

德国经济学家霍夫曼通过研究近 20 个国家的工业化数据，提出了“霍夫曼定理”，即在工业化过程中，消费品工业比重下降、资本品工业比重上升的趋势。他将这一过程划分为三个阶段：第一阶段，消费品工业占主导地位；第二阶段，资本品工业增长速度快于消费品工业，但消费品工业规模仍较大；第三阶段，资本品工业继续快速增长，最终达到或超过消费品工业的规模，标志着重工业化的实现。霍夫曼比例（消费品工业净产值与资本品工业净产值之比）在这一过程中不断下降，反映出工业结构向重工业化演变的客观趋势。

在工业化过程中重工业化的发展规律有两点需要详细阐述：

一是生产生产资料（或称资本品）的工业部门主要是重工业部门，其更快发展并逐步占据主导地位是工业化过程中产业结构演变的普遍规律。霍夫曼提出的工业结构重工业化规律与马克思和列宁提出的生产资料生产优先增长规律，虽然基于不同角度，采用方法，但实质上反映了同一产业结构的演变规律。“霍夫曼定理”实际上具体体现并深化了马克思和列宁的理论。

二是著名经济学家张培刚指出，工业化概念广泛，包括农业和工业的现代化和机械化。工业化不应仅限于工业部门，而应涵盖整个国民经济，不能仅仅看作制造业（尤其是重工业部门）在国民经济中比重的增加。因此，工业化不仅体现工业结构重工业化的规律性，还包括工业和农业技术水平提高和整个产业结构优化升级的过程。

（四）三次产业比重变动规律

三次产业构成不同形式的产业结构主要有四大类，呈现出第一次产业逐步下降，第二、第三次产业依次上升的趋势。产业结构类型因此经历了从以第一次产业为主的金字塔型结构，向以第二次产业为主的鼓型结构，再向以第三次产业为主的倒金字塔型结构演进的规律。

英国古典政治经济学之父威廉· 配第（Willian Petty）是最早研究三次产业比重变动规律的学者之一。他在 1690 年出版的《政治算术》中，通过算术方法研究英国、法国和荷兰的经济结构，提出“工业的收益比农业多，商业的收益又比工业多”的观点，初步揭示了工业和商业比重扩大的趋势。然而，当时还没有明确的三次产业划分。20 世纪 30 年代，新西兰经济学家费歇尔首次提出了三次产业分类法。随后，英国经济学家科林 · 克拉克（Colin Clark）在配第和费歇尔研究的基础上，提出了著名的“配第—克拉克定理”。

科林 · 克拉克在 1940 年出版的《经济进步的条件》中，通过对 40 多个国家和地区三次产业劳动投入和总产出资料的分析，揭示了经济发展过程中就业从第一次产业向第二次产业和第三次产业转移的规律。具体来说，随着人均国民收入的增加，就业人口首先从第一次产业转移到第二次产业，导致第二次产业在国民经济中的比重增加，产业结构从以第一次产业为主的金字塔型结构转变为以第二次产业为主的鼓型结构。进一步提高人均国民收入后，大量就业人口又转向第三次产业，第三次产业比重增加，产业结构演变为以第三次产业为主的倒金字塔型结构。这一趋势主要由以下两方面原因造成。

一是科学技术的进步和劳动生产率的提高对产业结构变动起着决定性作用。随着科技进步和机械化普及，农业劳动生产率提高，农业产出增加，但需要的劳动力却减少，导致农业劳动力过剩和农业就业人数下降，使得农业在国民经济中的比重和地位下降。同时，科技进步和机械化也为制造业的发展提供了技术基础，农村剩余劳动力为工业提供了充足的劳动力资源，第二次产业快速发展，并逐渐在经济中占据主导地位。然而，随着制造业劳动生产率的进一步提高，制造业也会出现劳动力过剩，推动劳动力向第三次产业转移。

二是人均收入水平的提高和消费结构的变化推动了三次产业地位的变动。随着收入水平的增加，消费者的支出从满足基本生活需要的食品和衣物转向住房、交通和娱乐等方面。第一次产业主要满足人们的基本生活需要，而第二、第三次产业则满足更高层次的需求。收入水平和消费结构的变化使得第一次产业比重下降，而第二、第三次产业的比重相应增加，从而推动了产业结构向更高层次的方向演变。

（五）生产要素密集型产业地位变动规律

根据生产要素的密集度，产业可以分为劳动密集型、资本密集型和知识技术密集型。这三种产业在经济中的地位不固定，随着时间会发生变化，表现出产业结构从劳动密集型向资本密集型，再到知识技术密集型演变的规律。这一规律的产生主要受到经济发展水平、技术进步、生产要素的禀赋、供求状况、价格及比较优势等因素的影响。在经济落后、技术水平低下、资本短缺的情况下，劳动力丰富且成本低，形成了比较优势，产业结构以劳动密集型产业为主。随着经济发展和技术进步，人均收入增加，资本积累，劳动力成本上升，比较优势转向资本和技术，推动产业结构从劳动密集型向资本密集型转变，并进一步向知识技术密集型转变。最终，产业结构高度化，各产业部门广泛采用先进技术和设备，形成新的高新技术产业，推动经济发展。

（六）产业结构高加工度和高附加值化规律

不同产业在加工劳动对象时的深度和频率（如加工次数、步骤和持续时间）有所不同，这也导致通过加工增加的价值存在差异。在产业结构演变中，高加工度和高附加值的产业逐渐占据优势并起主导作用。这一规律的形成主要归因于科学技术进步和人类知识增长。科技进步和知识增长使人们掌握了如何进行深加工和增加附加值的方法，也认识到了其重要性。通过提高加工程度，可以更有效地利用劳动对象，生产出更多种类、更高性能和更优质的产品，以满足人们复杂多样的需求，同时也能带来更高的附加值和效益。因此，产业加工度和附加值的提升是必然趋势，高加工度和高附加值的产业将在产业结构中越来越占据主导地位。

（七）主导产业转换规律

主导产业在产业结构中处于核心地位，具有引导和支撑作用。随着经济发展阶段的不同，主导产业也会发生变化，这对产业结构的性质和特点有决定性影响。主导产业的转变会引发产业结构的变动，主导产业的更替过程实际上就是产业结构的演变过程。具体来说，产业结构的演变过程通常经历以下六个阶段。

第一阶段，在产业革命尚未发生之前，农业在国民经济中占据绝对优势，是主导产业，制造业和服务业相对落后，整体产业结构以农业为主。

第二阶段，随着纺织机和蒸汽机的发明及广泛应用，第一次产业革命开始，工业化进程启动。消费品生产和利用廉价农村劳动力的轻纺工业首先快速发展。重工业和服务业也有所进展，农业的比重和地位开始下降，轻工业取代农业成为主导产业，产业结构转变为以轻工业为主。

第三阶段，内燃机和电力的发明及普及标志着第二次产业革命的发生。轻纺工业继续发展，工业生产资料的需求大幅增加。基础工业（如原材料、燃料动力、交通运输和基础设施等）成为工业发展的先行产业。如果这些产业不优先发展，将成为限制整个工业发展的瓶颈。因此，以基础工业为核心的重工业加速发展，其增长速度和经济比重超过轻纺工业，并取代其成为主导产业，农业比重继续下降，服务业有所增长，产业结构转变为以重工业为主。

第四阶段，第三次科技革命带来了更高的技术要求和加工程度，重工业转向高度机械化和自动化，例如，飞机制造、精密机械、电子计算机等高附加值产业迅速发展，成为经济增长的主要推动力。

第五阶段，随着第三次产业革命的深化，服务业快速发展，包括商业、金融、保险、通信等，取代了部分工业部门的主导地位，服务业在国民经济中的比重明显增加。

第六阶段，信息化和网络化的新阶段引领了第四次产业革命，信息产业和高新技术产业（如互联网、人工智能、生物技术）成为新的主导产业，推动经济向知识经济或信息经济转型。

总体来说，产业结构演变的规律性体现在主导产业的不断更替上，是从农业主导到工业主导，再到服务业和高新技术产业主导的过程。每个阶段都是经济发展和技术进步的产物，推动着产业结构向更高效、更复杂和更多样化的方向发展。

（八）产业结构由低级向高级演进规律

产业结构根据发展水平可以分为初级结构、中级结构和高级结构三种类型，其演变具有从初级向中级，再向高级逐步发展的必然性。这种规律不仅体现了事物从低级到高级的发展趋势，还受到三次产业比重变化规律、生产要素密集型产业地位变动规律、产业结构加工度和附加值提升规律，以及主导产业转换规律的共同影响。以农业为主、以第一次产业为主、以劳动密集型产业为主，以及低加工度和低附加值产业为主的产业结构被称为初级结构；以工业为主、以第二次产业为主、以资本密集型产业为主、以及较高加工度和较高附加值产业为主的产业结构被称为中级结构；以第三次产业为主、以知识技术密集型产业为主，以及高加工度和高附加值产业为主的产业结构被称为高级结构。这些规律共同作用，推动了产业结构从低级向高级不断演进。

狭义的产业结构是指某一经济体内部各个行业或部门之间的相对比例关系和相互联系。这一结构涉及各个行业在整体经济中所占的比重，也包括各类生产要素在不同产业中的分布和使用情况，以及各产业的产出与投入之间的关系。

乔·S.贝恩提出了著名的SCP模型，在其阐述产业结构时主要包括以下几个方面。

一是市场集中度。它指的是市场中少数几家大企业所占的市场份额比例。一般来说，完全竞争的市场是不存在的，大多数国家的市场环境都是不完全竞争的状态，这意味着产业内存在具有一定优势和主导力量的大厂商，但是未形成寡头型企业，产业内存在多个类似的企业生产产品或劳务，有利于激发产业的活力，促进企业研究和进行创新。一旦某企业在产业内具有高度的市场集中度，就意味着市场由寡头企业主导，学者刘志彪在其著作《现代产业经济学》中论证得出“具有大市场份额的企业比具有小市场份额的企业对市场势力的操控影响更大”，因此集中会导致企业的合谋，对其他刚发展起来的同类产业入行产生障碍，并且其他小企业难以进入时，大企业的合谋将会增加自己的利润，扰乱市场的定价。

二是产品差异化。它指的是企业通过产业特性、品牌、质量和服务等方面的差异化策略，使其产品在市场中具有独特性。在不完全竞争的市场机制背景下，乔・S.贝恩指出，产品差异化在多个方面阻碍了新企业进入市场。首先，在产品差异化明显的市场中，消费者对现有企业的品牌更为熟悉和信任。新进入者为了克服这种品牌偏好，必须付出更多的销售努力，或者通过广告竞赛与现有企业争夺市场，这通常会使新进入者接受更低的价格以吸引消费者。在这些情况下，现有企业能够创造出限价差额，既有一定的提价空间，也能使新进入者无利可图。因此，现有企业通过广告培养消费者的品牌偏好和忠诚度，以巩固其市场地位，并使新进入者更难进入市场。

三是如果销售过程中存在规模经济，那么广告需求的增加可能会提高最小最佳规模（即生产和促销的最小平均成本规模）。这种情况使新进入者必须在更大规模上运营才能实现经济效益，从而进一步提高了市场进入的难度。

四是由于促销活动的成败具有不确定性，新企业在利用金融市场筹集资本时面临较高的资本成本。在那些品牌创建对新企业至关重要的行业中，这种不确定性和额外的风险成本进一步加高了进入壁垒。

因此，在不完全竞争的市场机制背景下，贝恩认为产品差异化通过增加销售努力，提高最小最佳规模和增加资本成本，从多个方面阻碍了新企业进入市场。这种差异化策略目前成为企业维持市场主导地位的重要手段。

在维持市场充分活力的动机下，协调老企业与新企业之间的竞争关系尤为重要，老企业具有一定地位的优势，拥有部分的产业话语权，这种优势不仅存在于新进入者产量规模低于最小最佳规模水平时，也在任何产出水平上，老企业相对于新进入者可能面临更低的成本。以下是贝恩围绕产业差异化和绝对成本优势提出的几个重要观点：

老厂商通常已经掌握了关键原材料的来源渠道，这使他们在生产成本上具有显著优势。新进入者难以获得同等条件的原材料，导致其生产成本相对较高。

金融市场往往会对新厂商收取额外的风险保证金，以补偿新厂商可能面临的破产风险和贷款回收的巨大不确定性。这种额外的成本使新进入者在资金获取方面处于不利地位。

在最佳规模基础上经营所需的投资额越大，这种额外的风险保证金也会越高。贝恩通过计算建立一个最小最佳规模水平的工厂所需的投资，评估了新厂商在绝对成本上的劣势。他也计算了多工厂经营或垂直一体化经营对资本需求的绝对量。

贝恩研究了20个产业样本后得出结论：一是大企业进入壁垒很高的产业中通常能够比进入壁垒较低的同类企业获得更高的报酬率，即更高的进入壁垒与企业的较高获利能力之间存在紧密联系；二是市场集中度对企业的获利能力有正面影响，尤其在进入壁垒高的产业中，市场集中度越高，大企业的利润率越高。在进入壁垒高的产业中，老企业通过控制关键资源、培育品牌忠诚度和利用规模经济，能够有效阻止新进入者，保持较高的利润率；在市场集中度高的产业中，企业能够通过更高的市场控制力获取更大的利润，这在高进入壁垒的产业中表现非常明显。

进入和退出壁垒。进入壁垒是新企业进入行业或市场时所面临的障碍和困难，限制了新竞争者的进入，保护了现有企业的市场地位。这些壁垒包括规模经济和经验曲线效应导致的成本优势、高额资本需求、现有企业的专利和专有技术、强大的品牌忠诚度、广泛的分销渠道、严格的国家政策和法规、关键资源的控制、消费者切换成本、现有企业的价格战和报复性行为，以及行业内强烈的网络效应。这些因素共同作用，使得新进入者难以在市场中立足和竞争。而退出壁垒是企业在退出某个行业或市场时面临的障碍和困难，这些壁垒限制了企业从市场中撤出的能力。具体来说，退出壁垒包括高昂的资产专用性和沉没成本，如无法转售或转移的设备和设施；长期合同和劳动法规定的遣散费用，这些合约义务使得解雇员工和终止合同成本高昂；环境和清理责任，企业需要承担关闭设施和清理污染的费用；品牌声誉和客户关系的损失，退出市场可能会损害企业品牌和客户忠诚度；国家和社会压力，地方和社区可能会阻止企业撤出以保护就业和地方经济；法律和监管障碍，如破产法和行业特定的退出规定。这些因素使企业在面临市场不利条件时，难以迅速或廉价地撤出，从而增加了持续经营的压力和风险。

四、产业结构的实证研究

由于我国的产业体量庞大，大多数学者基本是就某地区或某产业开展了产业结构的实证研究，下面选取了几个典型的产业结构的实证研究，有助于了解产业结构在新一轮产业变革下的变化和走势。

学者郝楠和宋洋洋研究了数字经济、产业结构与劳动力结构优化三者的关系。随着互联网、大数据、人工智能、区块链等新兴技术的发展，数字经济成为继农业经济和工业经济之后的新型经济形态。数字经济起源于信息经济，由数字技术与信息技术结合产生，逐步走向全球经济前台。2019 年中共中央、国务院发布意见，正式将数字作为生产要素纳入国家经济体系，标志着数字经济成为国家经济的重要组成部分。2021 年，中国的数字经济规模达到 45.5 万亿元，占 GDP 的 39.8%。然而，中国也面临着刘易斯拐点、老龄化和少子化等挑战。

数字经济通过数字产业化和产业数字化推动产业升级。数字产业化利用数字技术催生新产业和新模式，推动产业形态和服务的重组和融合。产业数字化则通过现代技术改造传统行业，提升产出和效率。数字经济促使高技术制造业和服务业快速发展，吸引了大量技术密集型岗位，优化劳动力就业结构，提升了就业数量和质量。

他们探究了数字经济对劳动力产业结构的影响，提出了假设：数字经济提升第三产业就业比重，推动高技术制造业和服务业就业增长，优化产业劳动力结构。并设定了以下的计量模型：

$$struct_{i,\ t}=\alpha_0+\alpha_i^t digital_{i,\ t}+\sum j\beta \cdot Z_{j,\ i}^t+\varepsilon_{i,\ t}+ui$$

其中，i 代表不同省份，t 代表不同年份，$struct_{i,\ t}$ 代表 i 省份在 t 年的劳动力就业结构，α_0 为常数项，$digital_{i,\ t}$ 为 i 省份在 t 年的数字经济发展水平，$Z_{j,\ i}^t$ 为一系列控制变量，$\varepsilon_{i,\ t}$ 为随机误差项，ui 为省份固定效应。

采用了 2011—2019 年中国省级面板数据（不含西藏）。数据来源于《中国劳动统计年鉴》《中国高技术产业统计年鉴》《中国第三产业统计年鉴》及各省统计年鉴。结果有以下两个方面：

一是数字经济的发展水平促使劳动力从第一、第二产业向第三产业转移，表明数字技术在服务业中的应用更加普遍且数字化转型难度较小，从而吸引了更多劳动力流向第三产业。进一步分析产业内部发现数字技术更符合高端制造业和高端服务业的具体需求。这说明数字经济的快速发展及其广泛应用推动了就业的高技能化、高服务化和高技术化。二是在地域上的差异表现。在东部地区，数字经济的发展对高技能、高素质劳动力的就业促进作用明显超过全国平均水平，而对中技能劳动力就业的抑制作用也更强。数字经济对低技能劳动力就业比重和第三产业就业比重的影响小于全国平均水平；在中部地区，数字经济的发展对就业结构的影响与全国情况存在差异。中部地区的教育资源和高技术产业发展相对东部较为落后，从事中技能劳动的人口规模较大，因此中技能劳动力的就业比重受数字经济发展水平的影响较小。然而，高技能劳动力和第三产业就业比重的提高，以及低技能劳动力就业比重的降低，表明中部地区的就业结构也在向高技能化和服务化转型，随着社会经济的不断发展，这一转型趋势更加突出。

清华大学学者潘文卿、李泽怡、郝远航从需求结构变迁的角度研究了中国产业结构的动态演进及“去工业化”问题。该研究的关注点是分析最终需求结构的变迁如何影响产业结构变迁。最终需求结构变动包括消费、投资和出口的产业构成变化，这直接影响各产业部门的产出和整体经济体的产业结构。

基于非竞争型投入产出表，他们通过以下模型刻画了各产业部门的增加值：

$$V = \widehat{R}X = \widehat{R}(I - A^d)Y$$

其中，V 是各产业部门的增加值组成的列向量，X 是各产业部门总产出组成的列向量，$\widehat{R}$是各产业增加值率组成的对角矩阵，A^d 是国产品的直接投入系数矩阵，Y 是各产业部门生产的最终产品组成的列向量，代表着最终需求。为了分析消费需求、投资需求，以及中间品和最终品出口需求等各最终需求细分项的比重变动对产业结构变动的影响，将上述模型进一步改写为：

$$V= \widehat{R}\, LSFy^*$$

其中，y^* 是经济体的最终需求总量，$F=$（$f_c f_I f_e^m E_E^f$）^{T} 是最终需求各细分项目的结构列向量，$S=$（$S^C S^D S^{Em} S^{Ef}$）是各最终需求细分项目的产业构成列向量组成的矩阵。使用 l_{ij}、s_{ik}、f_k 分别代表矩阵 L、S、F 中的元素，共具有 n 个产业部门，于是我们可以得到：

$$S_i^v=\sum_{j=1}^{n}\sum_{k=1}^{4} r_i l_{ij} s_{jk} f_k y^* \quad (i=1, 2, \ldots, n)$$

根据国民经济核算恒等式，$y^*=GDP+m^*$，其中 m^* 是经济体的中间品进口规模。因此可以表示为：

$$S_i^v=\sum_{j=1}^{n}\sum_{k=1}^{4} T_i l_{ij} S_{jk} f_k (1+\mu)$$

式子表示该经济体“中间品进口依存度”，表明产业结构的变化由三个主要因素决定。一是技术—效率水平，包括各产业部门的增加值率和国内生产系统的经济技术关联特征。二是需求模式，包括最终需求结构和各需求项的产业构成。三是对外开放因素，即经济体的中间品进口依存度。

通过对数平均迪氏指数法（LMDI）分解技术，可以得到以下式子：

$$\Delta s_i^v=\Delta r_i+\Delta l_i+\Delta s_i+\Delta f_i+\Delta\mu_i$$

各个部分分别是：

$$\Delta r_i=\sum_{j=1}^{n}\sum_{k=1}^{4}\omega_{ijk}\ln(\frac{r_i(t)}{r_{i(0)}}, \quad \Delta l_i=\sum_{j=1}^{n}\sum_{k=1}^{4}\omega_{ijk}\ln(\frac{l_{ij}(t)}{l_{ij(0)}},$$

$$\Delta S_i=\sum_{j=1}^{n}\sum_{k=1}^{4}\omega_{ijk}\ln(\frac{s_{jk}(t)}{s_{jk(0)}}, \quad \Delta f_i=\sum_{j=1}^{n}\sum_{k=1}^{4}\omega_{ijk}\ln(\frac{f_k(t)}{f_{k(0)}},$$

$$\Delta\mu_i=\sum_{j=1}^{n}\sum_{k=1}^{4}\omega_{ijk}\ln(\frac{1+\mu(t)}{1+\mu_{(0)}}$$

式子中的 $\omega_{ijk}=\frac{v_{ijk}(t)-v_{ijk}(0)}{\ln\left(v_{ijk}(t)/v_{ijk}(0)\right)}$是各部分的权重，其中 $v_{ijk}-r_i l_{ij} s_{jk} f_k (1+\mu)$，这里的 0、$t$ 分别表示初期和期末。

得到产业结构的变化可分解为五大因素的影响：各产业增加值率的变动（Δr），国民经济各产业的经济技术关联特征的变动（Δl），最终需求结构的变动（Δf），各最终需求项产业构成的变动（Δs），经济系统的中间品进口依存度的变动（$\Delta\mu$）。前两项反映了生产技术及其决定的产业间关联特征的变化，我们称之为“技术—产业关联”变化，主要代表供给因素的影响；第三和第四项反映了各最终需求项的产业构成和最终需求结构的变化，称为“需求模式”变化，主要代表需求因素的影响；最后一项反映“中间品进口依存度”变化，代表对外开放因素的影响。

他们还采用了三次产业分类法对中国的产业结构进行了数据搜集，从 20 世纪初到现在，通过三次产业占比变动的折线图，可以看出中国产业结构的变动特征：第一产业增加值逐渐下降，第二产业增加值正缓慢下降，第三产业有较大幅度的提升并超过第二产业（如图 2-1 所示）。

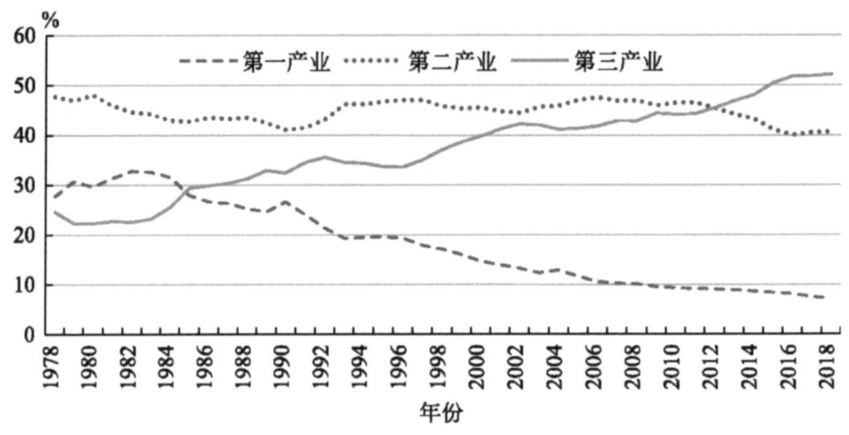

图 2-1　改革开放以来中国三次产业增加值比重变动

对 1997—2018 年中国产业结构变化因素进行分解得出在“需求模式”变化对第一、第二和第三产业结构变化的影响中，有两个因素共同起作用：一个是最终需求结构的变化，即消费、投资和出口在总体需求中比例的变化；另一个是各最终需求项的内部构成变化，即在消费、投资和出口中，不同产业产品的比例变化。该研究进一步表明国内消费中不同产业产品比例的变化对第一、第二和第三产业结构的影响最大，其次是国内投资中不同产业产品比例变化的影响，而中间品和最终品出口中不同产业产品比例的变化对产业结构的影响最小。在对行业的增加值比重变动的细分中可以得出这样的结论：各最终需求项的内部构成变化对产业结构的影响更大。

此外，他们在最终需求结构不变的背景下进行了产业结构的模拟，在 2007 年至 2018 年，国内最终消费和投资的份额增加，中间品和最终品出口的份额减少，导致第二产业特别是制造业的增加值比重下降，且这一下降趋势在钢铁、机械、冶金等制造业中尤为明显。因此，为了减缓中国第二产业，特别是制造业增加值比重“过早、过快”下降趋势，可以通过适当调整最终需求结构来实现。这可以包括增加国内投资和出口在最终需求中的份额，特别需要关注提高国内投资的比重。

五、市场行为

市场行为研究着眼于企业在市场中的经济行为模式和策略选择，以及这些行为如何影响市场运作和市场效果。具体而言，市场行为研究探讨企业在市场竞争中如何决定价格、产品定位、市场推广、研发投入等策略，以及它们如何应对竞争对手的行动。

市场行为的研究既关注单一企业的行为选择，又考察市场上多个企业之间的作用及其对市场结构和市场效果的整体影响。通过分析市场行为来揭示企业行为背后的经济动机，理解市场运作的机制，以及企业行为如何塑造市场竞争格局及其对经济绩效的潜在影响，市场行为具有以下五个重要特征：

一是价格策略与竞争行为涉及企业如何制定和调整价格，以及在市场中采取的价格战略，以实现特定的目标，如获取市场份额、维持市场地位、最大化利润或打击竞争对手。企业可以采用不同的定价方法，如成本加成定价、竞争导向定价和价值导向定价。成本加成定价基于生产成本加上一定的利润率；竞争导向定价则考虑市场中竞争对手的价格水平；价值导向定价依据消费者对产品价值的感知来设定价格。企业也可以采用价格歧视策略，根据不同消费者的支付能力、购买数量或消费频次等，制定差异化的价格。常见的价格歧视有一级价格歧视（完全价格歧视）、二级价格歧视（批量折扣）、三级价格歧视（市场细分定价）。企业还可以通过渗透定价策略通过低价快速进入市场，吸引大量消费者，以增加市场份额；撇脂定价是在产品初期以高价销售，针对高端市场或早期采用者，以获取最大利润。此外，还有日常生活中最常见的促销定价，通过临时降价、折扣、优惠券等促销手段，吸引消费者购买，提升短期销售额。促销定价不仅能刺激需求，还可以帮助企业清理库存，吸引新顾客和提升品牌知名度。诸如此类的定价行为还有很多，总之，企业利用这些多样化的价格策略和竞争行为以便在复杂的市场环境中灵活应对变化，确保其竞争优势和长期发展。

二是产品差异化与市场定位：分析企业如何通过产品特性、品牌形象等策略来区分自己的产品，并选择目标市场。一般来说，企业需要对市场进行细分，识别不同消费者群体的需求和偏好，然后选择目标市场，并根据目标市场的特点进行产品定位。企业通过功能、设计、质量、性能等方面的创新和改进，创造出独特的产品，吸引特定的消费者群体；打造品牌形象也是典型策略之一，品牌形象是消费者对品牌的整体感知和印象。企业通过品牌名称、标识、广告、包装等手段塑造和传达品牌的独特个性和价值观。例如，耐克通过“JUST DO IT”的口号和赞助体育赛事，树立了积极进取、挑战自我的品牌形象。除了产品本身，企业还可以通过提供卓越的客户服务、售后服务、个性化服务等方式实现差异化。例如，苹果公司以其出色的客户服务和支持体系著称，增强了消费者对其产品的满意度和忠诚度。持续的创新和研发是实现产品差异化的关键。企业通过不断推出新产品和新技术来追求超额利润并保持在市场上的竞争地位。

三是市场推广与广告支出是企业获取市场份额和提高品牌知名度的重要手段。广告是企业向目标市场传达品牌信息和产品特点的主要手段之一，企业通常在多种媒体平台上进行广告投放，包括电视、广播、报纸、杂志、户外广告、社交媒体、搜索引擎等。因此广告投入的决策需要考虑广告覆盖面、受众特性、媒体特性和广告费用。随着互联网的发展，数字营销成为企业市场推广的重要方式，数字营销包括搜索引擎优化（SEO）、搜索引擎广告（SEA）、社交媒体营销、电子邮件营销、内容营销、影响者营销等。数字营销具有精准投放、实时互动和效果可测量等优点，实现搜索精准用户，打造良好企业形象。促销活动是企业短期内刺激销售的重要手段，包括折扣、优惠券、买一送一、限时抢购、会员积分等。促销活动可以快速增加销量、清理库存和吸引新客户。品牌传播是市场推广的核心，需要建立和维护品牌形象。品牌传播包括品牌故事、品牌价值观、品牌视觉形象等的传达，企业通过一致的品牌传播策略，建立消费者对品牌的认知和情感联系。其他还包括公共关系活动、事件营销、客户体验管理、影响者营销等。

四是研发与创新投入是企业提升竞争力和市场表现的要素之一。应深入探讨企业对于技术创新、产品开发的投入程度，以及这些投入对市场表现和竞争力的影响。首先研发投入规模是指企业在研发活动上投入的绝对金额。这包括资金、人力资源、设备和技术的投入。规模大的企业，如大型跨国公司，往往在研发上投入更多的资源。研发强度指研发投入占企业总收入的比例。高研发强度通常反映企业对创新高度重视。例如，科技公司如谷歌和苹果的研发强度常常达到或超过其总收入的15%。产品研发包括新产品开发和现有产品改进，前者是企业通过研发新产品，满足不断变化的市场需求和消费者偏好，新产品的成功推出可以带来新的收入增长点，也能提升品牌形象和市场份额。而后者是通过持续改进现有产品的性能、功能和用户体验，使企业保持竞争优势，延长产品生命周期。还有研发与创新管理，高效的研发团队是创新成功的基础。企业需要吸引和培养顶尖的科研人才，建立多学科的合作团队，以推动创新。通过科学的项目管理方法，如敏捷开发和阶段评审，企业可以提高研发效率，确保项目按时、按预算完成。

五是竞争策略与市场反应是企业在竞争激烈的市场环境中采取的一系列行动和策略，以应对竞争对手的挑战和市场变化。企业需要通过分析市场和竞争对手的行为，确定自己在市场中的定位和差异化策略。这包括确定目标市场、明确竞争优势，以及通过产品特性、品牌形象和市场定位来吸引目标消费者。还需要根据市场需求、成本结构、竞争格局和产品定位制定合适的定价策略。这可能包括高价策略、低价策略、市场撬动策略等，以实现销售目标和市场份额增长。要对竞争对手的定价策略做出敏捷反应，以避免失去市场份额或降低产品的竞争力。这包括但不限于调整产品定价、推出促销活动或优化市场营销策略。企业需要定期监测和分析自己在市场中的份额变化，并理解这些变化背后的原因。这可以通过市场份额数据、市场调研和竞争分析来实现。然后企业根据市场份额变化和竞争行为，制定相应的市场反应策略，包括加大市场推广力度、优化分销网络、提升产品质量或推出新产品等以重新夺回市场份额。企业通过品牌建设和市场营销活动提升品牌影响力，增强市场竞争力，根据此前的研究报告，品牌力量可以影响消费者的购买决策和市场份额。面对新技术、新需求和新领域，企业要能通过创新市场模式、推出新的市场服务或改进现有的市场策略来创造新的市场机会。

六、市场绩效

市场绩效是指市场主体（如企业）在一定时期内所取得的经营成果及其对市

场运行效率的影响。评价企业的市场绩效质量可以从以下七个方面入手。

第一，盈利能力包括利润率和投资回报率。前者衡量企业在销售收入中获得的利润比例。一方面，高利润率通常反映出企业在成本控制、定价策略，以及市场需求方面的成功，另一方面，也能显出垄断情况。后者是评估企业在投资资本上获得的回报水平，高投资回报率表明企业的投资决策和经营效率较高。

第二，市场份额是指企业在整个市场中占有的销售比例，通常以销售额或销售量的百分比表示。市场份额的变化是衡量企业在市场竞争中地位和影响力的重要指标。通过分析市场份额，企业可以了解其在市场中的相对位置及竞争对手的表现，从而制定更有效的竞争策略。增加市场份额通常意味着企业能够更有效地吸引和留住客户，相对于竞争对手具有更强的市场吸引力和品牌认知度。这可能通过多种途径实现，包括产品创新、价格竞争、提高产品质量、扩大分销渠道及加强市场推广等。市场份额的变化反映企业的竞争力，也影响企业的长期战略和运营决策。例如，市场份额的上升可能激励企业继续投资于新技术和产品研发，以巩固其市场地位；而市场份额的下降可能促使企业反思其经营策略，进行业务调整或寻求并购机会，以提升竞争力。市场份额也是投资者和其他利益相关者评估企业绩效和市场前景的重要参考。企业在市场中的份额越大，通常意味着其在行业中的领导地位越稳固，未来的盈利能力和市场潜力也越大。

第三，销售增长率是评估企业销售收入增长速度的核心指标，它通过比较不同时间段的销售收入，揭示企业在市场上的成长和扩展情况。销售增长率反映了企业在吸引新客户和扩大市场份额方面的成效，也显示了其产品或服务在市场上的受欢迎程度和竞争力。具体来说，销售增长率可以通过同比增长率和环比增长率进行细化分析：同比增长率是将当前时期的销售收入与上一年同期进行比较，计算出的增长比例，有助于了解年度增长趋势，并识别出季节性或周期性的销售模式；环比增长率是将当前时期的销售收入与前一个季度或月份进行比较，快速识别短期内的销售变化，从而调整市场策略和运营计划。

企业还可以按产品或服务分析销售增长率，识别出增长的主要驱动力，以便有针对性地进行资源分配和战略调整；按地理区域分析销售增长率，可以帮助企业制定区域性市场推广策略，强化在增长潜力较大地区的业务拓展。销售增长率的变化受到多种因素的影响，包括市场需求变化、价格调整、推广活动的效果、新产品发布、竞争对手行为及宏观经济环境等。深入分析这些驱动因素，可以让企业更加全面地理解销售增长的原因和潜在风险。结合历史销售数据，企业可以分析长期的销售增长趋势，并使用统计和预测模型对未来销售进行预测，从而制定长期的战略规划，确保在市场变化中持续增长。

与此同时，将企业的销售增长率与行业平均水平，以及主要竞争对手的增长率进行比较，可以评估企业在行业中的相对表现，帮助企业了解自身的市场竞争力，并找到改进和超越竞争对手的机会。

第四，生产效率是评估企业在资源利用方面的重要指标，反映了企业在生产成本控制、生产周期缩短和产能最大化等方面的能力。高生产效率意味着企业能够以较低的成本、较快的速度生产出高质量的产品或服务，从而在竞争激烈的市场中保持优势。

首先，生产成本的控制是提高生产效率的核心。企业可以通过优化供应链管理、减少原材料浪费、提高生产工艺和技术水平来降低生产成本。企业还可以通过规模经济效应，降低单位生产成本，从而在市场上获得价格优势。

其次，缩短生产周期也是提升生产效率的重要条件。生产周期包括从原材料采购、加工、组装到最终产品交付的整个过程。通过优化生产流程、减少中间环节、提高生产线的灵活性和响应速度，企业可以大幅缩短生产周期。例如，实施精益生产（Lean Production）和即时生产（Just-In-Time Production）方法，可以减少库存和等待时间，提高生产线的整体效率和产出率。利用信息技术和数据分析，企业可以实时监控生产过程，及时发现和解决生产中的瓶颈和问题，确保生产过程的顺畅和高效。

最后，产能最大化是提升生产效率的另一个重要条件。产能最大化不仅要求企业在现有设备和资源条件下实现最高产出，还需要通过创新和技术升级不断提升产能。通过培训和激励员工，提高员工的技能水平和工作积极性，可以充分发挥人力资源的潜力，提升整体生产能力。企业还可以通过合理的生产计划和资源配置，优化生产负荷和生产节奏，确保生产系统的稳定和高效运行。评估和提高生产效率需要建立科学的绩效指标和评估体系。企业可以通过关键绩效指标（KPI）如单位成本、生产周期、设备利用率、产出率等，定期评估生产效率的现状和变化趋势，及时发现和解决问题。通过对比分析不同时间段和不同生产线的绩效数据，企业可以识别出最佳实践和改进空间，持续优化生产过程和管理策略。

第五，客户满意度是衡量企业在满足客户需求和提供优质产品及服务方面表现的重要指标。高客户满意度能促进客户忠诚度和口碑传播，还能提升企业的市场份额和盈利能力。具体来说，客户满意度可以通过以下三个方面进行评估和提升。

首先，产品质量是核心因素。企业需要确保其产品符合客户的期望和需求，具备可靠的性能和耐用性。这可以通过严格的质量控制体系和持续的产品改进实现，例如，采用六西格玛（Six Sigma）和全面质量管理（TQM）等方法。企业应及时收集和分析客户反馈，持续改进产品性能和用户体验。服务质量也非常重要。优质的客户服务包括售前咨询、售中支持和售后服务。企业应建立完善的客户服务体系，通过多渠道（如客户服务热线、在线客服、社交媒体平台）提供及时、专业的支持，培训和激励客服人员，提高他们的服务意识和解决问题的能力。

其次，交付和响应速度影响客户满意度。企业可以通过优化供应链管理，提高生产和配送效率，缩短订单处理和交付周期。客户关系管理（CRM）是提升客户满意度的重要手段。通过 CRM 系统，企业可以系统地管理和分析客户信息，深入了解客户需求，提供个性化的产品和服务。定期与客户沟通，了解他们的反馈和建议，不断优化产品和服务，增强客户的参与感和忠诚度。

最后，品牌形象和企业信誉影响客户满意度。企业应通过品牌建设和市场推广树立良好的品牌形象和企业信誉，如广告宣传、公益活动和社会责任实践。保持透明和诚实的经营作风，确保产品和服务信息真实可靠，增强客户的信任感。

第六，市场覆盖率是衡量企业产品或服务在目标市场中的渗透程度，是企业市场表现的重要指标之一。它包括地理覆盖率和客户群覆盖率等方面，反映了企业在不同区域和客户群中的市场影响力和占有率。广泛的市场覆盖率通常表明企业具有强大的销售网络、有效的营销策略和良好的市场渗透能力。

首先，地理覆盖率是指企业产品或服务在不同地理区域中的分布情况。高地理覆盖率意味着企业能够在多个地区开展业务，满足不同地区消费者的需求。要提高地理覆盖率，企业需要建立广泛的分销网络，选择合适的渠道合作伙伴，并通过有效的物流管理确保产品的及时供应。企业还需根据不同地区的市场特点和消费习惯，制定针对性的营销策略，增强品牌的本地化适应性。

其次，客户群覆盖率是指企业产品或服务在不同客户群中的渗透程度。高客户群覆盖率意味着企业能够满足多样化的客户需求，覆盖不同年龄、性别、收入水平和兴趣爱好的消费者群体。要提高客户群覆盖率，企业需要进行市场细分，深入了解不同客户群的需求和偏好，开发和推广适合各细分市场的产品和服务，通过多元化的产品线、定制化的解决方案和个性化的营销活动，吸引和保留不同的客户群体。

市场覆盖率的提升还依赖于强大的销售网络和市场影响力。企业需要建立高效的销售团队，提升销售人员的专业知识和技能，增强他们的市场开拓能力。企业应积极拓展线上和线下销售渠道，通过电子商务平台、社交媒体和实体店铺等多种途径扩大市场覆盖面。利用数字化营销工具和数据分析，企业可以更精准地识别市场机会和优化资源配置，提高市场覆盖率。

最后，广告和促销活动也是提升市场覆盖率的重要手段。通过大规模的广告宣传、促销折扣、会员奖励计划等活动，企业可以提高品牌知名度，吸引更多的潜在客户。企业还应参与行业展会、社区活动和公益项目，增强品牌的社会影响力和美誉度。

第七，品牌价值是评估企业品牌在市场中的认知度、美誉度和忠诚度的重要指标，是企业无形资产中最重要的部分。高品牌价值意味着企业在市场中具有强大的竞争力和影响力，能够在激烈的市场竞争中脱颖而出，赢得消费者的信任和忠诚。

品牌认知度是品牌价值的重要组成部分，品牌认知度指的是消费者对企业品牌的认识和记忆程度。高品牌认知度意味着更多的消费者能够在众多竞争品牌中识别并记住该品牌。企业可以通过广告宣传、社交媒体营销、赞助活动和名人代言等方式，提高品牌的曝光率和知名度。独特的品牌标识、标语和品牌故事也有助于增强品牌认知度，使消费者更容易记住和识别品牌。

品牌美誉度是指消费者对品牌的正面评价和总体印象。高品牌美誉度意味着消费者对品牌有积极的态度，认为该品牌值得信赖并具有良好的形象。企业可以通过提供高质量的产品和服务、积极的社会责任活动及良好的客户服务，提升品牌美誉度。建立良好的品牌美誉度需要时间和持续努力，包括在质量控制、创新、售后服务和社会责任等方面的投入和改进。

品牌忠诚度也是品牌价值的重要组成部分，指的是消费者对品牌的持续购买意愿和推荐行为。高品牌忠诚度意味着消费者在多次购买中选择该品牌，并愿意向他人推荐。企业可以通过会员计划、忠诚度奖励、个性化服务和品牌社群活动，增强消费者对品牌的情感联系和忠诚度。通过定期与客户互动，了解他们的需求和反馈，企业可以不断优化产品和服务，保持消费者的持续满意和忠诚。

品牌价值的提升还需要企业在市场中保持持续的创新和差异化竞争力。通过不断推出创新产品和服务，满足消费者不断变化的需求，企业可以在市场中保持领先地位。企业需要保持品牌的一致性和稳定性，确保品牌传递的信息和形象在不同渠道和接触点上保持一致，从而增强品牌的可信度和可靠性。

广告和营销活动是提升品牌价值的重要手段。企业可以通过创意广告、故事营销、跨界合作和社会化营销，提升品牌的知名度和美誉度。通过精准的市场定位和差异化的品牌策略，企业可以在激烈的市场竞争中建立独特的品牌形象和市场地位。

七、产业组织理论

产业组织理论（Industrial Organization Theory）是研究企业行为、市场结构和市场绩效之间的关系。具体而言，产业组织理论分析企业如何在不同的市场结构中运作，探讨市场竞争、市场力量、垄断和规制对经济绩效的影响。产业组织理论涵盖了非常多的内容，包括SCP范式、博弈论、动态竞争、契约理论、行为经济学、产业规制与反垄断、网络效应、国际竞争与全球化、交易成本经济学、信息不对称、竞争政策等，是一个多层次、多维度的研究领域，下面我们对 SCP 的理论发展进行详细的阐述。

1933 年，爱德华· 梅森（Edward Mason）在其 *Price and Production Policies of Large-Scale Enterprise* 初步提出了市场结构对企业行为和市场绩效影响的概念，奠定了 SCP 框架的基础。到了 20 世纪 50 年代，乔· 贝恩（Joe S · Bain）进一步丰富了 SCP 理论，在 1956 年出版的 *Barriers to New Competition* 书中系统地分析了市场结构中不同形式的进入壁垒，包括经济规模、资本需求、品牌忠诚度、专利和技术优势、分销渠道控制、国家政策等。他解释了这些壁垒如何限制新企业进入市场，从而保护现有企业的市场地位。

他还分析了不同市场结构下企业的行为模式。他指出在垄断市场中，由于缺乏竞争，垄断企业能够通过控制产量和价格来最大化利润。这种市场结构通常导致高利润率，但也可能导致资源配置效率低下和消费者福利损失。在寡头垄断市场中，少数企业之间的战略互动变得十分重要，企业可能通过价格竞争、产品差异化和其他策略来争夺市场份额。而在完全竞争市场中，由于大量企业参与竞争，单个企业对市场价格没有控制力，企业必须通过提高效率和降低成本来保持竞争力。

在 20 世纪 60 年代至 70 年代，乔 · S · 贝恩和爱德华· 梅森等人形成了著名的哈佛学派，他们进一步发展和实证检验了 SCP 模型。哈佛学派通过大量的实证研究和理论分析，深入探讨了市场结构、企业行为和市场绩效之间的关系，对 SCP 模型的各个方面进行了详细的研究和验证。他们的研究重点是如何通过市场结构如集中度的变化，来解释企业行为和市场绩效之间的因果关系。他们提出了市场集中度作为衡量市场结构的重要指标，并探讨其对企业行为和市场绩效的影响。通过各行业和市场的数据，发现高市场集中度通常与高利润率相关，这表明在高集中度市场中，少数企业能够通过控制市场价格和产量来获得超额利润。这种现象被认为是由于高市场集中度降低了市场竞争度，使得现有企业在市场上具有更大的市场控制力和价格决策权。他们还比较了集中度较高和集中度较低的市场的绩效差异，重点考察了利润率、价格水平、成本效率和创新能力等指标。他们的研究结果显示，高市场集中度市场中的企业通常具有更高的利润率，但也伴随着较低的市场竞争度和资源配置效率。

哈佛学派通过这些实证研究和理论分析，进一步验证了SCP模型的有效性，强调了市场结构在解释市场绩效中的核心作用。他们的研究为理解垄断、寡头垄断市场中的企业行为和市场绩效提供了重要的实证证据，并为后续的反垄断政策和市场监管策略提供了理论支持。

20世纪70年代时，以哈罗德·德姆塞茨为代表的芝加哥学派对SCP模型提出了批判，认为高利润率并非市场结构导致的，而是因为效率高的企业扩大市场份额，从而提高了利润率。德姆塞茨在1973年的论文《产业结构、市场竞争和公共政策（Industry Structure, Market Rivalry, and Public Policy）》中，提出了"效率论"，挑战了传统的SCP框架。随后，迈克尔·波特提出了"波特五力模型"，将SCP框架中的市场结构部分细化为五种竞争力量：行业内竞争、潜在进入者、替代品、供应商议价能力和买方议价能力。

波特指出，行业内的竞争程度取决于多种因素，如市场增长率、企业数量和规模、产品差异化程度、固定成本和存货水平等。激烈的行业内竞争可能导致价格战、广告战和其他形式的竞争行为，最终影响企业的利润率和市场绩效。他强调新进入者的威胁是影响市场结构的重要因素。潜在进入者的进入会增加行业竞争，压低价格和利润。进入壁垒如经济规模、品牌忠诚度、专有技术、资本需求等在决定新企业能否顺利进入市场方面起着关键作用。高进入壁垒有助于保护现有企业的市场地位，减少新竞争者的威胁。

替代品的存在也会对市场结构产生重要影响。替代品是指可以替代现有产品或服务的其他产品或服务。替代品的威胁取决于替代品的相对性能、价格、消费者转换成本等因素。如果替代品具有较高的性价比，消费者可能会转向替代品，从而减少现有企业的市场份额和利润。

供应商的议价能力是指供应商在价格和供应条件上对企业施加影响的能力。供应商的议价能力强弱取决于供应商的数量、替代供应商的可用性、供应品的重要性和供应商的集中度。买方的议价能力是指买方在价格和产品要求上对企业施加影响的能力。买方的议价能力强弱取决于买方的数量、购买量、产品差异化程度、买方的价格敏感度和替代产品的可用性。强大的买方议价能力可能会迫使企业降低价格或提高产品质量和服务，从而影响企业的利润率和市场绩效。“波特五力模型”不仅细化了SCP理论中的市场结构部分，还为企业提供了一种系统分析竞争环境的方法。通过分析这五种竞争力量，企业可以全面了解自身在市场中的竞争地位，制定有效的竞争战略。

20世纪90年代，让· 梯若尔利用博弈论和信息经济学的方法，深化了对企业行为和市场结构的理解，提出了更动态的市场分析方法。21世纪以来，学者们结合博弈论、行为经济学、实验经济学等多种方法，进一步探讨了SCP模型中的复杂互动关系，特别是信息不对称、动态竞争、技术变迁等对市场结构、企业行为和市场绩效的影响。

八、产业政策

产业政策是国家为促进特定产业或整个经济部门的发展而采取的一系列措施和策略。其目标是通过政策干预，引导资源配置，支持技术创新，提高产业竞争力，进而实现经济增长、结构优化和社会福利的提升。产业政策的类型分为选择性产业政策和功能性产业政策，前者是指针对特定产业或企业提供支持，促进这些产业的快速发展。后者是指政策不针对特定产业，而是通过改善整个经济环境来促进所有产业的发展，如投资环境、教育培训等。

一般而言，国家在实施产业政策时，会综合运用财政、金融、研发、人力资源、基础设施建设和法律法规支持等多种手段，以全面改善经济发展环境，激发经济活力。

一是通过财政支持，国家能够直接对特定产业提供补贴、税收优惠和国家采购等措施，从而减轻企业的财务负担，鼓励其扩大生产和创新活动。补贴可以降低企业的运营成本，税收优惠能够增加企业的可支配收入，国家采购则能为企业提供稳定的市场需求。

二是金融支持是指国家可以通过低息贷款、政策性银行担保和风险投资等形式，帮助企业获得所需资金，降低融资成本。低息贷款和国家担保能使企业更容易获得贷款，还能降低借贷成本，风险投资为高风险、高回报的新兴产业提供资金支持，促进其快速发展。

研发支持是产业政策的重要组成部分，国家通过科研资助和创新激励来推动企业和科研机构的技术研发活动。科研资助可以直接提供资金支持，创新激励通过设立基金和奖项等方式，鼓励企业进行技术创新，进而提升整体产业的技术水平和竞争力。

在人力资源支持方面，国家注重提升劳动者的技能和素质，以满足产业发展对高素质人才的需求。可以通过加强教育培训、职业技能提升和引进高端人才等措施实现。教育培训项目可以为劳动者提供必要的技能和知识，人才引进政策吸引了国内外优秀人才，为产业发展提供智力支持。

基础设施建设也是国家产业政策的重要手段之一。通过建设现代化的产业园区和提供优质的公共服务，国家为企业创造良好的生产和经营环境。完善的基础设施有助于降低企业的运营成本，提升其生产效率和市场竞争力。

三是法律法规支持为产业发展提供了制度保障。国家通过制定和执行知识产权保护法规，鼓励创新和技术进步，防止知识产权侵权行为。制定和推广行业标准，也有助于提升产品质量，规范市场秩序，增强企业的市场竞争力。

总之，国家在实施产业政策时，通过财政、金融、研发、人力资源、基础设施建设和法律法规支持等多种手段，形成综合性的政策体系，改善经济发展环境，激发企业创新活力，推动产业升级和经济高质量发展。这些措施既解决了短期的经济问题，又为长远的经济增长奠定了坚实的基础。

第二节　微观经济学

微观经济学是研究个体经济行为及其相互关系的学科，主要关注消费者和生产者在资源稀缺条件下如何进行选择和决策，以及这些选择和决策如何影响市场价格和资源配置。它包括供求理论，通过需求与供给关系达到供需平衡来保证市场的正常运行；消费者行为理论，通过分析效用最大化和预算约束来理解消费决策；生产者行为理论，通过研究生产函数、成本结构和利润最大化来探讨企业生产决策；市场结构与均衡理论，分析不同市场类型如完全竞争、垄断和寡头垄断的特点及其对市场均衡的影响；要素市场与分配理论，研究劳动力、资本等要素的供求关系及其价格决定；福利经济学，探讨资源配置的效率与公平问题；公共经济学，分析公共物品、外部性和国家干预的必要性；信息经济学，研究信息不对称及其对市场行为的影响；行为经济学，通过引入心理学因素研究非理性行为对经济决策的影响。微观经济学还运用实证方法，通过数据分析和模型构建来验证理论和评估政策效果，揭示经济活动的基本规律和优化资源配置的路径。

一、供求理论

需求量（Quantity Demanded）是指买者愿意且有能力购买的某种商品的数量。尽管影响需求量的因素很多，但商品的价格是分析市场运行时最为重要的决定因素之一。例如，如果某商品的价格上涨到每单位 20 元，你可能会减少购买量，转而选择替代商品。而如果某商品的价格降至每单位 0.20 元，你就会增加购买量。这种价格与需求量之间的关系在大多数商品中普遍存在，经济学家称之为需求定律（Law of Demand）：在其他条件不变的情况下，当某商品的价格上升时，该商品的需求量会下降；而当价格下降时，需求量则会上升。

经济学家 N·格里高利·曼昆提出市场需求（Market Demand），它指的是某种产品或服务的总需求量，即所有消费者对该产品或服务的需求之和。而市场需求是个人需求之和，该公式表现为线性关系：$Q_d=a-bP$。

我们假设 a=100（最大需求量），b=5（需求量对价格的敏感程度），能够得到下面的内容（见表 2-2）。

表 2-2 市场需求曲线例表

价格（P）	需求量（Q）
20	0
18	10
16	20
14	30
12	40
10	50
8	60
6	70

续表

价格（P）	需求量（Q）
4	80
2	90
0.2	99

将以上表格数据汇成如图 2–2 所示，可以看出在所有其他影响消费者购买量的因素保持不变的情况下，该商品的总需求量如何随着其价格的变化而变化。

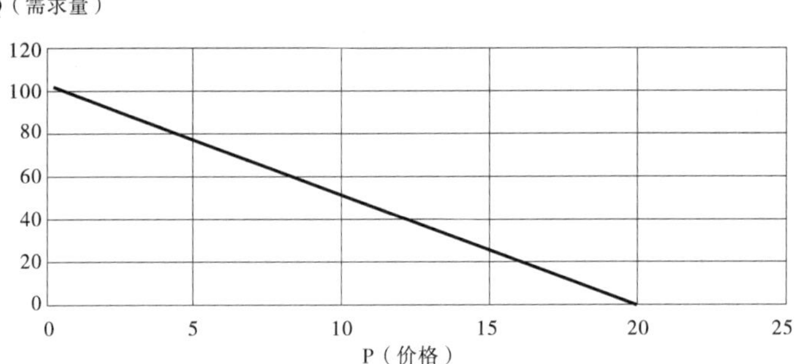

图 2–2　市场需求曲线例图

市场需求曲线假设其他条件保持不变，但随着时间的推移，其他条件可能会发生变化，这意味着市场需求曲线未必是稳定的。如果某个事件发生导致在任何价格水平上的需求量改变，需求曲线就会移动。任何能增加每个价格水平上的需求量的事件将使需求曲线向右移动，这称为需求增加。相反，如果某事件减少了每个价格水平上的需求量，需求曲线将向左移动，这称为需求减少（如图 2–3 所示）。

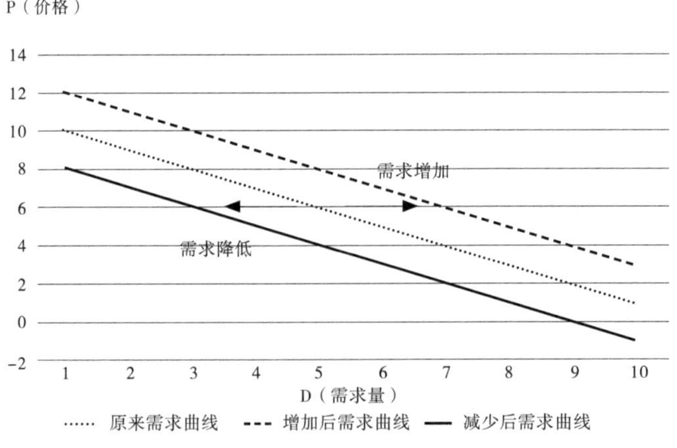

图 2–3　需求曲线的移动

了解了需求曲线后，我们还要了解与需求息息相关的“商品”：

“正常商品”是指当消费者的收入增加时，其需求量也随之增加的商品。这种商品的需求与消费者收入成正向关系，即收入效应为正。

“低档商品”是指当消费者的收入增加时，其需求量反而减少的商品。这种商品的需求与消费者收入成反向关系，即收入效应为负。

“高档商品”是指当消费者的收入增加时，其需求量增长比例超过收入增长比例的商品。这种商品的需求对收入变化非常敏感。

“替代品”指可以用来代替另一种商品的商品。两种商品之间具有较高的替代弹性，当一种商品的价格上升时，消费者就会转而购买另一种商品。

以上的理论只集中于需求，也就是买方，下面我们来详细介绍供给即卖方。

在微观经济学中，供给（Supply）是指生产者在一定时期内，在各种可能的价格水平下，愿意并且能够提供出售的商品或服务的数量。供给体现了生产者对市场需求的反应，并受到多种因素的影响，包括价格、生产成本、技术水平、国家政策等。

某商品或服务的供给量（Quantity Supplied）是卖方愿意而且有能力出售的数量。供给定律（The Law of Supply）是指在其他条件不变时，商品的价格与其供给量成正相关关系，即商品价格上升时，其供给量增加；商品价格下降时，其供给量减少。供给定律反映了生产者的基本行为规律，即价格激励生产。

和市场需求是所有买者的需求之和同理，市场供给是所有卖者的供给之和。供求曲线也表现出线性关系，其公式为：$Q_s=c+dP$，Q_s 表示供给量，P 表示价格，c 和 d 为供给曲线的参数。

假设需求曲线为：$Q_d=100-2P$，供给曲线为 $Q_s=20-3P$，我们可以得到以下的内容（见表 2-3）。

表 2-3 供给曲线的例表

P（价格）	Q_d（需求量）	Q_s（供给量）
0	100	20
5	90	35
10	80	50
15	70	65

续表

P（价格）	Q_d（需求量）	Q_s（供给量）
20	60	80
25	50	95
30	40	110
35	30	125
40	20	140
45	10	155
50	0	170

将以上表格数据汇成如图 2-4 所示，可以看出随着价格的升高，供给量呈上升趋势，而需求量随着价格上升呈现出下降趋势，需求曲线与供给曲线的交点称为市场均衡点，这意味着在该价格水平下，市场上商品的需求量等于供给量，达到市场供需平衡。市场没有过剩或短缺的现象，所有的市场参与者（消费者和生产者）在该价格水平下都满意。

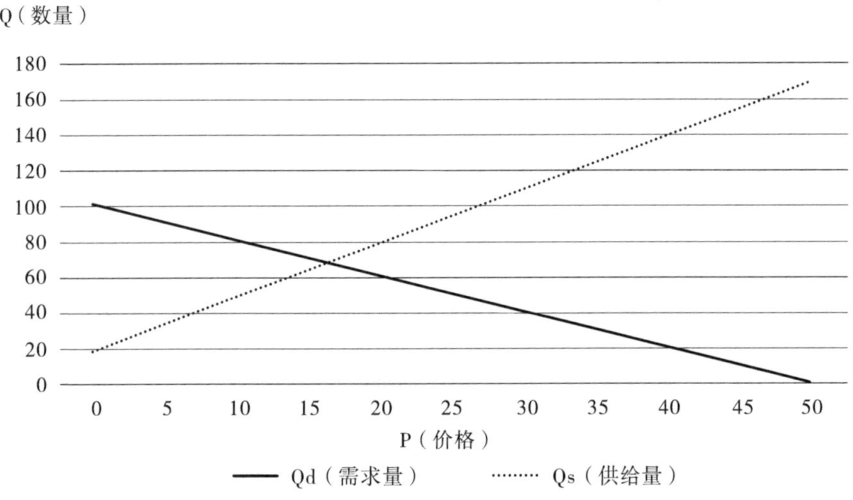

图 2-4　供给曲线的例图

当价格高于市场均衡点时，供给量会大于需求量，就会产生过剩，有时也会被称为超额供给，卖方就会降低价格来增加需求量和减少供应量，该变动表现为沿着供给曲线和需求曲线运动，直到价格下降到市场均衡点为止。

当价格低于市场均衡点时，需求量会大于供给量，就会产生短缺，也会被称为超额需求，卖方因此会提高价格和增加供应量，该变动表现为沿着供给曲线和需求曲线运动，直到价格下降到市场均衡点为止。

根据需求和供给之间的动态变化，弹性分析应运而生，它用于衡量一个变量（如价格、收入等）的变化对另一个变量（如需求量、供给量等）的影响程度。弹性分析包括需求价格弹性、需求收入弹性、需求交叉价格弹性和供给价格弹性等不同类型，每一种类型的弹性反映了市场中的不同经济行为和反应机制。

需求价格弹性（Price Elasticity of Demand）衡量的是价格变动对需求量变动的敏感程度，具体定义为需求量变动的百分比与价格变动的百分比之比。公式为：$E_d=\frac{\Delta Q_d/Q_d}{\Delta P/P}$，其中，$E_d$ 为需求价格弹性，ΔQ_d 为需求量的变化，Q_d 为初始需求量，ΔP 为价格的变化，P 为初始价格。如果 $E_d>1$，称为弹性需求，表示价格变动对需求量的影响较大；如果 $E_d<1$，称为缺乏弹性需求，表示价格变动对需求量的影响较小；如果 $E_d=1$，称为单位弹性需求，表示价格变动对需求量的影响比例相等。需求价格弹性在制定定价策略、评估税收政策对市场的影响等方面具有重要作用。

需求收入弹性（Income Elasticity of Demand）衡量的是消费者收入变动对商品需求量变动的敏感程度。公式为：$E_y=\frac{\Delta Q_d/Q_d}{\Delta Y/Y}$，$E_y$ 为需求收入弹性，ΔQ_d 为需求量的变化，Q_d 为初始需求量，ΔY 为收入的变化，Y 为初始收入。根据收入弹性的不同，商品可以分为正常商品和劣等商品。如果 $E_y>0$，该商品为正常商品，表示收入增加会导致需求量增加；如果 $E_y<0$，该商品为劣等商品，表示收入增加会导致需求量减少。需求收入弹性帮助企业了解不同收入水平的消费者对其产品的反应，进而调整产品定位和营销策略。

需求交叉价格弹性（Cross-Price Elasticity of Demand）衡量的是一种商品的价格变动对另一种商品需求量变动的敏感程度。公式为：$E_{xy}=\frac{\Delta Q_{dx}/Q_{dx}}{\Delta P_y/P_y}$，$E_{xy}$ 为需求交叉价格弹性，ΔQ_{dx} 为商品 x 的需求量变化，Q_{dx} 为商品 x 的初始需求量，ΔP_y 为商品 y 的价格变化，P_y 为商品的初始价格。如果 $E_{xy}>0$，说明两种商品为替代品，价格上升导致另一种商品的需求量上升；如果 $E_{xy}<0$，说明两种商

品为互补品，价格上升导致另一种商品的需求量下降。需求交叉价格弹性有助于企业在产品组合、定价策略和市场竞争中作出决策。

供给价格弹性（Price Elasticity of Supply）衡量的是价格变动对供给量变动的敏感程度。公式为：$E_s=\dfrac{\Delta Q_s/Q_s}{\Delta P/P}$，$E_s$ 为供给价格弹性，ΔQ_s 为供给量的变化，Q_s 为初始供给量，ΔP 为价格的变化，P 为初始价格。如果 $E_s>1$，称为弹性供给，表示价格变动对供给量的影响较大；如果 $E_s<1$，称为缺乏弹性供给，表示价格变动对供给量的影响较小。供给价格弹性在理解生产者如何应对市场价格变化，评估政策对生产和供应链的影响等方面具有重要意义。

总而言之，弹性分析通过不同类型的弹性指标，提供了深入了解市场行为和经济反应机制的工具。这些弹性指标帮助企业和政策制定者在定价、生产、营销和政策设计中作出更明智的决策，从而更有效地应对市场变化和需求波动。

二、消费者行为理论

消费者行为，作为经济学与心理学交叉领域的研究主题，其复杂性源于多元内外部因素的交织影响，这些因素可系统归纳为六大维度：个人特质、社会环境、文化积淀、心理动机、经济状况及政策导向。

一是个人特质维度。年龄跨度、人生阶段与消费需求之间存在很大的关联，职业地位与收入水平作为个体经济实力的直观体现，直接影响消费偏好与购买力，进而塑造了多元化的消费模式。消费者的生活方式，包括兴趣爱好与日常行为模式，作为个性化的表达方式，潜移默化地引导着购买决策的形成。

二是社会环境维度。家庭作为社会基本单元，对大宗消费品的购买决策具有深远影响，家庭成员间的沟通与共识构建，左右着个体消费者的抉择。群体归属感与认同感的追求，使得消费者在消费行为中寻求与所属社群价值观的共鸣，社群行为模式与价值导向在无形中塑造了消费选择。

三是文化积淀维度。文化深深植根于消费者的认知与行为模式中，不仅构建了消费者的价值观、信念体系与行为准则，而且通过亚文化的细分，如青年亚文化、宗教团体等，进一步细化了消费偏好，体现了文化对消费行为的细微影响。社会阶层标识，作为文化资本的外在表现，对消费模式及品牌选择产生了层次分明的影响，消费行为在某种程度上承载了社会地位与身份认同的展示功能。

四是经济状况维度。经济因素构成消费行为的物质基础，个人收入水平直接制约着消费能力。宏观经济指标如经济增长、通货膨胀及就业状况，通过塑造整体消费信心与预期，间接调控消费行为。商品价格与消费者收入的动态互动，通过需求价格弹性这一经济原理，揭示了不同价位商品需求量随价格变动的规律性特征，即高价位商品需求相对稳定，而低价位商品需求对价格变动更为敏感。

五是政策导向维度。国家的经济政策与市场规制，通过设定行业标准、提供消费者保护、影响市场准入门槛等方式，间接塑造了消费者的消费环境与行为模式，政策的导向、约束性在一定程度上规制了消费行为的合法性与合理性。2018年，中共中央与国务院联合颁布了《关于完善促进消费体制机制，进一步激发居民消费潜力的若干意见》，明确提出“绿色消费文化”的概念。

当前，我国消费市场呈现出“消费升级与消费降级并行”的复杂景象，学者李想与李艳认为，绿色消费理念恰逢其时，适配于当前消费趋势的多元性与复杂性。他们指出，消费升级体现为消费支出结构的优化、消费过程的精细化与消费层次的提升，特别是享受型消费占比的明显增长，这一趋势增强了中国经济的韧性与市场吸引力。消费升级作为需求升级的核心驱动力，促使供给端进行相应升级，进而推动经济的质与量同步增长。各类消费需求的激增，如物质、文化和旅游等，支撑了 6.6% 的 GDP 增速。然而，若供给升级滞后于需求升级，可能导致需求外溢至国外市场，促使资本与财富流失。因此，现有数据与实际情况是否足以证实消费升级已成为社会经济发展的新引擎和中高端消费市场能否成为经济增长的新亮点？

一是从境外消费角度观察消费升级迹象。2018 年，我国旅游逆差创下历史最高纪录，达到 2374 亿美元。在过去十年间，中国消费者购入了全球奢侈品市场的 1/3 份额，贡献了 75% 的增量。同年，中国出境游客人均消费全球第一，远超排名第二的美国，尽管中国人均 GDP 仅为美国的 15.8%。这表明即便收入水平相对较低，中国消费者依然倾向于境外消费，从而推动了全球奢侈品市场的扩张。然而，鉴于近 90% 的中国公民尚未持有护照，境外消费主要由少数高收入阶层支撑，消费升级的社会基础相对薄弱。在居民收入增速放缓、收入差距拉大、基尼系数升高、流动性受限及高额负债等背景下，服务业的快速发展面临严峻挑战。

二是从中高端消费视角审视消费升级现象。2018 年，英国戴森公司在亚洲市场的业务贡献了其总利润的 59%，其中中国大陆市场的增速高达 130%。在中国市场，超过 90% 的戴森消费者属于高消费群体，约 80% 居住在一二线城市，他们更倾向于为品牌溢价与消费升级买单，对价格敏感度较低。这表明，中高端消费在中国市场蕴藏巨大的增长潜力。

消费降级表现为各类消费支出在消费总支出中所占比例的下降，消费过程的简化及消费层次的降低。自 2018 年第二季度以来，社会消费品零售总额增速持续下滑。住房、医疗、教育等刚性支出的增加，股市疲软，新兴业态频繁遭遇困境，居民消费不确定性显著增加，引发了关于消费降级的讨论。消费降级的论据包括拼多多的低价策略、涪陵榨菜、二锅头、方便面等销量的增长。然而，从社会层面看，若政策导向促使居民减少炫耀性消费，导致部分商品量价齐跌，这不能简单归结为消费降级。从个人角度而言，消费升级与降级可能并存，轻易将当前现象定义为消费降级，可能会严重误导对我国未来消费趋势的认知。

面对复杂的现实，我们难以准确界定消费升级与降级的比例，但二者背后的根本逻辑均指向“保障和改善民生，实现经济社会发展互促共进，更好地满足人民日益增长的美好生活需要”，最终目标是营造绿色消费的社会氛围。以涪陵榨菜为例，自 2008 年以来，其经历了十次价格调整，涨幅在 5% 至 40%，毛利率高达 55%。为实现转型升级，涪陵榨菜持续拓展业务，斥巨资聘请一线明星代言，改进工艺与设备，推出符合现代消费者需求的绿色食品。如果仅将高档食材视为消费升级的标志，那么消费模式将演变为鼓励浪费的非理性模式。

恩格斯曾警示：“我们不要过分陶醉于我们人类对自然界的胜利，对于每一次这样的胜利，自然界都对我们进行报复。”在全面建设小康社会的关键节点，绿色消费成为破解我国经济社会发展难题的必由之路。作为绿色发展理念的核心，绿色消费将伴随我国消费制度的持续演变与完善，成为新常态下及未来发展的基本原则。同时，环境库兹涅茨曲线假说在我国当前发展阶段逐渐显现，部分污染指标开始下降。随着居民收入水平提升及经济增长的规模效应、结构效应和技术效应，环境污染将逐步减轻，环境质量将得以改善，一旦越过库兹涅茨环境拐点，环境问题将得到根本缓解。

自改革开放以来，中国在短短数十年内实现了发达国家历时两三百年的成就，形成了独特的“时空压缩”现象。然而，这也导致了发达国家两三百年间遇到的农民失地、工人失业、环境恶化等问题的“集中爆发”。同样是一种“时空压缩”。在消费升级与降级并存的背景下，两者可以通过以下途径促进绿色消费：①培养绿色价值观与伦理观；②推动绿色生产模式；③倡导绿色生活方式。

三、生产者行为理论

生产者行为理论研究企业和生产者在生产过程中的决策和行为。它分析企业如何在给定的资源和技术条件下，选择最优的生产要素组合，以实现成本最小化和利润最大化。该理论包括对生产函数、成本函数、规模经济和范围经济等概念的探讨，揭示了生产效率、技术进步和市场条件对企业生产决策的影响。生产者行为理论不仅关注企业内部资源配置，还涉及企业如何应对市场竞争和调整生产策略以适应市场变化的动态过程。

（一）生产函数与成本函数

生产函数是描述投入与产出关系的数学表达式，反映了在一定技术条件下，生产过程中各种投入要素（如劳动、资本）与产出之间的关系。一般形式可以表示为：

$$Q=f(L,K)$$

其中，Q 表示产量，L 表示劳动投入，K 表示资本投入，f 是生产函数。

常见的生产函数形式有柯布—道格拉斯生产函数：

$$Q=A\cdot L^{\alpha}\cdot K^{\beta}$$

其中，A 是技术系数，α 和 β 分别是劳动和资本的产出弹性，反映了劳动和资本对产量的影响程度。

以下是柯布—道格拉斯生产函数的示意图，假设 α=0.5，β=0.5，K=2，A=1 能得到以下数据（见表 2-4），这展示了在不同劳动和资本投入水平下的产出量。

表 2-4　柯布—道格拉斯生产函数例表

L（劳动力）	K（资本）	Q（产量）
1	2	1.414
2	2	2
3	2	2.449
4	2	2.828
5	2	3.162

以劳动量为 x 轴，产量为 y 轴，根据柯布—道格拉斯生产函数可以得到如图 2-5 所示。

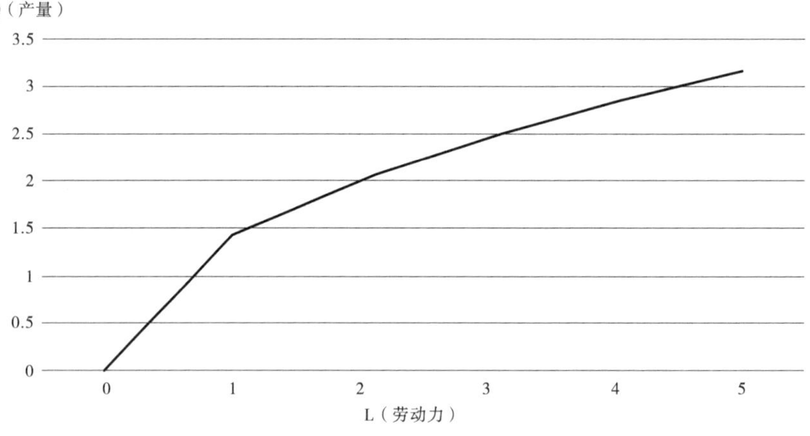

图 2-5　柯布—道格拉斯生产函数例图

成本函数描述了生产不同数量的输出时所需的总成本。它是生产成本和生产数量之间的关系。成本函数可以帮助企业了解生产决策的成本效应，从而优化生产过程，控制支出。

成本函数通常可以分为三种主要类型：

总成本函数（Total Cost Function, TC）：总成本函数表示生产给定数量的产出所需的全部成本。它包括固定成本 FC（不随产量变化的成本）和可变成本 VC（随产量变化的成本）。其公式为：$TC=FC+VC$，其中 VC 通常是产量 Q 的函数，常见形式之一为线性函数：$VC=AVC \cdot Q$，AVC 表示平均可变成本，Q 为产量。

平均成本函数（Average Cost Function, AC）：平均成本函数表示每单位产出对应的平均成本。它是总成本除以产量的结果，即 $AC=\frac{TC}{Q}$，AC 是平均成本，TC 是总成本，Q 是产量，我们可以将总成本函数表示为：

$$TC=FC+VC$$

$$VC=AVC\cdot Q$$

然后平均成本公式可以表示为：$AC=\frac{FC+AVC\cdot Q}{Q}$，即 $AC=\frac{FC}{Q}+AVC$。

我们假设固定成本 FC=100，Q=1 时，AVC=20，随着产量增加，平均可变成本逐渐减少，模拟由于生产规模扩大带来的效率提升或其他经济因素导致的可变成本下降，当 Q=4，平均可变成本开始上升到 18，随后在 Q=5 时达到 22，反映出规模不经济效应的开始，由此可以得到以下内容（见表 2–5）：

表 2–5　平均成本函数例表

Q（产量）	FC（固定成本）	AVC（平均可变成本）	TC（总成本）	AC（平均成本）
1	100	20	120	120
2	100	18	136	68
3	100	16	148	49.33
4	100	18	172	43
5	100	22	210	42

将以上表格数据汇成如图 2–6 所示，可以看出平均成本在初始阶段下降，这是由于固定成本在更多的单位中摊薄。

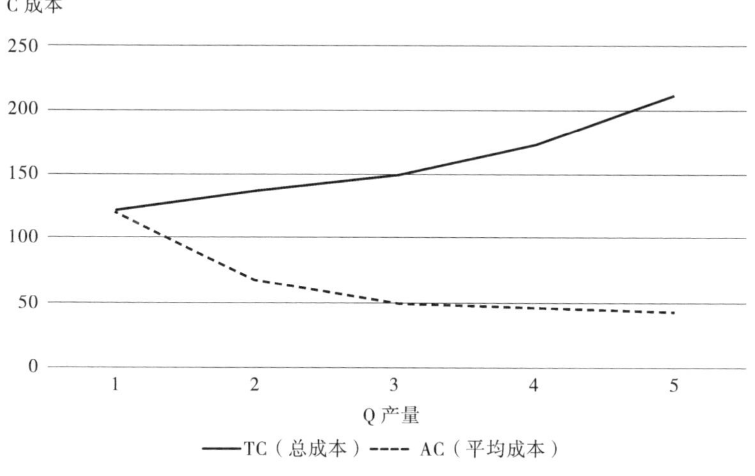

图 2–6　平均成本函数例图

边际成本函数（Marginal Cost Function, MC）：边际成本函数表示生产每增加一个单位的产出所增加的成本，即 $MC=\frac{\Delta TC}{\Delta Q}$。$MC$ 是边际成本，ΔTC 是总成本的变化，ΔQ 是产量的变化。

在离散的情况下，边际成本可以表示为相邻两个总成本值之差除以相邻两个产量值之差：$MC=\frac{TC(Q+1)-TC(Q)}{1}$。

同样我们假设 FC=100，AVC 在初期随着产量增加而减少，产量增加到一定程度后，AVC 由于边际产量递减规律而有所增加，到 Q=5 时，平均成本下降，模拟生产效率提升后的规模经济，见表 2-6：

表 2-6　边际成本函数例表

Q（产量）	FC（固定成本）	AVC（平均可变成本）	VC（可变成本）	TC（总成本）	AC（平均成本）	MC（边际成本）
1	100	20	20	120	120	
2	100	15	30	130	65	10
3	100	12	36	136	45.33333	6
4	100	14	56	156	39	20
5	100	18	90	190	38	34

将以上表格数据汇成如图 2-7 所示，可以看出边际成本最初可能会低于平均成本，但随着产量的增加，边际成本会逐渐上升，这反映了边际收益递减的规律。

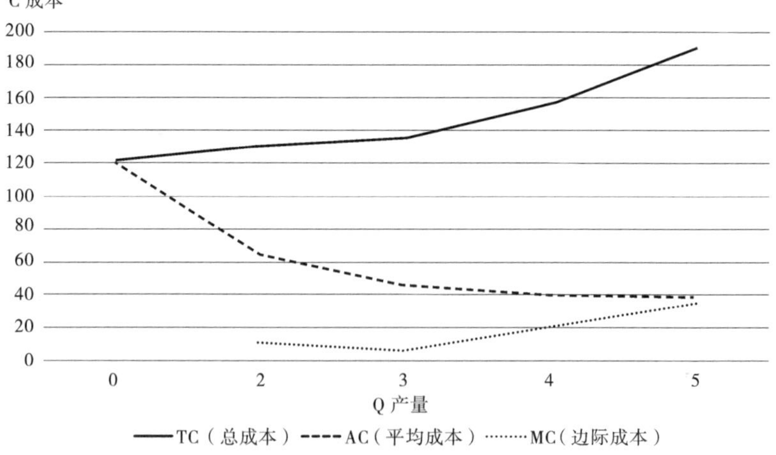

图 2-7　边际成本函数例图

（二）规模经济与范围经济

规模经济（Economies of Scale）是指企业在生产过程中，通过增加生产规模，从而降低单位产品成本的一种经济现象。这种现象表明，当生产规模扩大时，平均成本会下降，从而使企业在市场竞争中获得成本优势和更高的利润。规模经济的实现主要通过以下几种途径：

第一，固定成本分摊。随着生产规模扩大，企业的固定成本如厂房、设备、管理费用等可以在更多的产品上进行分摊，从而降低每单位产品的固定成本。

第二，资源利用效率提高。通过规模化生产，企业能够提高资源利用效率，从而降低单位产品的可变成本。首先，规模化生产使企业以更大批量采购原材料。大批量采购通常可以获得批量折扣和更优惠的采购条件，这不仅降低了每单位原材料的成本，还能优化供应链管理，减少由于供应链中断或库存过多导致的额外成本。其次，规模化生产有助于优化能源使用。集中生产和改进生产工艺流程可以有效减少能量损失，提高能源利用效率。大规模生产的企业通常具备更强的议价能力，能够以较低的价格获得稳定的能源供应，进一步降低生产成本。最后，劳动力配置也在规模化生产中得到了优化。规模化生产允许企业实行更科学的劳动分工和专业化管理，使每位工人的技能和时间都能得到最大程度的发挥。通过减少工序之间的转换时间和重复劳动，提高了整体生产效率，并降低了单位产品的劳动力成本。

第三，专业化与分工。专业化与分工是现代工业生产中的核心原则，其主要优势是将复杂的生产过程拆分为多个简单的步骤，每个步骤由专门的工人或设备负责。在大规模生产环境中，企业可以设计和实施高度专业化的生产线。每条生产线可以按照最优化的流程进行布局，工人无需频繁地转换任务或工序，这减少了生产过程中的停顿和转换时间。专业化生产使得企业能够更有效地利用技术和设备。每个生产步骤可以配备专门设计的工具和机器，这些设备经过调试和优化，可以最大限度地提高操作效率和产品的一致性。由于工人只需操作特定的机器或进行特定的工序，所以他们能够积累丰富的经验，熟练掌握操作技巧，这提高了生产速度，减少了次品率，保证了产品质量。大规模生产中的专业化与分工还可以推动企业进行持续的工艺改进和创新。企业能够通过数据分析和反馈，不断优化每个生产环节，提升整体生产系统的效率和灵活性。

第四，技术进步。首先大规模生产使企业可以投资于更先进、更高效的生产设备和自动化技术。这些技术能够明显提高生产速度和精度，减少人为操作的误差和劳动强度，自动化生产线、机器人技术和智能制造系统等都可以通过高效的操作和精确的控制来提高生产效率。企业还可以引入先进的监控和数据分析系统，对生产过程进行实时监控和优化，从而进一步提高生产效率和产品质量。其次，规模化生产促使企业不断改进生产工艺和流程。通过对生产过程的深入研究和分析，企业可以发现现有工艺中的瓶颈和不足之处，并进行相应的改进，采用精益生产方法可以减少生产过程中的浪费，提高资源利用效率；引入先进的制造工艺可以提高产品的一致性和稳定性，从而降低次品率和返工率。通过不断优化生产流程，企业可以实现生产效率和产品质量的双提升。规模化生产还促使企业在技术研发上进行更多的投入。大规模生产带来的规模效应使企业从技术创新中获得更多的收益，从而有动力进行持续的技术研发。企业可以设立专门的研发部门或实验室，进行新技术和新工艺的开发和应用。最后，技术进步还体现在生产管理方法的提升上。随着规模的扩大，企业需要更加高效的管理方法来协调和控制生产过程，采用先进的企业资源计划（ERP）系统可以实现对生产、库存、物流等各个环节的高效管理；引入精益管理、六西格玛等现代管理方法可以提高管理效率，降低管理成本。这些管理方法的改进帮助企业在保持高生产效率的同时，能够灵活应对市场变化和客户需求。

与规模经济功能类似，但是方式不同的是范围经济（Economies of Scope）。它是指企业在生产多种产品或提供多种服务时，通过共享资源、技术和基础设施，从而降低平均成本的现象。规模经济强调单一产品的大规模生产，而范围经济侧重于多样化经营带来的成本优势。具体来说，企业通过多元化的生产和经营活动，可以实现以下几个方面的经济效益：

第一，资源共享。它指的是企业在生产不同产品或提供不同服务时，能够利用相同的资源，从而实现成本节约和效率提升。资源共享可以涵盖多个方面，包括设备、厂房、人力资源和技术。例如，一家电子产品制造商在生产手机的同时，可以利用同一条生产线和相似的技术来生产平板电脑和智能手表。这种方式避免了为每一种产品单独投资建立生产设施的高昂成本，也通过共享技术和设备来提高了生产效率。企业可以通过统一培训员工，使其具备多种产品生产技能，从而在需求波动时灵活调配人力资源，进一步优化劳动效率。

资源共享带来的好处不仅仅局限于固定成本的降低。管理成本也会因为统一的管理体系和流程而减少。企业不需要为每一种产品线设立独立的管理团队，这既简化了管理层级，又提升了决策效率。比如，通过统一的采购部门，企业以更大的规模进行原材料采购，从而获得更优惠的价格和条件。资源共享还可以促进技术创新和知识共享。不同产品线之间的技术应用和创新经验可以相互借鉴，从而推动整体技术进步和研发效率的提升。

第二，技术和知识的迁移。作为现代企业创新与效率增进的关键机制之一，技术和知识在不同产品或服务间的迁移与共享，对推动创新与优化至关重要。这种迁移不仅仅局限于企业内部不同部门间，也能跨越企业与行业界限，实现知识与技术的跨界融合。

以制药行业为例，一家制药企业在研发新药过程中累积的科研经验、技术与理论知识，能够有效迁移至其他药物的开发中，从而缩短研发周期，大幅削减成本。在抗癌药物的研发过程中，企业可能会发现新的药理机制或技术方法，这些宝贵的知识与技术可以被应用于其他疾病治疗药物的开发，如心血管疾病或免疫系统疾病的疗法。技术和知识的跨产品线转移，加速了新药的研发进度，有效提升了整体研发效率与成功率。

技术和知识的迁移不局限于技术层面，更涵盖管理经验、市场营销策略，以及产品设计等多个维度。通过这一机制，企业能够可以利用既有资源，避免资源重复投入，进而增强整体竞争力与创新力。在全球化与信息化的大潮中，技术和知识的迁移已成为企业实现持续发展与增长的战略利器。例如，一家高科技企业可能在研发智能设备时积累了丰富的用户体验设计经验，这些经验可以被应用于其他产品线，如智能家居或智能穿戴设备，以提升产品的人机交互体验。同样，一家餐饮连锁企业在市场营销策略上的创新，如社交媒体营销或会员忠诚度计划，可以被其他连锁企业借鉴，以增强品牌影响力和顾客粘性。管理和营销策略的迁移，有助于企业快速适应市场变化，提升品牌竞争力。

技术和知识的迁移还体现在企业间的合作与知识共享上。通过建立行业联盟、产学研合作平台或技术转让协议，企业可以实现技术和知识的双向流动，促进整个行业的技术创新与进步。例如，一家汽车制造商与一家电池供应商合作，共享电池技术的最新进展，以推动电动汽车的性能提升。这种跨企业、跨行业的合作模式，加速了技术创新的速度，促进了产业生态的协同发展。

在全球化和信息化背景下，技术和知识的迁移已成为企业持续发展与增长的重要驱动力。通过技术和知识的跨领域迁移，企业节约了研发成本，加速了产品上市速度，提升了整体的市场竞争力与创新能力。同时，这种迁移也有助于打破行业壁垒，促进产业间的融合与创新，推动全球经济的可持续发展。在全球化竞争中，企业和行业应积极拥抱技术和知识的迁移，构建开放合作的生态系统，以实现共赢发展，共创美好未来。

第三，市场和销售渠道的整合。通过整合市场和销售渠道，企业可以有效地优化资源配置，降低营销和分销成本，并提升整体的营销效率和销售绩效。

首先通过整合市场和销售渠道，企业实现资源的集中和统一管理。例如，一家食品公司通过建立统一的品牌形象和分销网络，企业可以同时推广和销售多个食品产品。这种统一的品牌战略简化了企业的市场推广活动，也降低了市场开拓和品牌推广的成本。通过整合市场和销售渠道，企业更有效地控制了销售渠道的管理和运营，确保产品在市场上的稳定供应和可靠销售，进而提高了市场覆盖率和品牌的市场影响力。

其次，整合市场和销售渠道有助于增强品牌效应和消费者的品牌认知度。通过统一的品牌推广策略和市场传播活动，企业在消费者心中树立了更强的品牌形象，并且建立起消费者对品牌的信任和忠诚度。消费者在购买决策时更倾向于选择熟悉和信赖的品牌，从而增加了销售机会和市场份额。整合市场和销售渠道也可以通过共享资源和信息，加强企业内部各部门之间的协作和沟通，提升市场营销活动的效率和执行力。

最后，整合市场和销售渠道还可以帮助企业更好地适应市场竞争环境的变化。通过统一的市场和销售战略，企业可以更灵活地调整市场定位和产品组合，快速响应市场需求和消费者偏好的变化,从而保持竞争优势并开拓新的市场机会。这种市场和销售渠道的整合有利于企业在竞争激烈的市场中占据一席之地，并且为企业长期的可持续发展奠定了坚实的基础。

第四，风险分散。其重要性在于帮助企业有效应对市场和经营风险，保持财务稳定和持续发展。通过多样化经营，企业能够在面对某一产品或服务市场需求下降时，通过其他产品或服务的盈利来抵消可能面临的损失，从而减少单一业务所带来的风险。

多样化经营使企业在不同行业或市场中分散投资和风险。一家多元化的工业企业在经营汽车零部件和电子产品两个不同的市场时，若汽车市场需求下降，其在电子产品市场的收入可以帮助企业保持整体的盈利水平。这种战略性分散使企业不会完全依赖于单一市场或产品的表现,而是通过组合不同产品或服务的组合，降低了遭遇行业周期性波动或市场变化所带来的风险。

多样化经营有助于企业在面对地理、政治或经济方面的不利影响时，通过其他地区或国家市场的收入来平衡风险。全球化背景下的企业通过进入多个国家市场，分散地缓冲汇率波动、政策变化或自然灾害等不可预测因素对企业单一市场的负面影响。多样化经营还有助于企业在技术变革或市场趋势变化时，通过在不同领域的投资和创新来捕捉新的增长机会。通过多样化经营，企业更加灵活，并且适应性强，能够快速调整战略，以利用新的市场机会或应对突发的市场挑战。

四、市场结构与均衡理论

市场结构描述了市场中的竞争程度和组织形式，主要包括完全竞争市场、完全垄断市场、垄断竞争市场、寡头垄断市场。这对于了解产业结构和产业发展非常重要。

在完全竞争市场下，有大量的买者和卖者，产品具有同质性，信息是完全公开、透明的，企业没有进入和退出壁垒，每个企业都是价格的接受者，市场价格由市场供求决定。企业根据市场价格调整其产量，以最大化利润。

在完全垄断市场下，只有一个卖者，产品没有替代品，市场处于“高进入壁垒”状态，垄断者具有价格制定权，通过控制产量来影响市场价格，以实现利润最大化。垄断者面临整个市场的需求曲线，价格和产量的决策需要考虑需求的价格弹性。

在垄断竞争市场中，有许多买者和卖者，产品存在差异化，市场处于“较低进入壁垒”状态，企业具有一定的价格制定权，通过产品差异化如品牌、质量、服务来吸引消费者。短期内企业可能获得超额利润，但长期内由于进入壁垒低，新企业进入市场致使超额利润趋于零。

在寡头垄断市场下，有少数几家大企业，产品同质或差异化，市场处于“高进入壁垒”状态，企业间存在战略互动，价格和产量决策常常涉及博弈论分析。寡头市场的价格由企业间的默契或竞争性行为决定，价格战和卡特尔行为都是常见现象。

一般来说，大部分产业都处于完全竞争市场和完全垄断市场之间。下面从市场均衡理论出发，探讨市场如何通过价格机制实现供求平衡，以及不同市场结构下的均衡特点。

在完全竞争市场中，短期均衡表现为市场价格由供给和需求决定，个体企业根据市场价格调整产量，市场均衡价格使市场的供给量等于需求量；长期均衡表现为由于自由进入和退出，企业在长期内只能获得正常利润，长期均衡价格等于企业的平均成本，所有企业都以最有效率的规模生产。

在完全垄断市场中，垄断者通过设置产量来最大化利润，均衡产量在边际成本等于边际收益处确定。由于垄断价格高于边际成本，垄断市场通常存在消费者剩余损失和资源配置效率低下的问题。

在垄断竞争市场中，短期均衡表现为企业可以获得超额利润，因为市场上有产品差异化。长期均衡表现为由于进入壁垒低，新企业进入市场消除超额利润，最终每个企业只能获得正常利润。长期均衡时，价格等于平均成本，但高于边际成本。

在寡头垄断市场下，寡头企业的决策互相影响，均衡分析常用博弈论方法，如纳什均衡。在寡头市场，价格和产量的均衡可能受企业间合作（卡特尔）或竞争行为的影响。

五、要素市场与分配理论

要素市场与分配理论解释了生产要素市场的运作机制及其在经济中的收入分配。要素市场包括劳动市场、资本市场和土地市场，分别涉及劳动力、资本和土地的供给与需求。

在劳动市场，企业根据劳动力的边际生产力来决定需求量，而家庭根据工资率提供劳动力，市场均衡时工资率使供给量等于需求量。

在资本市场，企业根据资本的边际生产力决定资本需求，而家庭和机构提供储蓄以获得利息，市场均衡利率使资本供需平衡。

土地市场则由于供给固定，土地的需求主要决定租金水平，均衡租金使土地的需求量等于固定供给量。

分配理论研究生产要素如何获得报酬，即工资、利息、租金和利润。边际生产力理论认为每种生产要素的收入由其边际生产力决定，企业支付的工资、利息和租金分别等于劳动力、资本和土地的边际生产力价值。此外，还有剩余价值理论和契约理论等其他分配理论，进一步解释了生产要素收入的分配机制。

总之，要素市场与分配理论通过分析生产要素的供需关系及其均衡条件，揭示了经济中的收入分配机制，为我们理解市场运作和经济发展提供了理论基础。

六、福利经济学

福利经济学是研究如何达到资源最优配置和分配公平性，其核心关注的是经济活动如何影响社会总体福利。它通过一系列理论和方法，评估市场机制和国家干预对社会福利的影响，以期找到改善社会福利的政策路径。

在产业经济学的 SCP（结构—行为—绩效）范式中，福利经济学通过分析市场结构（如垄断、寡头垄断和完全竞争）的不同类型，来评估这些结构对资源配置效率和社会福利的影响，垄断市场可能导致价格高企和产量减少，进而引发社会福利损失。相反，在完全竞争市场中，由于企业价格受市场决定，资源配置效率较高，社会福利也随之增加。福利经济学通过分析这些市场结构，提供政策建议以改善市场绩效和社会福利。

福利经济学深入探讨了市场失灵的现象，如外部性、公共物品和信息不对称等问题。当存在外部性时，私人市场交易往往不能反映社会成本或收益，从而导致资源配置效率低下，当污染排放的社会成本未被生产企业内部化就会导致过度生产和环境恶化。针对这种情况，福利经济学通过提出政策工具，如税收、补贴和规制，帮助矫正这些市场失灵，从而提高社会福利。

在产业政策方面，福利经济学提供了重要的理论支持和实证依据。反垄断政策就是一个典型的应用，通过规制企业行为，防止市场集中度过高，以促进竞争、降低价格和提高产量，最终提升社会福利。还有针对创新和研发的补贴政策，来激励企业增加研发投入，推动技术进步和产业升级，提升经济效率和社会福利。

福利经济学关注收入分配的公平性。企业的市场行为和竞争策略对收入分配有重要影响。高市场集中度可能带来高额垄断利润，但这些利润分配不均，会加剧社会不平等。福利经济学通过分析和建议，推动收入分配的公平化，促进社会和谐和可持续发展。

总之，福利经济学在产业经济学中的应用，通过分析市场结构、企业行为和市场绩效的复杂关系，揭示了市场机制和政策干预对资源配置效率和社会福利的影响，帮助其实现社会福利的最大化和经济的可持续发展。

七、信息经济学

信息经济学是研究信息在经济活动中的作用及其影响，其核心是理解信息不对称如何影响市场行为和资源配置。在产业经济学的视角下，信息经济学特别重要，因为信息的不对称和信息的传递机制直接影响企业的战略决策、市场结构和产业绩效。

信息不对称描述了交易双方掌握信息的不对等情况。在许多产业中，卖方往往比买方掌握更多的信息，这种信息不对称会使得市场失灵。在保险市场中，保险公司难以准确评估每个投保人的风险，导致逆向选择问题，即高风险者更倾向于购买保险，最终提高了整个市场的保险成本。在这种情况下，信息经济学通过分析信息不对称的影响，提出规避逆向选择的方法，如强制保险、风险分类定价等，以改善市场效率。信息经济学研究了道德风险问题，这是指信息不对称致使一方在交易后改变行为，从而增加另一方的风险。在金融市场中，银行难以监控贷款者的行为，可能会使贷款者在获得贷款后从事高风险投资，从而增加银行的风险。信息经济学通过研究激励机制设计，如绩效合同、担保和信息披露要求，帮助企业和国家制定有效的风险管理策略，减少道德风险，提高市场稳定性。

信号传递是指信息不对称条件下，如何通过某些信号传递信息以解决信息不对称的问题。企业可以通过品牌建设、广告和产品质量认证，向消费者传递产品质量的信息，从而减少消费者的不确定性，增强市场竞争力。信息经济学通过分析信号传递的机制和效果，让企业设计有效的信号传递策略，提高市场透明度和效率。

在产业经济学中，信息经济学的应用广泛，特别是在分析市场结构和企业行为方面。信息的不对称和信息传递机制直接影响企业的定价策略、进入和退出市场的决策，以及创新和研发活动，在高科技产业中，信息不对称导致市场上出现“柠檬市场”现象，即质量低劣的产品驱逐优质产品。信息经济学通过分析这种现象，提出通过加强知识产权保护、提高信息披露标准和促进技术认证等措施，改善市场结构，提高产业竞争力。

信息经济学还研究了信息技术对产业结构的影响。信息技术的发展改变了信息的获取、处理和传递方式，极大地提高了市场透明度，降低了交易成本，重塑了许多产业的市场结构和竞争格局。互联网的发展使得电子商务平台兴起，打破了传统零售业的地理限制，促使企业通过大数据分析、精准营销和个性化服务，提升市场效率和消费者满意度。信息经济学通过分析信息技术的经济效应，帮助企业和国家把握技术变革带来的机遇，优化产业政策和战略。

八、行为经济学

行为经济学是研究个体在经济决策中如何偏离完全理性假设。它综合了心理学、社会学和经济学的理论与方法，揭示了人类行为的复杂性和非理性特征，揭示了企业和消费者在市场行为中的真实决策模式，这对产业政策制定和企业战略规划具有深远影响。

一是行为经济学通过实验和实证研究揭示了消费者行为的非理性特征。传统经济学假设消费者是完全理性的，能够基于完全信息做出最优决策。然而，行为经济学发现，消费者常常受到认知偏差、情感和社会影响的驱动，做出与经济理性不符的决策。行为经济学中的前景理论表明，消费者在面对风险和不确定性时，对损失的敏感程度高于对收益的敏感程度，这种损失规避的心理会影响他们的购买和投资决策。对于企业来说，理解这些行为偏差可以让他们设计更有效的营销策略和产品定位，从而更好地满足消费者需求并提高市场份额。

二是行为经济学在分析企业决策行为时提供了新的视角。企业家和管理者并非总是完全理性，他们的决策常常受到过度自信、锚定效应和确认偏差等行为偏差的影响。企业在进行并购和投资决策时，往往会高估项目的潜在收益而低估风险，这可能导致过度投资和资源浪费。行为经济学通过揭示这些偏差，提供了改进企业决策过程的方法，如引入行为洞察团队、使用多样化的决策工具和加强风险管理，从而提高企业的决策质量和竞争力。

三是行为经济学为产业经济中的市场结构和竞争格局的分析提供了新的视角。行为经济学表明，消费者和企业的非理性行为会影响市场的供需关系和价格机制。消费者对品牌的认知和忠诚度受到心理因素的影响，可能会偏好高价品牌，即使这些品牌并未提供明显的质量优势。这种品牌偏好的存在会导致市场上的价格差异和垄断行为，从而影响市场竞争。企业可以利用这些心理特征，通过品牌塑造、广告宣传和客户关系管理，增强市场影响力和竞争优势。

四是行为经济学揭示了政策干预的必要性和有效性。在传统经济学框架下，市场失灵常常需要国家通过规制和激励机制进行干预。而行为经济学指出，国家可以利用行为洞察设计更有效的政策工具，纠正市场中的行为偏差。

第三节 宏观经济学

宏观经济学研究整体经济活动和现象，包括经济增长、通货膨胀、失业、国际贸易和财政政策等。它通过分析国民经济的总体行为和各类经济指标，旨在理解和解释经济体的运行机制及其波动规律，帮助国家和政策制定者制定和实施有效的经济政策，以促进经济稳定和可持续发展。宏观经济学关注的核心问题包括总供给与总需求、经济周期、货币政策与财政政策的效应，以及全球经济体系中的互动关系。

一、宏观经济的基本指标及其衡量

宏观经济的基本指标及其衡量方法是了解一个国家经济健康状况的重要工具。这些指标包括国内生产总值（GDP）、通货膨胀率、失业率、贸易余额和利率等。

首先，国内生产总值（GDP）是衡量经济规模和增长率的核心指标。GDP代表一个国家在特定时期内生产的所有最终商品和服务的市场价值总和。它可以通过名义GDP和实际GDP两种形式来表示。名义GDP按现行市场价格计算，而实际GDP按不变价格计算，以消除通货膨胀的影响，从而提供更准确的经济增长率。

其次，通货膨胀率是衡量物价水平普遍上升速度的指标。通货膨胀率通常通过消费者价格指数（CPI）和生产者价格指数（PPI）来衡量。CPI反映家庭购买商品和服务的价格变化，PPI反映生产者出售商品和服务的价格变化。通货膨胀率的重要性是它能揭示货币购买力的变化，并帮助央行和国家调整货币政策和财政政策。

失业率是衡量劳动力市场健康状况的关键指标。失业率是指未就业但在积极寻找工作的劳动力占总劳动力的比例。通过劳动力调查数据，可以计算出总失业率、长期失业率和青年失业率等不同分类的失业率。高失业率通常表明经济活动不充分，劳动力资源未得到有效利用，这可能会影响经济的整体表现和社会稳定。

贸易余额是衡量一个国家与其他国家之间商品和服务交易的指标。贸易余额通过进出口统计数据计算，包括贸易顺差（出口贸易总额大于进口贸易总额）和贸易逆差（进口贸易总额大于出口贸易总额）。贸易余额反映了一个国家在国际贸易中的地位和经济开放程度，持续的贸易逆差可能会导致外汇储备减少和货币贬值压力。

最后，利率是指借款人支付给贷方的借款成本，通常以年利率表示。利率包括中央银行的基准利率，以及市场上的各种利率，如银行间拆借利率、存款利率和贷款利率。利率水平影响消费、投资、储蓄和货币供给，是货币政策的重要工具。低利率通常会刺激经济活动，而高利率则有助于控制通货膨胀。

这些宏观经济指标相互关联，共同描绘出国家经济的全貌，为国家和决策者提供了制定和调整经济政策的依据。通过监测和分析这些指标，可以更好地理解经济趋势，预测未来的变化，确保经济的稳定和可持续发展。

（一）国民收入的决定：收入—支出模型

收入——支出模型，也称为凯恩斯交叉模型，是描述一个经济体如何达到均衡国民收入的重要理论工具。该模型强调总支出（总需求）是决定国民收入（总产出）的关键因素。

该模型的核心理念是：在一国经济体系内，国民总收入等同于总生产量，而总生产量需与总需求量保持一致。总需求涵盖消费者开支、资本投资、公共部门开支及净出口（即出口额减去进口额）。当总需求超越总生产量时，企业将相应地扩大产能，进而推升国民总收入；反之，若总需求低于总生产量，企业则会缩减生产规模，这会导致国民总收入下滑。

总支出的公式为：$AE=C+I+G+NX$，AE 表示总支出，C 表示消费，I 表示投资，G 表示国家支出，NX 表示为净出口。在均衡状态下，国民收入（Y）等于总支出（AE）。

（二）国民收入的决定：IS-LM 模型和 AD-AS 模型

IS-LM 模型用于分析经济总需求在不同利率和产出水平下的均衡状态。它结合了商品市场和货币市场，通过两个曲线的交点来表示均衡。

IS 曲线表示商品市场的均衡，即投资等于储蓄。曲线上的每一点表示在特定利率下，总产出与总需求相等的水平。IS 曲线通常是向下倾斜的，因为较低的利率通常会刺激更多的投资，从而增加产出。国家支出、税收政策、消费者信心等因素也会影响 IS 曲线的位置。

LM 曲线表示货币市场的均衡，即货币需求等于货币供给。曲线上的每一点表示在特定利率下，货币市场达到均衡的产出水平。LM 曲线通常是向上倾斜的，因为较高的收入水平会增加货币需求，从而导致较高的利率。货币政策、中央银行的货币供给量、金融市场状况等会影响 LM 曲线的位置。

IS 曲线和 LM 曲线的交点表示经济的总均衡点，即同时满足商品市场和货币市场均衡的利率和产出水平。在均衡点，既不存在商品市场的过剩供应或需求，也不存在货币市场的过剩供应或需求（如图 2-8 所示）。

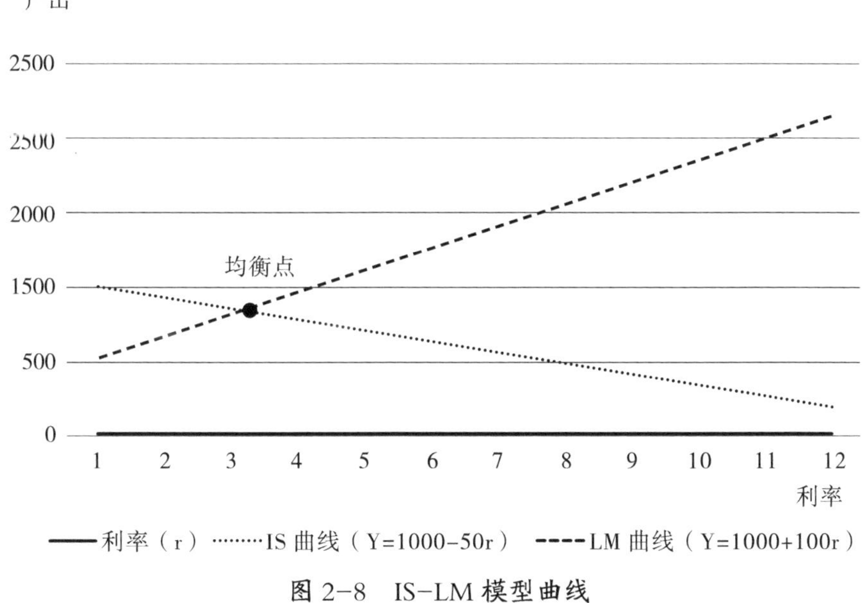

图 2-8 IS-LM 模型曲线

AD-AS 模型用于解释和分析总体经济的产出、价格水平和经济波动。它结合了总需求（AD）和总供给（AS）两个方面，帮助理解短期和长期的经济活动及价格变化。

总需求曲线反映了在每一个价格水平上，经济中的总需求量。它表示消费、投资、国家支出和净出口的总和。AD 曲线通常是向右下方倾斜的，表明随着价格水平的下降，总需求量增加。这种关系基于以下三个效应：一是财富效应，当价格水平下降时，消费者实际财富增加，消费增加，总需求增加；二是利率效应，物价水平下降，实际货币量增加，利率下降，投资增加，总需求增加；三是净出口效应，价格水平下降使得本国商品相对于外国商品更便宜，出口增加，进口减少，总需求增加。

总供给曲线表示在每一个价格水平上，企业愿意且能够生产的总产出量。AS 曲线的形状取决于时间跨度：一是短期总供给曲线。在短期内，AS 曲线是向右上方倾斜的，表明随着价格水平的上升，总产出量增加。这是因为在短期内，名义工资和其他成本是粘性的，价格上升会提高企业利润，激励企业增加产出；二是长期总供给曲线。在长期内，AS 曲线是一条垂直线，表明总产出量在长期内不受价格水平影响。长期总供给取决于经济生产能力，如技术进步、劳动力和资本存量，而不是价格水平。

AD-AS 模型的均衡是由 AD 曲线和 AS 曲线的交点决定的，这个交点代表了经济的均衡产出和价格水平。在均衡点，总需求等于总供给，经济处于短期或长期均衡状态。

二、宏观经济政策

宏观经济政策指的是国家和中央银行为调节和影响一国的整体经济活动而采取的各类政策措施。其主要目标包括实现经济增长、充分就业、价格稳定和国际收支平衡。宏观经济政策主要分为两大类：财政政策和货币政策。

（一）财政政策

财政政策是国家通过调整公共支出和税收来影响经济活动的政策工具。其主要目标是调节总需求，以实现经济稳定和增长。

在经济衰退或不景气时，国家通过扩张性财政政策来增加公共支出或减少税收，以刺激总需求。增加公共支出可以直接提高经济中的消费和投资，而减税则增加了居民和企业的可支配收入，进一步刺激消费和投资。这种政策有助于减少失业和推动经济增长。

在经济过热、通货膨胀压力增大的时候，国家通过紧缩性财政政策来减少公共支出或增加税收，以降低总需求。减少公共支出和增加税收会抑制消费和投资需求，从而控制通货膨胀和维持经济稳定。

财政政策的实施需要考虑国家预算的可持续性和公共债务的负担。过度依赖扩张性财政政策可能会导致国家赤字和债务积累，从而限制未来政策的实施空间。

（二）货币政策

货币政策是中央银行通过调节货币供应量和利率来影响经济活动的政策工具。其主要目标是保持价格稳定、促进经济增长和充分就业。

在经济衰退时可以实施扩张性货币政策，中央银行通过降低利率和增加货币供应量来刺激经济活动。降低利率能够降低借贷成本，鼓励消费和投资，而增加货币供应量则增加了银行体系中的可贷资金，进一步推动经济活动。这种政策有助于缓解失业问题和促进经济复苏。

在经济过热和通货膨胀压力增大的时可以实施紧缩性货币政策，中央银行通过提高利率和减少货币供应量来抑制总需求。提高利率会增加借贷成本，抑制消费和投资需求，而减少货币供应量则收紧了银行体系中的可贷资金，使国家控制通货膨胀和维持经济稳定。

货币政策的实施需要灵活应对经济形势的变化，并且关注政策的滞后效应。过度依赖紧缩性货币政策可能会导致经济增长放缓和失业增加，而扩张性货币政策则可能引发通货膨胀和金融风险。

（三）政策协调与结构性改革

政策协调是实现宏观经济稳定的重要一环。财政政策和货币政策需要相互配合，才能有效应对经济波动和实现宏观经济目标。财政政策的实施具有较长的滞后效应，而货币政策则可以更迅速地影响经济活动，因此两者的协调十分重要。

当前，宏观经济政策的制定和实施面临诸多挑战。全球化背景下，跨国资本流动和国际贸易的复杂性增加了政策效果的不确定性。国际经济环境的变化，如全球金融危机、贸易摩擦和地缘政治风险，都会对一国的宏观经济政策产生影响。国内经济结构的变化、技术进步和社会因素的演变也会对政策效果产生重要影响。

结构性改革旨在提高经济的长期增长潜力和韧性。结构性改革涉及劳动市场、产品市场、金融市场和公共部门等多个领域，目标是通过优化资源配置，提升生产效率和增强市场竞争力，促进经济的可持续发展。

劳动市场改革可以通过提高劳动参与率、提升技能培训和增加就业灵活性，增强经济的就业能力。产品市场改革可以通过减少市场准入壁垒、加强竞争政策和提升创新能力，增强经济的生产效率。金融市场改革可以通过改善金融监管、增强金融稳定和促进金融包容性，提升经济的融资能力和抗风险能力。

三、经济增长

经济增长指的是一个国家或地区在一定时期内经济产出的增加。经济增长是衡量经济发展和繁荣程度的重要指标。它不仅反映了一个国家的生产能力和资源利用效率的提高，还影响着社会的财富积累和人民的生活水平。经济增长的来源有四个方面，分别是资本积累、劳动投入、技术进步和制度与政策。

经济学家通过构建各种模型来解释和分析经济增长的来源和机制。下面介绍两种：

一是古典增长模型，特别是索洛增长模型，强调资本积累、劳动投入和技术进步对经济增长的作用。该模型认为，经济增长可以通过增加资本和劳动投入来实现，但长期的经济增长主要依赖于技术进步。

二是内生增长模型，强调技术进步和创新是由经济内部因素决定的，而不是外生因素。该模型认为，通过增加研发投入、提高教育水平和优化资源配置，可以促进技术进步和创新，从而实现持续的经济增长。

经济增长带来的影响有积极的一面也有消极的一面。一般来说，经济增长通常伴随着人均收入的增加，从而提高了人民的生活水平。更高的收入使得居民能够享受更多的产品和服务，改善生活质量。经济增长往往带来更多的就业机会。企业扩大生产规模，国家增加基础设施投资，都会增加对劳动力的需求，从而降低失业率。经济增长带来更多的税收收入，改善国家财政状况。国家可以利用增加的财政收入进行公共服务和基础设施的投资，进一步促进经济发展。尽管经济增长带来了许多积极影响，但也可能引发一些社会问题，如环境污染、资源枯竭、收入分配不均等。因此，经济增长需要与可持续发展和社会公平相结合。

从产业经济学方面来看，经济增长不仅是整体宏观经济发展的表现，还涉及产业结构的优化升级、技术创新的推动和企业竞争力的增强。具体来说，经济增长伴随着产业结构的转变，从传统农业和制造业向高附加值的服务业和高科技产业转移，从而实现更高质量的经济增长。新兴产业如信息技术、生物技术、绿色能源等在推动经济增长中起到关键作用。这些产业创造了大量新的就业机会，推动了技术创新和生产率的提高。国家的产业政策可以通过支持新兴产业的发展来促进经济增长。

市场竞争是推动企业技术创新和提高生产效率的重要机制。高度竞争的市场环境迫使企业不断改进产品和服务，提高生产效率，降低成本，推动经济增长。技术创新可以让企业开发新技术和新产品，提高生产效率和产品附加值。国家通过提供研发补贴、税收优惠和知识产权保护等政策，激励企业加大创新投入，推动技术进步和经济增长。

四、宏观经济学典型流派

（一）新古典经济学

新古典宏观经济学强调市场机制的作用，认为市场在资源配置方面具有自我调节能力。该学派认为，市场通常是有效的，国家干预会导致资源配置的扭曲和经济效率的降低。下面是新古典宏观经济学的主要观点：

在理性预期与市场出清方面，新古典宏观经济学假设经济主体是理性的，能够基于所有可用的信息作出最优决策。这种理性预期理论认为，经济主体预期到的未来政策变化会立即反映在当前的行为和市场价格中。因此，市场能够迅速调整，达到均衡状态。

在长期增长与短期波动方面，新古典经济学认为，经济增长由生产要素如劳动、资本和技术进步决定，政策应注重提高长期增长率。短期波动则被视为对外部冲击的理性反应，市场能够通过价格和工资的调整自行恢复均衡。

根据理性预期学派，预期到的政策不会对实际产出和就业产生长期影响。只有未预期到的政策变化才能暂时影响经济活动。大多数政策，尤其是财政和货币政策，被认为是无效的或甚微有效的，因为市场会调整预期来抵消这些政策的影响。

新古典宏观经济学还强调供给侧政策的重要性，主张通过税制改革、放松监管和促进竞争来提高经济效率和生产率，从而实现经济增长。

（二）凯恩斯主义

凯恩斯主义由英国经济学家约翰·梅纳德·凯恩斯创立，强调国家干预的重要性，认为市场机制有时无法有效调节经济运行，尤其是在应对经济衰退和失业问题时。以下是凯恩斯主义的主要观点：

第一，针对有效需求方面，凯恩斯主义认为，经济波动主要由总需求（消费、投资、国家支出和净出口）的变化引起。在经济衰退时，私人部门需求不足，导致产出和就业水平下降。因此，国家有必要通过财政和货币政策来刺激总需求，恢复经济增长。

第二，在财政政策作用上，凯恩斯主义主张积极的财政政策，认为国家可以通过增加公共支出和减税来刺激总需求。在经济衰退时，国家应增加赤字支出，以弥补私人部门需求的不足，从而稳定经济。

第三，除了财政政策，凯恩斯主义也认可货币政策在调节经济中的作用。中央银行可以通过调节利率和货币供应量来影响投资和消费，进而调节总需求。然而，在“流动性陷阱”情况下，传统货币政策可能失效，此时需要更多地依赖财政政策。

第四，在工资刚性与失业方面，凯恩斯主义指出，工资和价格具有粘性，不会迅速调整到市场均衡水平。这种粘性导致在经济衰退时，失业率上升，而工资水平并未相应下降，从而进一步抑制消费和总需求。国家需要通过政策干预来缓解失业问题。

从两个经济学流派的比较来看，在主体上，新古典宏观经济学信任市场的自我调节能力，主张最小限度的国家干预，而凯恩斯主义认为国家必须积极干预以稳定经济，尤其是在面对需求不足和高失业率时。在时间上，新古典学派更关注长期经济增长，强调供给侧因素，如技术进步和资源配置效率。而凯恩斯主义更加关注短期经济波动，强调需求管理和就业问题。在政策有效性上，在新古典框架下，预期和理性决策使得政策效应被抵消，政策被认为是无效的。而凯恩斯主义认为，通过正确设计和实施的政策，国家可以有效调控经济周期，改善就业和产出水平。

第三章　产业经济学的微观基础

在产业经济学的构建框架中，微观经济基础犹如大厦之基石，承载着对市场机制、企业行为、生产理论及企业战略的深入剖析，为理解产业组织、市场结构与竞争动态提供了坚实的理论支撑。

第一节　价格理论与市场机制

一、价格理论

目前，全球经济处于低增长、高膨胀、高风险、高成本、高利率、高杠杆的状态，并且在短时间内压力会持续，主要国家在争夺关键资源和能源的博弈加剧，全球初级产品供求严重失衡，初级产品的供应保障和价格稳定可能会成为我国价格工作的常态化任务。这一局势对新时代中国的价格理论研究提出了新课题。

价格对生产体系和收入分配体系有着举足轻重的作用，在西方经济体系中，他们相信价格是供求曲线形成的均衡点，是由市场机制自发引起的结果，而在我国社会主义体制下，秉持全心全意为人民服务的初衷，价格体系关系到民生的方方面面，因此我国自党的十八大以来就进行了价格相关的实践探索，对成品油、猪肉、煤炭等实行区间调控政策，对相关商品价格的平稳性起到了基础作用。为新时代中国特色价格理论的完善提供了参考价值。

我国正在加快推进价格机制的深度改革，涉及深化垄断行业定价机制、构建公共事业及服务价格体系、创新生态环保价格机制，以及推进农业用水与农产品价格改革等多项核心任务，标志着我国的价格体制改革已步入攻坚阶段。无论是新兴领域的价格体系重构，还是我国价格领域的独特议题，现有的理论框架在指导实践时已显现出局限性。因此，亟需一套既具前瞻性又能贴合我国国情的价格理论，为我国价格机制改革提供理论支撑与实践指导。

杨宜勇与梁俊提出，新时代中国特色价格理论，是在社会主义市场经济体制框架下，探讨生产成本、市场供需状况、政策导向等因素如何共同决定与影响价格的理论体系。该理论还致力于研究如何推进价格改革，以构建合理的价格体系与完善的价格管理体系。其目标包括预防价格总水平剧烈波动，保护消费者与生产者权益，维护市场公平竞争与效率，遏制不当价格行为与价格垄断，确保市场秩序稳定，防范经济与社会风险等。其中，前一部分属于价格决定理论范畴，而后一部分归于价格改革理论。

该理论以社会主义市场经济体制为背景，其决定性因素包括生产成本、市场供需状态及政策影响。价格管理涵盖价格调控、价格规制与价格监管三个方面，前者属宏观层面的干预措施，即价格管理部门针对价格总水平波动实施调控，确保总体调控目标的实现；后两者则属于微观层面的干预，其中，价格规制直接管控水电煤气等公共服务企业的定价，而价格监管由国家与社会对市场中的不正当行为与价格垄断实施监督与干预。

新时代中国特色价格理论的调控手段主要包括五类：区间调控，即通过设定价格的上下限来界定价格运行的合理区间；精准调控，针对特定商品实施多维度精细化管理；相机调控，依据商品类别实施精准调控，通常涉及预调与微调；逆周期调控，针对周期性波动商品，依据价格走势，在不同周期阶段采取反向调控措施；跨周期调控，针对周期性商品，基于其波动特征与行业趋势，通过政策手段推动行业结构优化与升级。

截至 2023 年年底，我国已在国家层面建立起超过 20 项价格监测报告制度，覆盖超过 1300 种商品，基本实现了对关键民生商品的全面监测。各地除遵循国家规定外，还依据本地生产和销售特点及实际工作需求，对本地重要民生商品进行专项监测分析，持续提升预测预警效能。

2011 年，经国务院批准，国家发展改革委、财政部等五部委联合确立了价格补贴联动机制，并于 2014 年、2016 年进行了两次修订。各地根据地方实际情况，细化了具体实施方案。依据相关规定，物价上涨时，各地需即时启动价格补贴联动机制。2020 年新冠疫情期间，价格临时补贴阶段性“提标扩围”政策有效保障了弱势群体基本生活免受物价上涨影响。2024 年初，国家发展改革委集中部署了重要民生商品的保供稳价工作，组织专家与行业协会深入分析 2024 年，尤其是春节期间粮油、肉蛋奶、果蔬等各类商品的供需状况，强化对各地重点商品市场价格的动态监测与趋势研判，并会同有关部门召开专题会议，研讨春节期间的保供稳价措施。

朱富强对新古典经济学的价格理论提出了独到见解，他主张价格的形成并非仅仅源自市场均衡的产物，而是包含了心理因素与权力结构的综合作用。在实际市场环境中，不确定性普遍存在，这与新古典理论中假设的消费者偏好、价格、商品质量等均为确定性参数的理论框架相悖。企业的生产成本信息并非对消费者公开透明，且成本本身具有可变性，加之消费者的效用感知主观、波动幅度广泛，效用的波动趋势往往紧密关联于消费者的认知状态。实际上，需求效用在一定程度上也是价格的衍生函数，消费者从产品中获取的效用，除了产品本身的物理功能，还包括由社会心理层面带来的感受，这种感受无疑受到社会主流偏好与知识结构的深刻影响。鉴于现实市场中不确定性普遍存在，加之供给成本与需求效用均与价格存在内在关联，我们难以获取确切的供给曲线与需求曲线，因此，基于供求曲线交点确定均衡价格的传统方法失去了其理论根基。劳动工资与职位薪酬之所以无法准确反映劳动生产力或贡献大小，是因为分配机制及其背后的权力格局决定的，究其根源，是劳动力市场固有的不确定性。

现代行为心理学领域的一项重要发现是“锚定效应”的存在，即在人们进行定量估算时，会将某些特定数值作为起始参考点，这些参考点就如同“锚”一般，对人们的估测结果产生很大影响。“锚定效应”在生活中无处不在，Kristensen 与 Gärling（2000）开展的一项关于购买者对销售价格估测的“锚定效应”与参照点效应的实证研究表明：当受试者的主观锚定值低于建议售价时，他们倾向于给出较低的销售价格；反之，当主观锚定值高于建议售价时，他们给出的销售价格则较高。在参照点实验中，受试者将建议售价视为锚定点，建议售价与市场评估价格共同作用，影响了受试者对预期收益或损失的定价判断。这意味着价格并非单纯由市场供需关系决定，而是受到消费者心理预期、社会文化背景、权力结构等多种因素的共同影响。在不确定性普遍存在的情况下，价格的形成过程更像是一种集体协商与心理博弈的结果，而非简单的市场均衡状态。

影响锚定值的三个重要因素包括：首先，同质产品或服务在不同时间与空间的价格基准差异，这在很大程度上是由社会风俗与消费者偏好塑造的。社会因素，如文化习俗，对个体的效用感知与商品心理定价具有明影响。其次，同质产品或服务在不同时空的价格基准差异，很大程度上取决于商品价值的不确定性。通常，商品价值的模糊性越大，锚定值对其最终价格的影响越明显。最后，个体在评估与交易价值不确定的商品时，其知识体系扮演着核心角色。在对商品了解有限的情况下，个体对商品效用与价值的评估往往更不确定。

商品价值的不确定性通常导致以下几种结果：首先，消费者从商品中获得的效用与他们掌握的关于商品的信息量密切相关，而这些信息往往由第三方主导提供。其次，不同的知识背景会导致不同的价格锚定，从而产生同质商品在不同市场时空的价格显著差异。最后，鉴于知识与信息通常来源于外部，消费者的效用感知不仅受内在需求驱动，更受外部社会因素的影响。基于这些机制，市场主导者倾向于掌控信息流与知识传播，以此影响消费者的效用评估及锚定价格，从而实现利润最大化。例如，某奶茶连锁店巧妙运用“锚定效应”，推出小杯、中杯与大杯三种规格，尽管多数消费者只需小杯即可满足，但在“锚定效应”作用下，中杯成为更受欢迎的选择。究其原因小杯容量较小价格却相对较高，而大杯虽容量更大，价格增幅却不大，对比之下，中杯性价比更高，销售量因此提升，消费者自认为获得了实惠，实则是企业预先设定的锚定值引导了消费决策。

鉴于锚定值对消费者价格预期的塑造作用，企业往往主动预测并影响消费者的价格基准。企业可通过分析竞品定价与销售状况，或采用折扣、捆绑销售等促销策略，以符合消费者预期。企业还可通过多种手段诱导消费者改变价格锚定值。针对追求时尚的消费群体，企业可与热门 IP 合作或邀请明星代言；面对注重品质的消费者，企业可寻求权威专家背书；而对于渴望彰显地位的顾客，企业要在宣传中突出商品的独特性与稀缺性，严格控制生产量，避免商品同质化，如奢侈品行业便是典型代表。

朱富强教授提出，企业为获取特定资格以操控消费者的价格锚定值，从而获取超额利润，需在特定的竞争领域中胜出，这一过程涵盖了但不限于聘请名人代言、争夺行业排名等手段。值得注意的是，此类寻租行为所获得的领先地位，并不一定意味着产品质量的实质性提升，反而可能加剧市场信息的不对称，对消费者造成不利影响。具体而言，产品或服务在获取特定资格前后，其实际功能与品质往往变化不大，但激烈的资格争夺战可能会导致资源的无效耗散与生产成本的虚增。即便如此，一旦产品或服务成功晋升至特定等级，消费者对其价格的预期锚定值将发生明显变化，进而促成市场定价的分化。

资格或等级所决定的价格锚定值，呈现两大特征：首先，每一级别资格的名额通常设有上限，这有效地阻挡了其他相似产品或服务的市场准入，巩固了资格持有者设定高价的能力。其次，资格层级往往遵循金字塔结构分布，等级愈高，品牌或岗位数量愈少，由此催生了产品价格的超级累进制特征。因此，位于金字塔顶端的产品会享有高昂的售价，同时，生产商亦能收获丰厚的利润回报。

朱富强进一步阐述了市场定价的锦标赛模型，揭示了权力因素对市场定价的深刻影响。在充满不确定性的市场环境中，产品或服务的价格锚定值与其所处等级紧密相关。若要实现产品市场价格的跃升，必须打破消费者对其原有价格的固定认知，实现等级的提升。这要求企业通过严格的评审程序与考核标准，如大规模广告投放、积极参与行业竞赛等手段，以重塑消费者的价格预期。因此，价格锚定值不仅映射了产品的等级属性，也确立了市场定价的分层机制。

我们可以得出以下两点基本认识：首先，不同品牌或来源的商品确实存在品质差异，价格较高的商品意味着更佳的品质；其次，商品的定价水平并非直接与其实质性质量成正比关系，而是紧密关联于一种质量信念或预期。在现实市场环境中，商品定价往往展现出以下特征：

一是社会公众依据特定标准将不同品牌商品划归不同等级，每个等级对应着独特的市场价位。这一现象反映出社会对商品品质的共识，即高等级商品通常享有更高价位。

二是不同等级商品间的价格差距表现出很大的累进性，即商品等级越高，相邻等级间的价差越大。此种定价模式被称为锦标赛定价，其本质迥异于现代主流经济学中的供需均衡定价理论。

在锦标赛定价机制下，我们可得出不确定市场中价格体系的两点重要结论：其一，商品等级为社会大众设定了价格预期的锚定点，因此，商品定价本质上由其所属等级决定，而非纯粹基于其实际功能或生产成本。其二，市场竞争主要集中在相同等级的商品之间，市场价格围绕预期锚定值波动。

进一步分析显示，在市场体制发育不完善的环境下，社会权力与经济权力的紧密结合现象更为突出，权力集中度显著提高。此时，市场中的强势群体拥有更强的定价话语权，锦标赛定价体系更易于形成，这会导致不同等级商品间的价格差距进一步拉大。

锦标赛定价体系呈现两大特征：一是定价非公平性，商品价格与其实际功效不成正比；二是定价效率低下，易于诱发短期逐利行为，增加市场竞争中的摩擦。该体系之所以广受推崇，是因为其符合规则制定者，即富裕阶层的利益诉求，迎合了市场经济中的权力分布格局。劳德代尔悖论早已揭示，个人利益与社会福祉间常存在矛盾，而定价权的持有者总是优先考虑自身利益最大化。

针对锦标赛定价体系，现代主流经济学提出，唯有市场达到高度竞争状态，商品定价方能真正反映其效用价值，从而淡化等级差异。格林沃德—斯蒂格利茨定理强调，在现实中，市场信息永远无法达到完全透明，企业和消费者在价格形成过程中扮演的角色远比古典经济学所描述的更复杂。这是否意味着古典经济学的价格理论存在瑕疵？答案是否定的。古典经济学立足于信息确定性的静态分析，而上述讨论补充了供需曲线与均衡价格的动态视角，解释了凡勃伦效应的合理性，即价格提升反而刺激需求量增长的现象。

市场定价机制的复杂性要求我们超越古典经济学的单一视角，结合现代经济学理论，综合考虑市场信息的不完全性、消费者心理预期、社会权力结构等多方面因素，以更全面、更深入地理解商品定价的本质。在这一过程中，锦标赛定价体系的分析为我们提供了独特的视角，揭示了市场定价背后的非线性与非均衡特征，以及其对经济效率与社会公平的影响。

马克思在《资本论》中详细地论述了成本和利润的关系，这对于价格体系的制定具有很重要的参考意义。马克思说："商品价值的这个部分，即补偿所消耗的生产资料价值和所使用的劳动力价格的部分，只是补偿使资本家自身消耗的东西，对资本家来说，这就是商品的成本价格。"对于资本家而言，商品的价值等于成本价格加剩余价值，资本家雇佣劳动者是为了占用劳动者的剩余劳动价格，当剩余价值转化为利润后，商品价值等于成本价格加利润。

马克思认为，资本主义经济中的竞争分为部门内竞争和部门间竞争。部门内竞争形成商品的社会价值，而部门间竞争通过资本从低利润率部门向高利润率部门的转移，致使部门间利润率趋于平均，形成平均利润率。这个过程是资本家通过竞争重新分配剩余价值的过程，结果是各部门资本家获得的利润不一定与其雇佣工人创造的剩余价值相符。

商品的市场价格在生产价格形成之前是围绕其价值波动的，而在生产价格形成之后则围绕生产价格波动。这并不与劳动价值理论相矛盾，因为生产价格是商品价值的转化形式。劳动价值论和生产价格论并存的原因是它们揭示了资本主义不同发展阶段的特征：在早期阶段，商品按其价值买卖；而在后期阶段，商品按生产价格买卖。

在资本主义经济发展的高级阶段，由于机器大工业的普及和资本有机构成的差异，出现了不同的利润率，从而要求等量资本获得等量利润。资本和劳动力能够自由流动，促进了平均利润率的形成，导致商品价值向生产价格的转化成为必然。

尽管各部门的平均利润可能高于或低于本部门创造的剩余价值，但全社会的平均利润总额仍然等于剩余价值总额。商品的生产价格虽然与各部门的商品价值不一致，但全社会商品的生产价格总和仍然等于其价值总和。生产价格的变化由商品实际价值的变化决定，即由生产商品所需的劳动时间变化决定。由此可见，马克思的生产价格理论不但没有与劳动价值理论矛盾，反而是对劳动价值理论的丰富和发展。

根据马克思的科学方法论及其劳动价值论和剩余价值论，可以将商品价格的形成过程分为以下五个层次：第一个层次是不变资本价值和可变资本价值转化为成本价格，本质上是劳动消耗表现为资本消耗。第二个层次是剩余价值转化为利润，本质上是资本家对剩余价值的占有表现为资本的自行增殖。第三个层次是剩余价值率转化为利润率，本质上是资本家对雇佣工人的剥削程度表现为资本的增殖程度。第四个层次是利润转化为平均利润，本质上是由表现为资本的产物进一步表现为一种社会权力。第五个层次是商品价值转化为生产价格，本质上是由人类一般劳动的凝结表现为资本的创造。

在这个过程中，我们看到商品的成本价格经历了一个比较复杂的过程，并且它是变动的，表现为价格是围绕价值上下波动的规律，在长期内，商品的价格会趋向于但不等于其生产价格。

结合以上内容，可以看出价格理论与产业经济学的 SCP 范式有着密切的关系，价格的形成机制直接影响了企业的利润，继而导致市场行为的改变，形成最终的产业绩效，产业绩效又通过价格的外部表现反过来影响产业结构。

价格的形成包含两个部分，即马克思所论述的劳动价值理论，这决定了商品的成本价格和平均利率，也就是商品本身的价值，以及消费者的主观效用价值，这决定了商品最终的售卖价格。从市场的动态角度来说，价格是一种信息传递机制，米瑟斯指出“市场价格能告诉生产者生产什么，怎样生产及生产多少。”哈耶克认为市场价格是一个知识分立的结果，个体难以掌握全部信息，因此需要通过价格体系这一中介机制来传播和交换信息。价格机制是一种无意中发现并掌握的“默会知识”。其最大的福利性是能够以极低的成本传递市场个体希望传递的信息。参与这一体系的个人只需掌握很少的信息便能采取正确的行动。价格体系如同一种记录变化的工具或通讯系统，使生产者仅需观察一些指标的变化，便能调整活动以适应变化，进而使经济活动得到融合与整合，扩展社会整体秩序，实现资源的有效配置。马克思将商品流通分成三个部分，分别是商品的购买、售卖和生产，商品持有者将商品卖出，换取货币，再用货币购买生产原料来生产，最后进行售卖，以此循环。据此我们可以得出，价格理论主要集中在生产和售卖的环节起到实际作用，企业在生产环节可以控制成本价格，在售卖的环节通过广告宣传、制造市场噪音来提高消费者对商品的锚定值，从而影响消费者的主观效用价值，以期提高销售价格促进货币的回流和提升，加大生产来实现资本的快速积累，整个过程随着信息的不断明晰和更新，大体上遵循新古典主义提出的供需平衡，围绕均衡价值点波动，产业结构也随着价格机制的变化而发生调整。因此，在社会主义国家中，对于价格体系的干预是有必要的。下面我们结合三次产业的分类来进行分析：

（一）第一产业

民生乃国之大计，维护大宗商品的价格稳定，避免大宗商品的“卡特尔”现象是维护价格体系的基础部分之一，大宗商品是大部分的产业加工主要材料，如原油、天然气、电力、贵金属、农产品、林产品、化工品等，常常处于产业生产链的上游，一般位于第一产业梯队，其价格直接影响了最后成品作为商品的成本价格。

当前全球经济体系面临逆全球化的高风险，在价格改革方面应切实结合产业的发展情况和相关企业的总供给量与消费者的需求量，并在国家统筹和促进社会良性发展上来厘定。例如，2021 年，国家发展改革委在电价改革方面采取了一系列重大举措，发布了《关于进一步完善抽水蓄能价格形成机制的意见》《关于2021 年新能源上网电价政策有关事项的通知》《关于进一步完善分时电价机制的通知》《关于完善电解铝行业阶梯电价政策的通知》《关于进一步深化燃煤发电上网电价市场化改革的通知》。这些改革措施优化抽水蓄能、分时电价、阶梯电价和燃煤发电上网电价的价格机制，为构建新型电力系统提供了重要的体制机制保障。国家发展改革委明确，2021 年新建的新能源项目将直接执行当地燃煤发电基准价，而不再通过竞争性方式确定上网电价。这一产业政策释放出明确的价格信号，引导了产业的市场行为的转变，激发了投资积极性，有助于加快风电和光伏发电产业的发展，推动新型电力系统建设，实现碳达峰和碳中和目标。国家发展改革委负责人表示，优化分时电价机制，尤其是峰谷电价和尖峰电价机制，有利于引导用户在电力低谷时段多用电，促进抽水蓄能和新型储能的发展，从而推动新能源更快发展和有效消纳。

为促进绿色发展，国家发展改革委与相关部门联合出台了《城镇供水价格管理办法》和《城镇供水定价成本监审办法》，加快建立有利于提升供水质量和促进节约用水的价格机制。还发布了《关于推进非居民厨余垃圾处理计量收费的指导意见》，引导地方逐步建立厨余垃圾计量收费和超定额累进加价机制，以减少厨余垃圾产生，制止餐饮浪费，促进粮食节约和环境保护。

从以上案例可以看出价格机制改革的核心是正确处理国家与市场的关系。目前，在重要商品价格上，我国已初步建立了新价格机制。全方位地影响了产业结构、市场行为、产业绩效的连锁反应。中央全面深化改革委员会审议通过了《关于完善重要民生商品价格调控机制的意见》，部署了重要民生商品价格调控工作。国家发展改革委与有关部门发布了《完善政府猪肉储备调节机制做好猪肉市场保供稳价工作预案》，通过投放和收储猪肉稳定了价格和市场预期。向种粮农民发放一次性补贴 200 亿元，提高稻谷和小麦最低收购价，以稳定粮食生产，并出台通知保障困难群众的基本生活。

针对大宗商品价格上涨，国家发展改革委创新调控方式，建立跨部门常态化监管会商机制，多次赴商品交易中心和重点企业调研，打击过度投机炒作，规范价格指数编制和发布行为，促使铁矿石、电解铝、玻璃等产品价格回落。

2021 年 10 月，国家发展改革委针对煤炭价格上涨，采取临时干预措施，研究哄抬价格标准，召开保供稳价座谈会，开展煤炭成本和价格调查，迅速引导煤炭价格回落 50%。截至 2021 年 12 月 28 日，郑商所动力煤期货主力合约价格和秦皇岛港动力煤现货平仓价均大幅下降。

推进价格机制改革需协调发挥市场和国家的作用，以市场为资源配置的决定性力量，并且加强国家在公共服务和自然垄断领域的定价和监管职能。国家发展改革委通过指导各地清理和规范供水、供电、供气、供暖收费，减轻了用户负担超过 300 亿元；将缓释肥料等 8 个新型肥料品种纳入铁路优惠运价目录，降低物流成本 25 亿元。

价格机制的厘定对产业结构调整和民生普惠具有积极作用。从产业政策的影响来看，通过对教育领域的价格监管，有助于规范市场秩序，减轻家庭经济负担，推动教育公平和质量提升。在公用事业方面，通过清理规范收费，降低了用户支出，提高了服务的普及性和可负担性。在农业物流领域，通过运价优惠政策，降低了农资成本，促进了农业生产效率的提升和农民收入的增加。

（二）第二产业

第二产业主要包括制造业、建筑业等，以工业生产为核心，其结构和发展对一个国家的经济增长和结构调整具有重要意义，当前我国处于后工业时期，工业对经济的增长、产业的整体布局起着关键作用，也为新产业和新技术发展起到了铺垫作用。

根据马克思的价格理论，商品的生产价格由成本价格和平均利润构成。市场价格围绕生产价格波动。通过市场配置，企业可以根据成本和利润率调整生产。而国家可以通过调控成本要素如土地、电力、原材料等价格，影响企业的生产决策。

对于钢铁工业、煤炭工业这样的基础产业，产品的价格波动性要平稳，该领域的价格决定了建立在基础产业之上的相关企业的供应链流转；汽车工业、电子信息产业等支柱性产业，产品的价格要保持在合理、稳定的水平，维持在供需平衡的合理区间内；物流运输业、维修和维护业、包装业等辅助产业，产品的价格要合理覆盖成本，避免价格的剧烈波动，以确保相关基础产业和支柱产业的稳定运行，价格的平稳有助于企业制订长期的生产和运营计划；纺织工业、传统制造业等夕阳产业，价格应保持具有一定的竞争力，但要适度下降，给相关产业的企业家、工人过渡的时间，并引导其逐步、合理地退出市场并减少对新兴产业的冲击；芯片制造业、高端精密机械制造等瓶颈产业，在价格方面，国家要补贴和支持来缓解生产和供应的压力；人工智能、新能源产业、新材料产业等先导产业，国家要适当保护和引导投资，鼓励技术进步，其价格要能够维系产业的运作。

（三）第三产业

第三产业通常包括服务业和相关的非物质生产活动，如商业服务业、房地产业、教育产业、公共管理和社会组织等。随着第一和第二产业生产要素的逐渐提升及生产效率的提高，越来越多的劳动力转移到第三产业中。为了促进第三产业的健康发展并充分释放其市场活力，需要采取多种措施来鼓励竞争，营造良好的竞争环境。结合价格理论，这些措施不仅能优化资源配置，还能促进经济的可持续发展。

一是应减少市场壁垒和管制，降低市场准入门槛，简化注册和审批程序。通过减少行政管制，更多的企业可以进入市场竞争。这能提高市场的开放程度，也能吸引更多的投资和创新资源。市场准入门槛的降低会增加供给方的竞争，从而促使价格趋向于社会平均成本，有利于资源的有效配置和消费者福利的提升。

二是促进信息透明度和公开度是重点。通过公布行业标准、价格指导、企业运营数据等，使消费者和企业可以做出更明智的选择。信息透明度的提高有助于增强市场的竞争力和效率，防止信息不对称对市场公平性的破坏。我们知道市场定价的不公平性来自消费者的认知和心理，这在很大程度上是信息缺失或偏离导致的，因此，信息对称是市场效率的重要前提，信息透明度提高了价格信号的准确性，能够帮助市场主体做出最优决策。例如，近年来，义务教育中小学生负担过重，尤其是校外培训机构的无序发展和高收费，破坏了教育体系的公平性、福利性原则，并且加重了家长的经济负担，从长期来看还会导致社会阶级的两极分化。2021 年 9 月，国家发展改革委与教育部、市场监管总局发布通知，对义务教育阶段学科类校外培训收费实行国家指导价管理。这一举措旨在遏制培训机构的过度逐利行为，降低过高的培训费用，减轻家庭教育支出负担，增强收费透明度，促进社会监督，并且也增强了教育体系的公平性。

三是强化反垄断监管至关重要。应建立和完善反垄断法律和监管机制，防止市场主导地位的滥用，维护公平竞争的市场环境。反垄断监管能保护中小企业的生存空间，能防止垄断行为对消费者利益的损害。垄断会导致价格上升和市场效率下降，不利于产业的升级和进步。

四是支持创新和技术进步是促进第三产业竞争力的重要手段。通过政策支持、财政补贴、税收优惠等措施，鼓励企业增加研发投入，提升技术创新能力和服务质量，促进生产要素的提升，这将有助于推动行业的发展和升级。约瑟夫·熊彼特提出“创新会降低生产成本和提高产品附加值，从而增强企业竞争力和市场效率”。创新是经济发展的核心动力。通过“创造性破坏”，旧的技术和产品被新技术和新产品取代，从而推动经济持续增长。创新带来新产品、新工艺和新商业模式，使企业在市场竞争中获得领先地位。这种竞争优势体现在降低生产成本上，还体现在提高产品附加值和市场占有率上，例如，丰田汽车公司通过引入自动化生产线和数字化技术，汽车制造厂引入机器人组装线后，可以减少工人数量，并且也能减少人工操作中的中断和错误，从而大幅降低人力成本和不必要的成本开支。数字化技术通过传感器和数据分析实时监控生产过程，及时发现和纠正质量问题，还可以优化供应链管理，通过实时跟踪原材料和产品流动，提高供应链的效率。丰田生产系统（TPS）通过自动化设备和精益生产理念，减少了浪费和库存，提高了生产效率。数字化技术的应用使得丰田能够实时监控生产过程，及时调整，保证每一辆车的高质量。

值得一提的是，中小企业作为市场活力的主要来源，特别需要政策支持。应鼓励中小企业的发展，促进市场竞争的多样化，提高市场效率和创新活力。通过价格机制，来诱导相关产业来支持中小企业的成长，这样不仅能增加就业，还能带动相关产业的发展，形成良性的经济生态。

综上所述，价格理论通过产业政策来释放价格信号，从而影响产业结构、市场行为及产业绩效。

二、市场机制

市场机制是指市场中资源配置和经济活动运作的基本原理，它包括了供求关系、价格机制、竞争机制和信息传递四个最主要的组成部分。供求关系是市场机制的核心，通过供给和需求的相互作用，决定商品和服务的价格，并影响市场资源的配置。价格机制作为市场中的信号，通过价格的变化调节供求关系，引导资源的重新配置，促进市场平衡。竞争机制是市场经济的驱动力，不同市场主体之间的竞争既提高了效率和创新能力，又促使价格趋于合理，防止垄断和市场失灵。信息传递是市场主体获取和传播市场信息的过程，有效的信息传递能帮助市场主体做出合理决策，提高市场运行效率。这四个部分相互作用，共同决定了市场资源的配置和经济活动的效率，是市场经济顺利发展的基础。

市场上竞争是一种交换性的竞争，因而它是一个过程，而不是一个静态存在的产物。哈耶克提出竞争是发现知识并利用分散知识的机制。在知识分立的状态下，个体难以掌握全部必要信息，因而竞争激励人们不断发现和探索新的知识和信息，以此实现信息的传播和交换。当某种知识受到市场青睐，竞争会促使这一信息迅速被其他生产者掌握，并得到广泛模仿，从而满足人们的需求。

在竞争过程中，企业家不断发现新知识，创新产品，改变市场偏好，从而推动经济发展。竞争越激烈，发现的知识和信息总量就越大，人们的需求就能得到更好的满足。柯兹纳指出，竞争机会的警觉让决策者明白，如果自己的决策无法比竞争者更具吸引力，那么将无法成功实施，也让他们意识到必须提供比竞争者更有吸引力的市场机会。

因此，保持竞争机制的活力是市场机制良性发展的前提，既要相似产品生产的企业之间保持公平公正的竞争，同时相互关联而不相似的产业之间也要保持良好的协作。可以通过以下的方式来提高竞争机制的效用：一是降低市场准入门槛，简化注册和审批等行政程序和降低行业壁垒，尽管在改革当中我国已经实施简化手续的政策，但还有很多尚未得到最简化，这在一定程度上减少了新企业进入行业或经营的成本费用，鼓励新企业参与市场竞争。二是强化反垄断监管，垄断会导致价格理论在市场机制中的调节功能失败，也不利于企业对其商品的创新升级，适当的市场集中度可以凝聚该产业的创新能力，促进经济增长，当某企业所占市场份额用赫芬达尔—赫希曼指数（HHI）测量超过 2500 或行业集中度（CR）超过 60% 代表着该企业存在垄断或寡头垄断的可能性。三是加强金融支持，通过提供低息贷款、融资担保等方式帮助企业解决资本和运转方面的问题。四是企业自身围绕产品进行管理、生产工艺、生产效率、业务服务质量上的提升，从而提高产品的竞争力，稳固企业自身的市场地位和提升竞争优势。

有竞争的地方就会有乱纪现象，因此国家的介入十分有必要。某些公共设施或平台，由于性质无法由单个企业或个人所有，例如，一个城和一个乡之间有一条河阻断了交通，只要修一座桥，两边就能建立起商品交换，促进经济发展，但是没有人会主动出钱修建，这就需要地方国家出资来修建，这样的情况市场出现，虽然不一定会导致竞争机制的效率下降，但是它潜在可能中阻碍了竞争机制在范围上的扩大和质的飞跃。阿尔弗雷德·马歇尔在《经济学原理》中提到："在经济中生产规模的扩大会表现为两种形式；第一种形式是依赖于整个产业的普遍发展来实现的生产扩展；第二种形式是通过单个企业自身资源组织和管理效率的提升来实现的生产扩展。我们称前者为'外部经济'，而称后者为'内部经济'。"在上述中提到的"地方国家"便是外部因素，它引起了外部经济。

我们知道市场机制在经济中被称为"看不见的手"，是由市场自身的供求关系和价格信号来引导资源配置，然而只靠市场本身无法实现帕累托最优，也就是资源配置效率最大化，因此需要国家干预，国家干预又被称为"有形之手"，是通过政策、法规或其他手段来直接或间接影响市场和经济活动。市场机制的不断完善离不开"有形之手"，尽管就主体而言是两个方面，但在经济的竞争机制过程中，它们是互为一体的，是不可分割的。值得一提的是，不管是地方国家还是国家中央，都是与市场相对而言的主体，它们作为外部因素影响经济活动。

根据外部性的定义，可以分成四种类型：一是生产中的正外部性效应，生产者的收益低于其生产行为带给社会的总收益。二是生产中的负外部性效应，生产者的生产成本低于其行为给社会造成的总成本。三是消费中的正外部性效应，消费者的消费收益低于其消费行为带给社会的总收益。四是消费中的负外部性效应，消费者的消费成本低于其消费行为给社会造成的总成本。斯蒂格利茨指出，外部性的存在使得市场机制难以实现资源的优化配置。具有正外部性的产品，由于生产者的收益低于社会收益，往往供给不足，导致供不应求。相反，具有负外部性的产品，由于生产成本低于社会成本，往往供给过度，导致供大于求。

解决外部性问题，即纠正市场失灵现象，主要存在两类策略：

一是采用庇古税或补贴机制。这一概念源自阿瑟·塞西尔·庇古在其著作《财富与福利》中对外部性问题的深刻探讨。外部性，指的是个体行为的后果没有仅限于行为者自身，还波及第三方。鉴于市场机制自身难以有效应对此类问题，国家介入成为必要。对于产生负面影响的外部性，如工业污染，实施庇古税，即对涉事企业征税，以增加其生产成本，激励其减少有害排放；对于产生正面效果的外部性，理论上，这些举措有助于矫正外部性问题，促使资源分配回归最优状态。然而，实际操作中，这一方案面临多重挑战：一方面，国家作为公共利益守护者的角色定位难以持续；另一方面，信息不完全导致国家难以准确衡量个人行为的成本效益，加之国家运作本身亦需成本，使得庇古税的实际效果受限。

二是科斯定理提供了一种替代解决方案。罗纳德·哈里·科斯提出，在零交易成本的理想情境下，无论资源初始归属如何，市场机制均能自发调整至效率最优状态，即外部性问题得以内在化处理，无需国家征收庇古税。在此前提下，国家只需明晰资源所有权，市场参与者便可自行协商解决外部性问题。然而，现实世界中交易成本的存在，使得资源初始分配对最终效率配置产生影响，这就是科斯第二定理。面对交易成本与庇古税成本的比较，制度设计的重要性凸显。当制度下交易成本高于庇古税成本时，后者成为更优选择；反之，市场协调机制更胜一筹。

现实世界中解决外部性问题既可通过明晰所有权，依托市场机制自发协调，也可依据庇古税机制，通过国家干预实现。选择何种路径，取决于交易成本与庇古税成本之间的权衡。尽管科斯定理为经济学理论贡献了创新视角，但其适用性受限于资源所有权明确与否及界定成本高低。在某些情形下，如噪声污染，科斯定理难以直接应用，庇古税机制或成为更切实可行的解决方案。

因此，在面对外部性问题时，政策制定者需综合考量庇古税与科斯定理的适用性，结合具体情境下的交易成本、资源所有权界定难易度等因素，灵活选择最适宜的应对策略。同时，应持续探索和完善制度设计，以降低交易成本，促进市场机制在解决外部性问题中的有效性。在实践过程中，国家与市场机制的协同作用，将有助于更全面、有效地应对外部性挑战，推动资源的合理配置与社会福利的提升。

信息传递是市场机制研究的重要领域之一，信息经济学指出信息的获取是具有成本的，市场参与者无法拥有某种经济环境状态的所有知识，这意味着信息总是不完全的。每个市场参与者都需要依靠自己寻找和提炼对自己有用的信息。无论市场参与者在现在亦或未来拥有多少信息，由于信息传递成本和市场噪音等因素的存在，市场永远无法实现信息的完全分布。这使得现实世界中的市场机制难以按照新古典经济学的分析实现资源的最优配置，市场失灵是普遍存在的。我们将信息传递过程中的问题分成两点来阐述：信息不完全、信息不对称。

信息不完全指的是市场中所有参与者都无法完全掌握关于经济环境、商品、服务或其他相关因素的所有必要信息。信息不完全带来的成本主要来自信息的搜寻和传递费用，这些成本对市场的效率和资源配置会产生深远的影响。

一是，信息搜寻成本是信息不完全的直接结果。在一个不完全信息的市场环境中，买卖双方需要投入大量的时间、精力和资源来搜寻并验证相关信息。例如，消费者在购买一件商品之前，可能需要花费时间去了解该商品的质量、价格、售后服务等信息。同样的，生产者在寻找供应商或客户时，也需要投入大量资源来验证对方的信誉和能力。这种信息搜寻的过程既耗费时间又耗费资金，使得交易成本大幅增加，并且一些潜在的交易因成本过高而无法达成，从而降低了市场的效率。

二是,信息传递成本也是信息不完全带来的重要问题。在一个理想的市场中，信息能够自由、快速地在市场参与者之间流动。然而，现实中信息传递并不总是顺畅的。一方为了让另一方了解自己所掌握的信息，可能需要通过广告、营销、合同条款等方式进行信息传递。这些传递信息的手段往往需要付出高昂的费用。例如，一个企业为了推广新产品，可能需要投入大量的广告费用，这些成本最终都会反映在商品或服务的价格中，进一步影响市场的资源配置效率。

信息不完全还会导致市场参与者在做决策时面临更大的不确定性，增加了决策的难度和风险。由于无法完全掌握所有必要的信息，市场参与者在做出购买、投资、生产等决策时，只能依赖有限的信息。这种情况下，错误决策的风险增加，可能导致资源的错配，如消费者可能因为缺乏信息而购买了不适合自己的商品，企业可能因为不了解市场需求而生产了滞销产品。

为了应对信息不完全带来的问题，市场和国家都需要采取措施。市场方面，可以通过技术创新和信息平台的建设，提高信息的透明度和流动性。比如，电子商务平台可以提供商品的详细信息和用户评价，帮助消费者做出更明智的决策，降低信息搜寻和传递成本。区块链技术则可以通过去中心化的方式记录和验证交易信息，减少信息不完全带来的不确定性。

国家方面，可以通过完善法律法规和市场监管，确保信息的公开和透明，减少信息不完全带来的负面影响。国家可以强制要求企业披露重要的财务和经营信息，保护消费者的知情权。国家还可以建立和完善信用体系，通过对市场参与者的信用评估，减少信息不完全，提高市场的整体效率。

总之，信息不完全对市场的效率和资源配置有着深远的影响。通过减少信息搜寻和传递成本，可以有效提高市场的运行效率，实现资源的优化配置。这需要市场和国家的共同努力，通过技术创新、信息平台建设和完善的法律法规，为市场参与者提供更透明、更高效的信息环境。

信息不对称是指市场上有些参与者掌握信息，而另一些参与者却不具备这些信息。根据信息不对称发生的时点，可以将其分为两类成本：①是事前成本，即由于信息优势方可能出于自利行为而隐瞒个人信息和行动，导致签订合同和谈判的成本增加；②是事后成本，即信息劣势方无法监控信息优势方的行为，无法确定其是否按照合同履行义务，从而引发道德风险问题，致使监督和违约成本增加。

信息不对称所导致的成本是交易成本的重要组成部分。根据科斯的定义，交易成本包括市场上每笔交易的谈判和签约费用，以及使用价格机制的其他相关成本。道格拉斯·诺斯将交易成本分为两类：一是制定合约的成本，二是执行合约的成本。威廉森认为，交易成本包括以下六方面：第一，搜寻成本，即收集商品和交易对象信息的费用；第二，信息成本，即获取交易对象信息和交换信息的费用；第三，议价成本，即在契约、价格和品质上讨价还价的费用；第四，决策成本，即做出相关决策和签订契约的内部费用；第五，监督成本，即确保交易对象按照契约内容进行交易的监督费用，如追踪产品、监督和验货等；第六，违约成本，即在违约情况下需付出的事后费用。

商品交换的发展程度越高，生产活动就越社会化，信息成本也愈发呈现出交易成本的特性。罗纳德·哈里科斯指出，过高的交易成本会阻碍潜在交易的实现，导致市场失灵。具体来说，高昂的交易成本主要体现在以下几个方面：

一是信息搜寻成本。在一个信息不完全的市场环境中，交易双方需要投入大量时间和资源来寻找并验证对方的交易信息。这种成本包括获取商品或服务信息的费用，还包括确保信息准确性的费用。如果搜寻成本过高，许多潜在交易可能因此无法达成，资源只能闲置在生产者手中，不能有效进入市场流通。

二是议价成本。即便交易双方已经找到了彼此，议价过程中产生的成本也可能阻碍交易的顺利进行。议价成本包括双方在价格、质量和合同条款上的讨价还价费用。如果双方在这些方面难以达成一致，交易成本过高，同样会导致交易无法实现，资源配置效率因此降低。

三是合同签订和执行成本。即使交易双方达成了初步协议，合同的制定和执行也会产生明显的成本。制定合同需要法律、会计等专业知识的支持，而执行合同则需要监督和保障交易条款的落实。信息不对称使得合同执行中的监督成本进一步增加。例如，为了防止违约行为，双方可能需要投入大量资源进行监督和验证，这些成本都构成了交易成本的一部分。

此外，信息不对称导致的道德风险和逆向选择进一步增加了交易成本。道德风险指的是交易一方在无法被充分监督的情况下，可能采取不利于另一方的行动，从而增加了交易成本。逆向选择则指的是信息不对称使得交易中质量较差的商品或服务占据市场，从而降低了市场效率。这两种问题都会导致交易成本上升，使得市场无法实现资源的最优配置。

为了解决这些问题，提高市场效率，必须采取措施降低交易成本。国家和市场都可以在这方面发挥作用。国家可以通过完善市场规则和法律制度，减少信息不对称，提高市场透明度，从而降低交易成本。市场可以通过技术创新，提升信息获取和传递的效率。例如，电子商务平台和区块链技术的应用，就可以大大降低信息搜寻和合同执行成本，从而提高交易的效率和安全性。

随着商品交换的不断发展，生产活动愈加社会化，信息成本作为交易成本的一部分，其重要性日益凸显。通过有效降低交易成本，能够促进市场交易的顺利进行，实现资源的优化配置，提高经济效率。这不仅需要国家的制度保障，也需要市场的创新和发展。

第二节　企业行为与市场结构

一、企业行为

在贝恩的SCP（结构—行为—绩效）范式中，行为是指企业在市场中的战略和行动，企业行为包括生产与运营行为、定价策略、市场与营销行为、投资与融资行为、创新与研发行为、人力资源管理行为、战略行为、财务行为、社会责任行为及国际化行为等。企业行为受市场结构的影响，同时又会影响市场的绩效。因此研究企业行为是SCP范式中重要的一环。

金碚从政治经济学的角度研究了企业的经济学含义，以及企业的行为基础和动机方向。从组织行为的范式来看，产业组织理论是以产商理论为底层逻辑，“厂商”和“经济人”在行为主体上来说具有一致性。金碚对经济学和经济研究中对“企业”性质的各种理论假说及其逻辑体系中的组织行为取向特征进行了梳理和总结，具体如下：

第一，企业作为市场经济中的一种组织形态。罗纳德·科斯在1937年的论文《企业的性质》中提出，企业存在的理由是为了替代价格机制。奥利弗·威廉姆森进一步强调，企业能够节约交易成本，并指出企业是由多个个人组成的实体，而不是生产者单独进行经营活动的形式。肯尼斯·约瑟夫·阿罗认为，组织是在价格系统失效的情况下，实现集体行动利益的一种手段。总的来说，企业作为一种组织形式，在其效率高于市场机制的情况下，会替代市场进行运作。

第二，企业作为相对于自然人的独立法人实体。有人主张“企业本位”论，认为企业自身具有自利行为目标，类似于个人的自利动机。企业要求自主决策、自由经营，并承担盈亏责任。市场经济的改革正是从承认企业的独立自主地位开始的，强调企业作为市场经济中的主体地位。

第三，企业是代理人组织或虚拟的利益主体。根据“所有者本位”论，企业的行为完全服从于所有者的意志，企业只是所有者的代理实体，不能自主确定行为方向。企业本身并非真正的利益主体，而是为所有者服务的代理人。

第四，企业是资本的显性存在体。这一观点认为，企业是资本的一种表现形态和行为工具，资本是企业的实质和灵魂。企业通过采取企业形态扩展资本的实力，实现资本的目标和价值。资本可以将企业作为交易的标的物，自由买卖，从而明确了资本与企业之间的主从关系。

第五，企业是多重利益的复合体。企业内部结构复杂，包含多种利益关系，不是单一的行为体。企业由所有者、管理者、生产者等组成，每个群体都有自己的利益和行为取向，需要通过激励相容机制来协调和整合内部关系，避免冲突。企业的行为偏好实际上是由做出决策的个人的行为偏好所决定的。企业作为一种组织，受制于个人的决定和执行人的行为。经济学往往将企业假定为“黑箱”，忽略其内部矛盾，而将企业内部关系交由管理学来研究。

结合以上内容，众多学者对企业的的性质莫衷一是，但是大体上都指明了企业在市场中具有的功能，从企业存在的必要性来看，企业是一个联结个人与市场的纽带,这也在某种程度上解释了企业会有“拟人”性质,即把企业当作一个“人”，从而具备人的行为的一些特质，具体包括机会主义行为、趋利避害行为等。但企业还兼具市场的特质，具有客观的“工具”性质，例如，当企业接收到市场对产品的需求是更大的信息，企业中的生产者自然就会增加产量，换句话说，企业会将市场的变化进行微观化，可以利用投入产出表、公司四季度的业绩数据等进行分析，由此便于生产者及时做出有利的决策，生产者将决策通过企业行为再次释放到市场活动中去，并依赖于企业来接收反馈而进行持续的产品跟进。总之，企业兼具了微观层面“人”的属性和宏观层面市场的“工具”。

金碚还认为通过对市场经济中各类组织形态的观察，发现企业特性与经济社会体系，以及私人利益和公共目标之间的关系。一方面，企业作为经济社会体系中的基本单元，承担着生产产品、提供服务、促进就业、推动技术创新和创造财富的重任，对整个经济社会的发展起着至关重要的作用；另一方面，企业也有其局限性和不足，可能对社会产生负面影响。因此，企业的行为需要受到规范和监管，不能任意扩张，形成过大的市场势力或垄断地位。并且还需要其他类型的特殊企业和非企业经济社会组织，来补充以利润最大化为目标的企业所无法实现的各种经济和社会功能。

从组织形态的特性来看，企业是经济效率最高的实体经济组织。在整个经济社会的组织系统中，企业的行为自由度最大，理论上可以被设想为拥有“自由选择”“自主决策”和“自由贸易”的能力。然而，这只是一个抽象的理论设想，现实情况要复杂得多。一方面，现实中的社会组织形态各异，不同的组织实体有各自的功能和目标，各有其主业和使命；另一方面，任何经济组织实体和企业实体的活动都嵌入在特定的政治、社会和文化环境中，受到多方面因素的影响。

基于以上对企业在性质、组织、行为特征上的认识，以及企业如何与微观经济学和宏观经济学相联系，下面将对企业的典型行为进行介绍和分析：

一是在生产与运营上，这是企业行为的核心之一，是企业赖以生存的物质基础，从原材料采购到产品制造，再到最终产品交付给客户，这是一个具有流程的行为，这一部分的行为直接影响企业的效率、成本、质量和客户满意度，是企业成功与否的关键。企业要制定生产规划和控制，包括制定生产目标、计划生产流程、确定生产方法和工艺，以及确定实施监控生产过程的机制，确保生产计划顺利实施。其次，进行供应链的管理，从上游的原材料采购到下游的交付产品，选择和评估供应商并建立稳定的供应关系，确保原材料供应的质量和稳定性，以及选择建立物流管理，优化物流网络，提高资源配置效率，降低成本。接着进行制造执行，这一部分是生产与运营行为的核心环节，企业要尽可能高效、低成本地生产高质量产品，这就要求企业对内不断地进行自我优化，提高全要素生产率，优化生产工艺，维护和保养生产设备，建设生产绩效管理，整个过程覆盖质量管理，确保产品的质量满足客户需求和标准；其次出于企业“逐利”的性质，在材料、人工、制造成本上进行成本控制，并不断地进行技术创新和管理创新，以此来追求超额利润。与此同时，企业作为社会的单元之一，要进行安全与环保管理，确保员工的安全和对环境的保护，如图 3-1 所示：

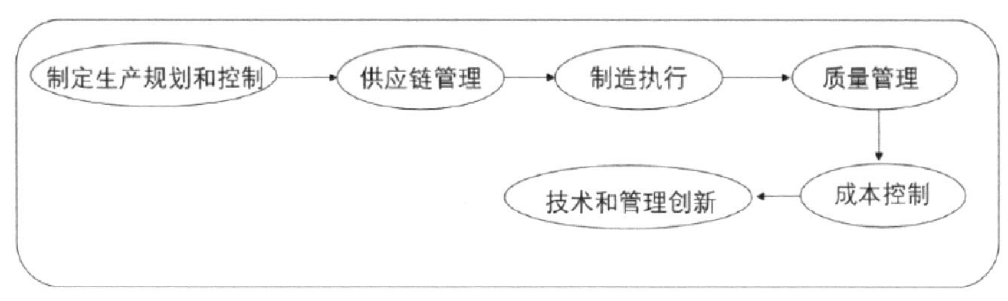

图 3-1　企业生产与运营流程图

二是在定价策略方面，不少学者采取了各类方法来研究定价问题，如成本法、收益法、市场法，还有多准则决策法、博弈论、实物期权法及机器学习的定价方法。

成本定价法作为一种定价策略，主要是以产品的生产成本来确定价格。这种方法考虑了所有直接和间接成本，然后加上一个预定的利润率，来确定产品的销售价格。成本定价法的基本原理是保证企业能够覆盖其生产和运营成本，并获得合理的利润。成本定价法分成四种类型：①成本加成定价法，即在计算出产品的总成本后，加上一个固定的加成率来确定价格，该方法简单易行，适用于成本结构稳定且需求弹性较低的产品；②目标利润定价法，根据预期的目标利润来确定价格，通常用于需要达到特定财务目标或回报率的情况下；③完全成本定价法，将所有固定和变动成本都包括在内，然后加上一个利润率来确定价格，完全成本定价法确保所有成本都能被覆盖，适用于长周期或高资本投入的产品；④变动成本定价法，只考虑产品的变动成本（即直接生产成本），然后加上一个利润率来定价，该定价法适用于竞争激烈或价格敏感的市场。

收益定价法，也称为价值定价法，是一种定价策略，主要是以产品或服务为客户所带来的价值和收益来确定价格。与成本定价法不同，收益定价法侧重于客户的感知价值，而不是生产成本。收益定价法的主要类型有六种：一是顾客价值定价法，根据产品或服务对客户的价值来定价。企业通过市场调研、客户反馈等方式，了解客户对产品或服务的期望价值，然后根据这一价值来确定价格。该方法强调产品或服务的独特卖点(USP)和客户感知的高价值。二是感知价值定价法，这种方法通过评估客户对产品的整体感知价值来定价，包括产品的质量、品牌声誉、售后服务等因素。企业会进行市场分析，确定客户愿意支付的价格，而不是简单地增加成本。三是需求导向定价法，根据市场需求和客户的支付意愿来定价。在需求高峰期，价格可能会上升；而在需求低谷期，价格可能会下降。这种方法通常用于酒店、航空公司等行业。四是动态定价法，这种方法根据实时市场数据和客户行为来调整价格。利用大数据和算法，企业可以在不同时期、不同客户群体间动态调整价格，以最大化收益。例如，网约车公司在高峰期和需求增加时会上调价格。五是基于使用情况的定价法，这种方法根据客户的使用频率或用量来定价。客户使用产品或服务越多，支付的费用也越多，例如，手机运营商根据用户的通话时间和数据使用量来收费。六是基于绩效的定价法，这种方法根据产品或服务为客户带来的具体成果或效益来定价，例如，某些咨询公司根据客户通过其建议所实现的成本节约或收入增长来收费。

市场法是一种定价策略，主要是以市场上的竞争状况、消费者需求和市场环境来确定产品或服务的价格。这种定价方法通常用于竞争激烈的市场，企业通过分析竞争对手的价格策略、市场需求和消费者行为来制定价格。市场法包括以下六种主要类型：一是竞争导向定价法，企业主要参考竞争对手的价格来制定自己的价格。这种方法适用于市场上有多个类似产品或服务，竞争激烈的情况下。企业可以选择使用跟随定价、低价策略和高价策略。二是需求导向定价法，根据市场需求情况来制定价格。企业通过市场调研了解消费者的支付意愿和价格敏感性，从而确定最佳价格点，该方法包括：差异定价和动态定价，前者根据不同客户群体的支付意愿或市场条件制定不同的价格，后者企业根据实时市场需求和供求关系调整价格。三是市场撇脂定价法，企业在产品刚进入市场时，以较高价格销售，从而获取高额利润，然后逐步降低价格，吸引更大的市场。该策略通常适用于创新产品或技术领先的产品，早期的高价可以收回研发成本，随着市场接受度的提高，再逐步降低价格。四是心理定价法，根据消费者的心理和行为特点来制定价格。通过价格策略影响消费者的购买决策。五是促销定价法，通过短期的价格折扣和促销活动吸引消费者，提高销量和市场份额。这种策略包括限时折扣、买一送一、节假日促销等。六是参考价格定价法，企业利用消费者对市场上类似产品价格的认知来制定价格。通过在产品展示中列出竞争对手的价格，突出自身产品的价格优势。

由于市场竞争机制，企业对产品的定价都渗透了博弈思想。博弈论是一种数学工具，用于分析和理解多个决策者之间的战略互动及其结果。而在经济当中博弈法定价策略是通过模拟竞争对手和消费者的行为，预测各种价格策略的结果，从而制定最优定价策略。博弈论可以分为静态博弈和动态博弈，前者是企业同时选择策略，通常用于分析一次性的价格决策，后者是企业在不同时间点选择策略，考虑到前期策略对后期决策的影响。我们常常听说的“价格战”就是博弈论的典型行为，企业通过分析博弈树预测竞争对手的反应，制定适当的价格策略，避免陷入无利可图的恶性竞争中。再者是合作定价，比如，在某些市场中，企业可能通过博弈论分析实现默契合作，共同维持高价格水平，以获取更高的利润。另外，还有价格歧视策略，采用博弈论模型可以帮助企业分析不同消费者群体的支付意愿，制定差别定价策略，最大化收益。例如，航空公司根据提前预订时间和客户类型设置不同票价。

当每个企业都选择了最优策略，其他企业的策略不变，没有任何一个企业可以通过单方面改变自己的策略来获得更高的收益，这就达到了纳什均衡。这意味着在竞争市场中，各企业的策略是相对稳定和可预测的，并且企业根据市场信号做出生产和投资决策，消费者根据价格和个人偏好做出消费决策，结果是资源被分配到最需要的地方，整体社会福利得到最大化，因此企业在定价和产量决策上会达到一个稳定状态。

三是在市场与营销方面，它涉及市场调研、营销策略、品牌管理、客户关系管理等多个方面。它们直接影响企业的市场定位、销售业绩、品牌价值和客户忠诚度，是企业获取市场份额和实现盈利目标的关键。首先企业要进行市场调研，充分了解市场需求和竞争态势，以及市场机会的基础。其次是对消费者行为的研究，深入了解消费者的购买动机、决策过程和行为模式。再次，进行营销策略，将整体市场根据消费者的不同需求和特征划分为若干子市场，以便制定有针对性的营销策略，如继续地理细分、人口细分、心理细分和行为细分，在此基础上企业需要选择最具有吸引力的目标市场，确定企业在目标市场中的地位，明确产品和品牌的差异化优势，企业往往会进行营销组合即产品策略、价格策略、渠道策略、促销策略。其中产品策略主要指设计和开发满足目标市场需求的产品，确定产品的特性、包装、品牌和售后服务。渠道策略则是企业选择和管理产品的销售渠道，确定分销策略，如直接销售、间接销售、多渠道销售等。鉴于消费者心理和企业稳定产出和销售的需要，企业通常会进行品牌管理，以期在消费者心目中树立独特形象，为企业的长期发展打下消费者群体基础。企业一般会结合产品的性质和消费群体的特征来确定品牌的核心价值和独特卖点，通过品牌名称、标识、口号、包装等元素塑造一致的品牌形象，基于此，企业会进行品牌的传播，以提升品牌知名度和美誉度。品牌一旦进入大众视野，企业必须要进行品牌维护来维持和消费者的经济信任关系。最后，市场与营销是企业和消费者之间直接建立关系的环节，因此，建立客户关系管理十分重要，这包括客户的细分、客户满意度管理、客户忠诚度管理等。

四是战略行为是企业制定和实施长期计划和决策的过程，其目的是确保企业在竞争激烈的市场中生存、发展并取得成功。战略行为涉及企业的使命、愿景、目标设定、资源配置、竞争优势的建立与维护等方面，通过系统的战略规划，企业能够识别并应对外部环境的变化，把握市场机会，规避潜在风险，从而实现可持续的竞争优势。企业使命与愿景是战略行为的起点，企业使命反映了企业的价值观和社会责任，指导企业的长期发展方向；企业愿景则描述了企业对未来发展的理想状态，提供了一个长远的目标和激励机制。在环境分析方面，外部环境分析通过 PEST 分析和波特五力模型评估宏观环境和行业竞争态势，识别市场机会和威胁；内部环境分析通过企业资源观（RBV）和价值链分析评估自身的资源、能力和核心竞争力，识别内部优势和劣势。战略制定包括竞争战略、成长战略和国际化战略，通过选择适合的战略路径，企业可以建立和维持竞争优势。战略实施需要设计合适的组织结构、合理配置资源和塑造积极的企业文化，以支持战略的有效实施。战略评估与控制通过关键绩效指标（KPI）和平衡计分卡（BSC）等工具，定期评估战略实施效果，并根据评估结果进行动态调整，以确保战略的适应性和灵活性。战略行为面临快速变化的市场环境、全球化与地缘政治风险，以及可持续发展与社会责任等挑战，但未来趋势如数字化转型、平台化与生态系统，以及敏捷战略为企业提供了新的发展方向。

五是创新与研发行为是企业获取竞争优势、提高市场地位、实现可持续发展的重要因素。创新与研发（R&D）不仅涉及新产品和服务的开发，还包括对现有产品、服务、流程和商业模式的改进和优化。企业通过系统的创新和研发活动，可以提高效率、降低成本、满足客户需求、开拓新市场，并在快速变化的环境中保持竞争力。

创新是指将新理念、新技术、新工艺等转化为实际产品、服务或流程，以便创造经济价值的过程；而研发是支持创新的基础，通过系统的科学研究和实验开发活动，为创新提供技术和知识支持。创新分为产品创新、工艺创新、服务创新、商业模式创新和管理创新。

创新与研发的驱动力包括内部和外部因素：内部驱动力如战略目标、资源能力、企业文化等，外部驱动力如市场需求、竞争压力、技术进步和政策支持等。创新与研发的过程通常包括理念产生、筛选与评估、研发规划、研究与开发、测试与验证、商业化和评估与反馈几个阶段。为了确保创新与研发活动的有效性，企业需要进行科学的管理，如设立专门的研发部门或团队、采用项目管理方法、合理配置研发资源、制定激励政策和进行风险管理等。然而，企业在进行创新与研发活动时，也面临诸多挑战，如技术风险、市场风险、资金压力和知识产权保护等。因此，企业需要加强技术储备，进行充分的市场调研和测试，获取融资支持并加强知识产权保护。成功的创新与研发案例有很多，如苹果公司通过不断创新推出具有革命性的新产品，特斯拉公司通过研发电动汽车技术和自动驾驶技术引领行业变革。随着科技的发展和市场环境的变化，创新与研发将呈现数字化转型、开放式创新和可持续创新等趋势。

二、产业结构

在前文我们对产业结构的一般分类、产业结构发展的规律进行了总结，下面我们将基于三次产业分类法来介绍我国产业结构的发展，以及未来的发展趋势，立足于微观经济学的角度对产业结构进行动态化的分析。

使用三次产业分类法，我们能够更直观地看出三次产业在国民生产总值中所占份额及变化趋势，也便于判断国家的经济发展水平，如图 3-2 所示，2019 年至 2023 年，第一产业所占份额平均为 7.28%，第二产业所占份额平均为 38.66%，第三产业所占份额平均为 54.06%。

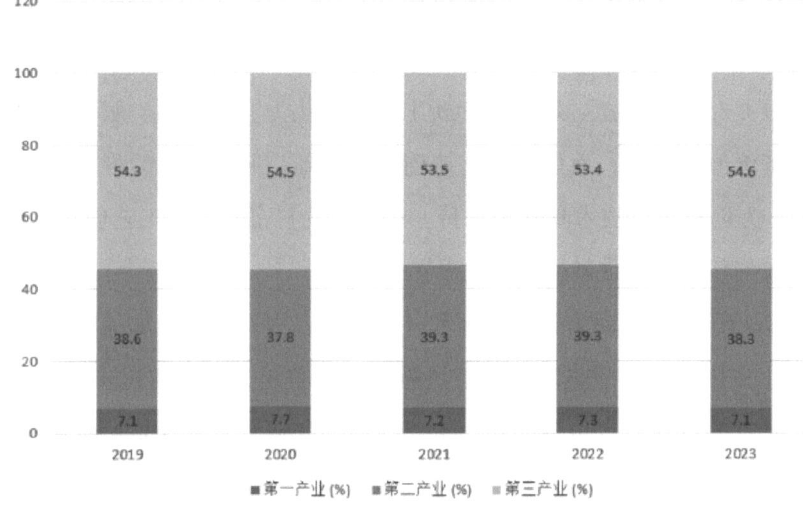

图 3-2　2019—2023 年三次产业占比

根据数据显示，第一产业占比较低，第二产业占比中等偏高，当前我国在工业化上已进入后工业化水平，第三产业占比最高，说明我国正在向以服务业为主导的现代经济结构转变，消费驱动经济的动力越来越明显，呈现出“三二一”的产业格局，总的来说，我国的经济发展水平已达到较高水平的国家。

国家统计局王有捐表示 2023 年消费者物价指数（CPI）剔除食品和能源价格保持温和上涨趋势，大多数月份同比涨幅约在 0.7%，服务型消费在新冠疫情后持续恢复，服务价格有所回升。食品、能源价格略有下降，生产领域的价格受国际大宗商品价格降低，以及部分工业品需求不足的影响，生产者物价指数（PPI）同比下降，其中高技术产业、文教工美体育和娱乐用品制造业、纺织服装服饰业、家具制造业的价格都有所上涨。在高新技术产业方面，2023 年 OpenAI 的出世点火了 AI 元年，在此前，我国虽有致力于产业数字化、信息化的发展并且得到了较好的成效，但是 OpenAI 的出现迅速加强了信息的传递、人与人之间的经济联系，带动了相应的股票、产业价格的提升，国内也刮起了人工智能的研究和实际应用的热潮，特别在第三产业，即服务业领域，可将其细分为两大类别：传统服务业与人工智能（AI）赋能的服务业。传统服务业，主要依托实体运营，涵盖零售业、餐饮业、住宿业及教育业等多个子领域；而 AI 智能服务业，则是基于人工智能技术发展起来的新兴产业形态，主要依托线上平台展开，包括但不限于电商平台、在线教育、数字娱乐与媒体，以及智慧城市建设等。这一结构性转变，增强了第三产业在国内生产总值（GDP）中比重攀升的潜力，为新一轮的产业结构优化与经济增长注入了强劲动力。

具体而言，传统服务业作为历史悠久的经济支柱，其在提供面对面服务、满足消费者基本生活需求方面扮演着不可替代的角色。零售业、餐饮业与住宿业，通过实体店铺的形式，为消费者提供商品与服务；教育业则在传授知识、培养人才方面发挥着基础性作用。然而，随着科技的进步与互联网的普及，传统服务业面临着转型升级的压力，需积极探索线上线下融合的发展模式，以适应新时代的消费需求。

相比之下，AI 智能服务业的兴起，标志着服务业领域的一场革命。依托大数据、云计算与人工智能等前沿技术，AI 智能服务业能够提供更为个性化、便捷高效的服务体验，以满足消费者日益增长的数字化需求。电商平台的崛起，改变了传统的购物方式，让消费者足不出户即可享受全球商品；在线教育的普及，打破了地域限制，为终身学习提供了无限可能；数字娱乐与媒体的蓬勃发展，丰富了人们的文化生活，促进了内容创作的繁荣；智慧城市的建设，通过集成城市管理与服务，提升了城市治理的智能化水平，为居民创造了更加宜居的环境。

这一结构性变革，不仅重塑了服务业的格局，也为经济的持续增长开辟了新的路径。AI 智能服务业的迅猛发展，直接贡献于 GDP 的提升，并且通过促进传统产业的数字化转型，间接推动了整个经济体系的现代化升级。服务业的升级换代，还为劳动力市场带来了新的机遇与挑战，要求劳动者不断提升技能，以适应新兴岗位的需求。AI 智能服务业的崛起为我国经济结构的优化与增长提供了强大动力。在这一过程中，国家应积极出台相关政策，支持服务业的创新发展，促进传统产业与新兴业态的融合，加强职业教育与培训，提升劳动力素质，以确保经济持续健康发展，满足人民群众对美好生活的向往。未来，随着技术的不断进步与应用场景的拓展，第三产业，尤其是 AI 智能服务业，将在推动经济高质量发展、提升社会福祉方面发挥重要作用。

结合以上内容，可以看出我国消费带动经济增长趋势愈加明显，党的十九大对我国社会主要矛盾已经转化为人民日益增长的美好生活需要和不平衡不充分发展之间的矛盾，尤其是在后疫情时代背景下，全球经济复苏速度较缓，外部市场不确定性较高的，加强需求侧管理，释放国内市场成为当前的首要任务，也是建构新发展格局的迫切要点。

中国人民大学方福前表示要实施和推进供给侧结构性改革，实现其目标，必须依托总需求的增长和结构优化，重视总需求及其管理。稳定总需求并促进其适度增长和结构优化，不仅是稳增长、促就业的需求，也是保障供给侧结构性改革顺利推进的必要条件。没有总需求的适度增长，产能过剩会更加严重，因为过去和现在的投资还在形成资本存量，增加生产能力。没有总需求结构的调整和优化，供给侧结构性改革就失去了参照系和方向，不能满足人民不断增长的物质和文化需求，提高人民生活质量和福利水平，满足人民对美好生活的向往。因此，要使总供给结构与总需求结构更好地匹配，供给结构调整必须以需求结构为导向，提高总供给能力和质量。

供给侧结构性改革不能仅从供给一方孤立地理解，而应在供给与需求相互依存和影响的关系中加以实施和把握。供给侧结构性改革的必要性在于我国经济自 2010 年以来出现的日益加重的结构性矛盾，表现为总供给和总需求在数量和结构上的不匹配和不适应，导致社会再生产循环不顺畅和宏观经济运行梗阻较多。市场经济是一种需求引导型经济，生产的目的是消费，生产成果只有进入消费才能实现其价值。我国经济已从长期的“供给短缺”型经济转型为“需求相对不足”型经济，总需求规模及其增速成为短期制约经济稳定和增长的主要因素之一。通过提高供给质量、优化和升级供给结构，释放需求潜力，使供给在总量和结构上与需求的发展变化相适应，是供给侧结构性改革的目标。

满足人民日益增长的美好生活需要是社会主义生产的根本目的，也是供给侧结构性改革的根本目标。以人民为中心，更好地满足人民日益增长的美好生活需要，是供给侧结构性改革的出发点和落脚点。只有通过供给侧结构性改革，不断消除体制机制的阻碍，激发微观主体积极性，增强微观主体活力，促进技术变革和创新，不断升级经济发展动力，提高经济发展质量，才能解决发展不平衡不充分的问题，使供给能力和实际总供给更好地满足人民日益增长的美好生活需要。

习近平总书记在 2015 年 11 月中共中央财经工作领导小组第 11 次会议上首次提出供给侧结构性改革时指出：“在适度扩大总需求的同时，着力加强供给侧结构性改革，着力提高供给体系质量和效率，增强经济持续增长动力，推动我国社会生产力水平实现整体跃升。”中央在启动供给侧结构性改革之初就考虑到必须以适度扩大总需求为依托，供给侧结构性改革必须与完善总需求管理相结合。党的十九届五中全会进一步阐释了供给侧结构性改革与总需求管理的辩证关系：“坚持扩大内需这个战略基点，加快培育完整的内需体系，把实施扩大内需战略同深化供给侧结构性改革有机结合起来，以创新驱动、高质量供给引领和创造新需求。”2020 年 12 月的中央经济工作会议提出：“要紧紧扭住供给侧结构性改革这条主线，注重需求侧管理，打通堵点，补齐短板，贯通生产、分配、流通、消费各环节，形成需求牵引供给、供给创造需求的更高水平动态平衡，提升国民经济体系整体效能。”这些思路强调了供给和需求的相互依存和作用的关系。

国家信息重心经济预测部尹伟华提出产业结构变化推动现代服务业发展新时代经济高质量发展的背景下，经济增长由要素驱动向创新驱动转变，产业转型升级加快推进。现代农业的发展与制造业的升级对现代服务业提出了更多和更高的需求，成为其发展的深厚土壤。科技研发、现代物流、新兴信息技术服务、金融服务、租赁和商务服务、科学研究和技术服务、健康服务等现代服务业快速发展，推动了服务业质的提升。我国制造业发达、产业体系健全，也为现代服务业的发展提供了广阔空间。

新型城镇化的快速推进和居民消费品质的不断升级为服务业的快速发展提供了有力支撑。人口集聚和生产生活方式的改变，加上收入水平和消费能力的提升，为商贸、餐饮、房地产、教育、文化体育、卫生保健等生活性服务业带来了巨大发展空间。产业集聚、社会分工的细化及人口素质的提升，也为物流、金融、信息、中介、技术服务等生产性服务业的发展提供了巨大的机遇。随着经济发展水平的提高，居民收入水平将持续增长，中高收入人群比例不断增加，推动休闲旅游、文化娱乐、健康养老、医疗服务等高层次生活性服务业的需求，并带动物流、金融、信息等生产性服务业的发展。

近年来，服务业领域的制度改革初见成效，进一步释放了服务业的发展潜力。一系列改革，如“营改增”的试点和推广，破除了市场和行政垄断，放宽了对外资的限制，推动了服务价格机制改革，营造了良好的发展环境。未来改革仍有很大空间，特别是在生产性服务业和部分消费性服务业供给方面。随着这些改革措施的进一步实施，我国服务业的发展空间将进一步提升。

陈凯华、冯卓、康瑾、杨捷对我国未来产业的科技发展战略选择提出了切实的见解，他们认为未来产业的发展动力来源于技术推动、需求拉动及前沿科技突破。其方向取决于新兴和重大前沿科技的突破，大数据系统、机器人技术、人工智能等产业是重要科技领域。根据需求侧改革，未来产业科技方向也将致力于经济社会发展的需求，人口老龄化社会提出了“银色需求”，为了满足老年人的养老和医疗需求，信息技术、材料技术与生物技术不断融合，可能催生未来产业。联合国可持续发展目标指出，在科技发展的同时关注人类社会的可持续性是全球的共同目标。因此，科技发展的绿色化将成为未来产业的重要趋势，清洁交通技术和绿色氢能等将成为科技攻关的重点方向。

未来产业将表现出数字化和智能化特点突出，呈现出多领域、多学科不断交叉融合的趋势，在社会需求层面上表现出健康化、绿色化的特点。

中共中央党校康珂提出：“产业结构调整是由企业完成。”在市场当中，企业内部下，生产者会根据边际原则来调控生产要素组合及生产规模，从而达到帕累托最优。企业外部下，生产者根据价格机制的变化将资本从低利润部门转移到高利润部门。因此，从这个角度来说，产业结构调整意味着生产对消费的适应，是生产者与消费者在产品效用及价格上的共识。

根据信息经济学理论，信息对价格机制存在影响，价格机制对供求关系起到调节作用。然而信息总是不充分，无人知晓哪些信息是何时不再适用，信息是以知识形式传播的，迈克尔·波兰尼提出了“默会知识”的概念，指那些难以通过语言或书面形式清晰表达的知识，通常是通过个人经验和技能积累而来。例如，当一个人学习骑自行车时，教练可能会告诉他一些基本原则，例如，如何保持平衡和踩踏板的方式。但是，即使掌握了这些理论知识，初学者仍需要反复实践，才能真正学会骑车。骑自行车涉及对身体平衡、速度和方向的微妙掌控，这些技巧难以完全用语言描述或书面传授，而是通过反复的实践和尝试，逐步内化到个人的技能中。在市场经济中也存在大量这样的“默会知识”，所以依赖国家来主导经济无法实现帕累托最优，因为国家无法掌握“默会知识”，即在理论上是无法获得全部的市场信息的。康珂认为我国近年来产能严重过剩，尤其是在国家选定大力扶持和补贴的钢铁、风电设备、船舶制造等产业，是由于国家的行政调节起到了相反的作用，尽管在短期内取得了较好的成效，但是长期来看它限制了市场的经济发展最优化。

那么如何才能克服以上问题实现帕累托最优呢？奥地利学派认为“市场过程被理解为提供系统性的力量，这种力量通过企业家的警觉而被启动，倾向于降低相互性无知的程度。”该学派代表人物伊斯雷尔·柯兹纳认为企业家最重要的角色是发现市场中的不平衡和机会。企业家通过对市场信息的敏锐察觉，发现未被利用的资源和未满足的需求，然后通过创新和资源重新配置来满足这些需求，进而实现利润。换句话说，利润会驱使企业家保持敏锐的“警觉性”，只有企业家才能判断是否具有利润，并且产业内企业具有数量上的优势，能够较快改善市场上知识分立的局面，促进经济效率的提升，通过不断发现和纠正市场中的错配和不平衡，企业家会推动市场走向均衡。要判断经济是否具有效率，只有市场才能检验，追求效率就是市场协调企业家行为的过程，这是国家干预无法企及的。

从产业结构动态演变的视角出发，产业结构的调整与优化实质上是市场机制驱动下的自然演进过程。企业作为市场经济的主体，追求利润最大化的目标，而消费者则追求效用最大化，双方的互动促使价格在供给与需求的动态平衡中不断调整，进而实现产业结构的优化升级。这一过程并非静止不变，而是遵循着伊斯雷尔·柯纳兹的市场均衡概念，表现为持续的动态调整，企业家通过持续的创新与发现，推动市场的演进与改进。

弗里德里希·哈耶克的企业家理论为理解产业结构动态演变提供了深刻的洞察。哈耶克强调知识的分散性、价格机制的信息传递作用，以及企业家的协调与创新功能，这些观点在产业结构变化的背景下具有重大理论与实践价值。哈耶克认为，知识在社会中分散且局部，个人与企业家仅能掌握部分信息。这种知识的分散性在产业结构演变中起到关键作用。不同产业的企业家凭借对专业领域知识与市场信息的掌握，发掘市场机会与资源配置的新路径，推动产业结构的迭代更新。例如，信息技术的发展促使企业家运用互联网与大数据技术，开创新型商业模式与服务形态，加速信息产业与服务业的蓬勃兴起。

价格机制在哈耶克理论中扮演着传递市场信号的核心角色，企业家据此调整决策与行为。产业结构的演变往往伴随着价格机制的作用，例如，当某一产业中特定资源（如劳动力、资本、技术）的价格上涨，企业家就会探索新的资源配置策略，以提高效率与降低成本。这一资源重新配置的过程推动了产业结构的调整与优化。再比如，能源价格的上升激励企业家探索替代能源，促进了新能源产业的成长。企业家的协调与创新作用在产业结构变化中尤为突出。企业家通过创新与决策，解决市场失衡，发掘生产与服务新模式。制造业的升级与服务业的发展均离不开企业家的创新。企业家通过引入新技术、生产方法与商业模式，持续推动产业结构从低附加值向高附加值转变，促进经济高质量发展。

哈耶克视市场为动态过程，企业家的创新与决策推动市场从一个状态过渡至另一个状态。这一动态过程在产业结构升级中非常明显。产业结构的演变是一个持续调整的过程，企业家的创新驱动力促成了这一演变，现代服务业的发展就是典型例证。随着企业家不断探索如在线教育、远程医疗、电子商务等新型服务模式，服务业结构持续优化升级，成为经济增长的主要引擎。哈耶克强调自由市场为企业家创新与发现提供了必要环境，国家过度干预与管制可能扭曲价格信号，抑制企业家创新。在产业结构调整中，自由市场的作用不可或缺。然而，适度的国家政策与支持同样有助于产业结构优化。国家通过产业政策制定、研发投入支持、优化营商环境等措施，促进了高科技产业与绿色产业的壮大。这种政策支持在不干扰市场信号的前提下，能更好地发挥企业家的创新与协调作用，推动产业结构健康发展。

路德维希· 冯· 米瑟斯，奥地利学派的重要代表，其企业家理论对理解产业结构动态变化影响深远。米瑟斯认为，企业家在市场经济中担当重要角色，他们通过识别与利用市场机会，促进资源重新配置与产业结构调整。

一是米瑟斯强调企业家识别与利用市场机会的能力。在市场经济中，价格信号反映供求关系变动，企业家通过观察价格信号，识别市场不均衡与未满足需求，进行创新与调整。这一识别与利用市场机会的过程在产业结构变化中至关重要。例如，技术进步降低了某些行业得生产成本时，企业家就抓住机会，投资新技术，推动行业快速发展，引发产业结构调整与优化。

二是米瑟斯认为企业家决策是推动市场过程与经济发展的核心动力。企业家通过投资与创新，催生新产品与服务，促进经济活动多元化与产业结构复杂化。例如，信息技术发展促使企业家在互联网与电子商务领域投资与创新，导致新型商业模式与服务形态涌现，不仅重塑了传统产业格局，亦催化了新兴产业迅速崛起。

此外，米瑟斯着重指出企业家在市场经济中的不确定性和风险管理能力。企业家在投资决策时，面对未来市场条件的不确定性，通过对市场信息分析与预测，进行风险评估与管理，做出最优决策。当某些行业遭遇技术变革或市场需求变动，企业家通过调整生产策略与投资方向，适应市场变化，进而推动产业结构动态调整。

米瑟斯理论还表明，企业家活动促进资源最优配置与社会财富积累。通过发现与利用新市场机会，企业家能将资源从低效用途转向高效用途，提升整体经济效率与生产力。这一过程在产业结构优化升级中十分重要。在全球化进程中，企业家通过国际市场拓展与跨国投资，将资源分配至更具竞争力的产业与地区，推动全球产业结构调整与优化。

米瑟斯与哈耶克虽都论证了企业家在市场经济中的核心作用，但对企业家角色的理解存在差异。米瑟斯视企业家为市场经济的灵魂，是他们通过判断与决策推动资源重新配置与经济发展。哈耶克更强调市场机制本身对分散知识发现与利用的作用，企业家在哈耶克理论中被视为市场过程中知识整合的一部分，通过行动，市场能更有效整合分散的知识资源。

企业如何实现产业结构调整与优化？企业是通过创新实现产业结构调整与优化的，正如约瑟夫· 熊彼特所言，创新乃企业家精神之核心。引入新产品满足消费者需求变化，提升市场竞争力；采用新生产方法提高效率与产品质量，降低成本，增强盈利能力与市场份额；开拓新市场，扩大销售网络，分散风险，促进业务多元化；获取新原材料或半成品来源，确保生产的稳定性与可持续性，降低生产成本，提高产品竞争力；创立新产业组织形式，创新组织结构与管理模式，提升整体运营效率与市场适应能力。企业通过这些创新举措，不断推动产业结构的调整与优化，促进经济持续健康发展。

通过这些创新举措，企业能够在竞争中获得优势，也能够推动整个产业结构的升级和优化。例如，采用先进的生产技术和管理模式，可以推动传统产业的转型升级，促进高附加值、高技术含量产业的发展；开拓新市场和获取新资源，能够带动相关产业链的协同发展，形成新的产业集群，推动区域经济发展；引入新产品和服务，可以满足多样化、个性化的消费需求，促进消费结构的升级。这些创新活动既增强了企业的竞争力和可持续发展能力，也推动了整个经济体系的优化和升级，促进了经济高质量发展。

我国的经济增长稳步上升离不开企业的创新，我国的中等收入群体随着经济的提升而不断扩大。然而，我们也面临着避免中等收入陷阱的潜在挑战。中等收入陷阱是指一个国家在实现快速经济增长、从低收入状态进入中等收入水平后，因无法有效转型和升级产业结构、提高生产力，而陷入经济增长停滞，无法进一步跃升为高收入国家的困境。这种陷阱的特征包括经济增长停滞、创新不足、结构转型困难、收入分配不均、治理问题及人力资本不足。形成中等收入陷阱的原因主要是过于依赖出口导向型和资源密集型增长模式、竞争力不足、投资效率低下及制度障碍。

从产业结构的调整走向可以看出我国能否避免陷入中等收入陷阱。产业结构的优化和升级是关键所在，通过产业结构的转型，可以提升整体经济的竞争力和生产效率，推动经济持续增长。具体而言，企业行为在这其中特别重要。企业需要不断创新，推动新产品、新技术、新市场的开发，提升生产方式的现代化水平，以应对全球市场的竞争和需求变化。

企业可以通过以下五个方面的行为来改变产业结构，进而避免中等收入陷阱：

一是技术创新与研发投入。企业应加大对研发的投入，推动技术创新，以提高生产力和产品附加值。通过技术创新，企业可以实现生产方式的现代化，提升产品的竞争力，从而在全球市场中占据优势地位。

二是产业升级与转型。企业需要主动进行产业升级，向高附加值、高技术含量的产业转型。例如，传统制造业向智能制造、生物技术、新能源等高新技术产业转型，从而提升产业结构的层次和质量。

三是市场多元化与国际化。企业应积极开拓国际市场，降低对单一市场的依赖，分散市场风险。通过市场多元化和国际化经营，企业可以扩大市场规模，深入市场，了解消费者的需求，并针对消费者的需求研发新产品，释放需求侧的市场经济效益，同时能提升企业的整体竞争力。

四是人力资本提升。企业需要重视人力资本的培养，通过教育培训提高员工的技能和素质，增强企业的创新能力和生产效率。企业还应营造良好的工作环境，吸引和留住高素质人才。

五是绿色发展与可持续经营。企业应注重绿色发展，推动清洁生产和环境保护，走可持续发展的道路。通过绿色发展，企业可以提高资源利用效率，并且能满足日益增长的环境保护需求，提升企业的社会责任形象。

通过上述企业行为的转变和产业结构的调整，我国可以提高经济的内生增长动力，推动经济持续健康发展，避免陷入中等收入陷阱。产业结构的优化和升级能提升我国经济的整体竞争力，也能促进社会的和谐稳定，实现产业结构的进一步跃升，逐渐转向以服务型为主导的现代经济体系。

第三节　生产理论与成本分析

一、生产理论

生产理论是经济学的一个核心概念，涉及研究企业如何将资源转化为产品和服务。它主要关注生产过程的技术、效率和成本等方面，以及这些因素如何影响企业的生产决策和市场行为。生产理论的主要内容包括生产函数、规模经济与规模不经济、边际产量和边际报酬递减规律、成本理论、最优生产规模、生产要素替代性及技术进步。下面我们将结合产业经济学和相关实证研究对生产理论进行阐述。

生产函数描述了在给定技术条件下,投入与产出之间的关系。在产业部门中,我们常常用投入产出表来进行生产管理。投入产出表通过列出各产业部门的投入和产出,揭示了生产过程中的相互依赖关系,帮助我们理解和分析经济运行机制。投入产出表通常包括三个主要部分：一是中间投入，反映各产业部门之间的产品和服务交易。例如，制造业需要农业产品作为原材料，同时也为服务业提供制造设备。二是最终需求，包括家庭消费、国家支出、资本形成（投资）、出口等。这部分反映了产业部门的产出是如何被最终使用的。三是增加值，反映了各产业部门的劳动报酬、税收、利润等。这部分表明了生产过程所创造的新增价值。

通过投入产出表，可以直观地看到各产业之间的投入和产出关系。例如，农业产品不仅直接供给消费者（最终需求),还作为原材料投入制造业（中间投入),

制造业生产的机械设备则可能投入到农业和服务业中。这样，各产业之间形成了相互依赖的关系，通过投入产出表可以揭示这些复杂的经济关联。

投入产出表可以帮助识别经济中的关键产业，即那些对整个经济系统影响较大的部门。通过分析各产业部门的投入和产出关系，可以找出那些具有高乘数效应的产业部门。这些关键产业往往是政策干预和投资的重点，通过对这些部门的重点支持，可以带动整体经济的发展。

通过分析投入产出表，可以了解现有产业结构的优缺点，进而制定产业结构优化的策略。例如，若发现某些产业部门对其他部门依赖过大，或某些关键产业发展不足，就需要在产业政策上进行调整，促进这些部门的发展以优化整体产业结构。这种调整可以提高经济的整体效率和竞争力。

投入产出表还可以用来分析经济波动的传导机制。例如，当某一产业部门受到冲击如自然灾害导致农业减产，通过表中数据可以预测该冲击将如何传导到其他产业部门，并评估其对整体经济的影响。这样，政策制定者可以提前采取应对措施，减轻经济波动带来的负面影响。

通过分析各产业部门的增加值数据，可以了解哪些部门在国际竞争中具有优势，哪些部门需要提升竞争力。这有助于制定有针对性的产业升级和技术创新策略，提升整个经济的国际竞争力。例如，如果发现某些制造业部门的增加值较高，而某些服务业部门在国际市场上竞争力不足，那么可以通过政策引导和资源配置，促进这些服务业部门的发展，提高其国际竞争力。

以制造业和服务业为例，假设制造业在投入产出表中显示为一个高投入、高产出的部门，这意味着制造业对其他产业部门如农业、能源、服务业的依赖较大，并且也为其他部门提供大量产品如机械设备、电子产品。如果投入产出表显示服务业的最终需求如旅游、金融服务不断增加，这表明服务业在经济中的地位逐步上升。在一个国家的经济发展过程中，制造业的机械设备不仅用于自身的生产，还广泛应用于农业的机械化改造，提高农业生产效率，同时也支持服务业中的物流、医疗设备等领域的发展。这种多层次的经济联系通过投入产出表可以清晰地展现出来。进一步分析，假设旅游业作为服务业的一部分，其需求增长迅速，带动了相关产业的发展。在这种情况下，制造业需要生产更多的运输设备、建设更多的基础设施，并且金融服务业需要为这些投资提供资金支持，这些变化在投入产出表中都会有体现。这种对具体产业部门的详细分析，可以帮助理解整个经济系统的运作，为经济政策的制定提供科学依据。

规模经济指的是企业在扩大生产规模时，单位成本下降的现象，而规模不经济是当企业规模过大导致管理效率降低、资源浪费等问题时，单位成本上升的现象。以山西国有文艺院团为例，王亮、张光针对其做了一项研究，发现近年来，山西省的国有和集体经营文艺院团在数量和经济效益上表现出显著差异。国有经营院团的数量呈上升趋势，而集体经营院团的数量则在下降。2011 年，国有剧团数量首次超过集体剧团数量，并且这一趋势继续保持。这一变化反映了不同类型院团在国家支持和市场竞争中的差异，也揭示了它们在演职人员福利待遇和演出质量方面的明显不同。国有经营院团主要由省市级直属剧团组成，享有较多的国家财政资助，演职人员福利待遇有保障，整体素质较高。而集体经营院团主要由县级院团构成，国家资助较少，资金主要来源于演出收入和社会捐赠，近年来经营困难，演职人员福利待遇难以保障。

国有院团虽然数量和资源占优，但长期受“统包统管”体制影响，存在冗员较多、经费自给率低等问题，限制了生产率的进一步提高，可能导致规模不经济。而集体院团由于资金和资源不足，难以形成规模经济效应，整体发展受限。因此，需要在产业政策上进行调整，促进资源的合理配置，优化整体产业结构，提高整体效益。

因此，王亮、张光提出假设：相比国有经营院团，集体经营剧团更能促进规模经济效应的形成。

根据成本产出函数理论，我们建立了如下成本产出模型：

$$Y_i=a+bQ_i+eQ_i^2+\sum_1^n diXi$$

在上述模型中，分析单位为省每年度，脚标 i 表示第 i 个年度。Y 表示艺术表演团体年度场均总支出，其数据值用如下公式计算获得：

$$Y_i=\text{第 } i \text{ 年总支出} / \text{第 } i \text{ 年演出总次数}$$

为了反映研究单元的平均产出水平，我们用院团数目将年度演出总场次均等化。我们用 Q 来表示院团平均产出水平，第 i 年院团的平均产出水平 Q_i 计算公式为：

$$Q_i = \text{第 } i \text{ 年演出总场次 / 第 } i \text{ 年院团总数}$$

用于验证规模经济效益的产出变量是年度团均演出场次 Q。根据规模经济理论，如果 Q_i 的回归系数 b 为负值，而其平方项的回归系数 e 为正值，且通过显著性检验，则可以确定随着演出场次的增加，场均支出（即单位成本）会下降。当演出场次增加到 $-b/2e$ 时，达到单位成本由降转升的拐点，也即规模经济的最优点，这一点的横纵坐标即为最优的成本产出组合。X 代表艺术表演生产中的各种特征变量。

前面我们提到过边际产量，它是指增加一个单位投入所带来的额外产出，而边际报酬递减规律指出，在其他条件不变的情况下，随着某种投入要素的不断增加，其边际产量最终会递减，这一规律在各种产业中广泛存在，特别是在农业和制造业中表现突出。

在农业生产中，假设一块固定面积的土地是生产中的一种固定要素，而劳动是可变要素。初始阶段，增加劳动力可以提高产量，因为更多的工人可以更有效地种植、施肥和收割。但随着劳动力的不断增加，土地资源的利用率会逐渐饱和，导致边际产量逐渐减少。在初始阶段时，增加第一组工人时，产量显著增加，因为他们可以开垦更多的土地，种植更多的作物。在中期阶段，继续增加工人，产量仍然增加，但增加幅度开始减小，因为土地已经被有效利用，工人开始面临资源的限制。而在后期阶段，再增加工人，产量增加的幅度进一步减小，甚至可能出现总产量的停滞或减少，因为土地资源已经达到极限，工人开始互相干扰。

同样的，在制造业中，假设一个生产车间的机器设备是固定要素，而工人是可变要素。初始阶段，增加工人数量可以提高生产效率，因为每台机器都有更多的工人来操作和维护。但随着工人数量的增加，机器设备的利用率会逐渐达到上限，导致边际产量逐渐减少。在初始阶段，增加第一批工人时，每台机器都能得到充分的操作，产量大大增加。继续增加工人，产量仍然增加，但增加幅度开始减小，因为每台机器的操作已经达到最佳水平，更多的工人只能在机器间歇期间进行维护或等待。而在后期阶段，再增加工人，产量增加的幅度进一步减小，甚至可能出现总产量的停滞或减少，因为机器的运转已经达到极限，多余的工人只能在车间内闲置，造成资源浪费。

在理论基础部分，我们知道生产成本包括固定成本和可变成本。固定成本不随产量变化而变化，可变成本随产量变化而变化。因此企业在生产过程中需要确定一个最优生产规模，使得利润最大化。最优生产规模通常是在边际成本等于边际收益的情况下实现的。

假设一家咖啡豆加工厂，固定成本包括租金、机器设备折旧、管理人员工资等，每月总计为10000元。可变成本包括原材料（咖啡豆）、电费、水费、包装费和工人工资等，这些成本会随着生产量的增加而增加。假设生产每公斤咖啡豆的可变成本为50元。咖啡豆市场的销售价格为每公斤80元。那么，企业的边际收益（每增加一公斤咖啡豆的收益）为80元。在这种情况下，企业需要找到一个生产规模，使得边际成本等于边际收益，从而实现利润最大化。

假设随着生产量的增加，每公斤咖啡豆的边际成本（MC）如下：

生产1~100公斤，边际成本为40元

生产101~200公斤，边际成本为60元

生产201~300公斤，边际成本为80元

生产301公斤以上，边际成本为100元

从这个边际成本的分布可以看出，生产1~100公斤咖啡豆时，边际成本为40元，低于边际收益80元，增加生产是有利可图的。同理，生产101~200公斤时，边际成本为60元，仍低于边际收益80元，继续增加生产也是有利的。然而，当生产量达到201~300公斤时，边际成本刚好等于边际收益80元，这意味着在这个范围内，企业的利润达到最大化。

如果企业继续增加生产超过300公斤，边际成本上升到100元，高于边际收益80元，这意味着每多生产一公斤，企业都会亏损。因此，企业的最优生产规模应在201~300公斤。

通过这种边际成本与边际收益的分析，企业能够确定其最优生产规模。对于这家咖啡豆加工厂来说，最优生产规模是在每月生产 201~300 公斤咖啡豆时实现的。在这个生产规模下，固定成本保持不变，可变成本与产量成正比，总生产成本得到了优化，利润也达到了最大化。

企业可以通过不同的生产要素组合来实现一定的产出水平，生产要素的替代性取决于技术条件和要素的相对价格。技术进步是指生产技术的改进，使得在相同投入下可以生产更多的产品，或者在相同产出下需要更少的投入。技术进步可以通过创新、研发和改进生产工艺等途径实现。

企业可以通过不同的生产要素组合来实现一定的产出水平，生产要素的替代性取决于技术条件和要素的相对价格。技术进步是指生产技术的改进，使得在相同投入下可以生产更多的产品，或者在相同产出下需要更少的投入。技术进步可以通过创新、研发和改进生产工艺等途径实现。下面是一个具体和深入的案例：

假设一家纺织工厂生产棉布。该工厂的生产要素主要包括劳动力（工人）、机器设备（纺织机）和原材料（棉花）。工厂可以通过不同的生产要素组合来实现一定的产出水平，例如，通过增加工人数量或增加机器数量来提高产量。然而，生产要素的替代性取决于技术条件和要素的相对价格。

现阶段，工厂雇佣 100 名工人和 50 台纺织机，每月生产 10000 米棉布。此时，工厂发现劳动力成本逐渐上升，而机器设备价格相对稳定。为了降低成本，工厂决定引进一种新的自动化纺织机。这种新型纺织机不仅速度更快，而且能够大大提高产能。

通过技术进步，工厂引进了 50 台新型自动化纺织机，替代了部分人力。新设备的引进使得每台机器的产能从原来的 200 米 / 月提高到 400 米 / 月，并且减少了所需工人数量，从 100 名减少到 50 名。这一变化意味着工厂可以在减少劳动力投入的情况下，保持相同的产出水平，甚至提高产量。

下面我们具体分析这种技术进步的影响：

一是工厂通过技术进步减少了 50 名工人的工资支出。假设每名工人每月工资为 3000 元，那么每月节约的劳动力成本为 150000 元。虽然引进新型纺织机的初始投资较高，但长期来看，设备的运行成本和维护成本较低。

二是新型纺织机的引进代替了部分劳动力，也提高了每台机器的产能。原本50台旧设备每月生产10000米棉布，而现在50台新设备每月生产20000米棉布，使得总产量翻倍。并且新型设备的自动化程度高，减少了人工操作的误差和生产中的停机时间，提高了整体生产效率。工厂可以在相同时间内生产更多的棉布，提高了单位时间的产出。

三是技术进步使得工厂能够以更低的成本生产更多的产品，从而在市场中具有更强的竞争力。降低的生产成本可以转化为更有竞争力的价格或更高的利润率，增强企业的市场地位。

通过这一案例，可以清楚地看到，技术进步通过引进新型设备、改进生产工艺，使得企业在相同投入下生产更多的产品，或在相同产出下需要更少的投入。技术进步降低了生产成本，提高了产量和效率，增强了企业的市场竞争力，推动了企业的可持续发展。

二、成本分析

成本分析是企业管理中的一个重要环节，通过系统地研究和评估生产过程中所涉及的各种成本，找出降低成本、提高效率的方法。下面我们将通过实例研究来进行成本分析的一般路径。

周舒旎、冯灿研究了漂浮式海上风电组全生命周期成本，主要包括6个阶段的成本，分别为前期阶段成本 C_1、设计阶段成本 C_2、制造阶段成本 C_3、安装阶段成本 C_4、运行维护阶段成本 C_5、拆解阶段成本 C_6。采用计算公式表示为：$C_{total}(k)=C_1(k)+C_2+C_3(k)+C_4(k)+C_5(k)+C_6(k)$，其中 k 为风电组安装的地理位置因子，C_2 是一个独立常数。每一阶段都有成本细分项：

前期阶段成本 C_1 主要有三个方面成本：相关手续办理成本 C_{11}、海域使用相关补偿成本 C_{12} 和风电场勘测成本 C_{13}，因此可以用 $C_1=f(N, k)=C_{11}+C_{12}+C_{13}$ 来表达，N 表示风电机组台数。

设计阶段成本 C_2 主要有：浮式风机 C_{21}、塔筒 C_{22}、浮体平台 C_{23}、系泊系

统 C_{24} 和变电站 C_{25} 等的设计计算，其公式为：$C_2=C_{21}+C_{22}+C_{23}+C_{24}+C_{25}$。

制造阶段成本 C_3 主要有浮式风机制造成本 C_{31}、浮体平台制造成本 C_{32}、系泊系统制造成本 C_{33}、锚机制造成本 C_{34} 和电气设备制造成本 C_{35}。其公式为：

$$C_3=C_{31}+C_{32}+C_{33}+C_{34}+C_{35}$$

$$C_{31}=f\left(N,U_{wind},P,C_{MW},C_{DL},C_{DW}\right)$$

$$C_{32}=f\left(N,P,H_{wave},T_{wave},M_p,M_{WT},C_{steel},C_{DL},C_{DW},C_A\right)$$

$$C_{33}+C_{34}=f\left(N,H_{wave},T_{wave},U_{current},U_{wind},d,M_a,M_m,C_a,C_m,C_{DL},C_{DW}\right)$$

$$C_{35}=f\left(C_{cable},N_{cable},C_T,N,d,L,V_1,V_2\right)$$

其中，U_{wind} 为 10 min 极限风速；C_{MW} 为单位功率的费用；C_{DL} 为人工成本；C_{DW} 为材料成本；H_{wave} 为五十年一遇最大波高；T_{wave} 为五十年一遇最大波高波周期；M_p 为平台质量；M_{WT} 为风机质量；C_{steel} 为钢材总花费；C_A 为其他活动费用；$U_{current}$ 为五十年一遇最大流速；d 为水深；M_a 为锚机总质量；M_m 为系泊总质量；C_a 为单个锚机成本；C_m 为系泊单位质量成本；C_{cable} 为单根电缆成本；N_{cable} 为电缆数量；C_T 为变电站成本；L 为离岸距离；V_1 为电网电压；V_2 为电缆输电电压。

安装成本 C_4 主要有：风机安装成本 C_{41}、浮体安装成本 C_{42}、系泊系统安装成本 C_{43}、锚机安装成本 C_{44}、电气系统安装成本 C_{45}，其公式为 $C_4=f\left(N,L_{port},C_{DL},L_{ship},N_{ve},V_{ve}\right)=C_{41}+C_{42}+C_{43}+C_{44}+C_{45}$。$L_{port}$ 为机位点至港口的距离；L_{ship} 为港口至船厂的距离；N_{ve} 为船只数量；V_{ve} 为船只速度。

运行维护成本 C_5 主要有：业务管理成本 C_{51} 和运营成本 C_{52}。其公式为：$C_5=f(P_{failure},N_{cable},N_{boat},N,L_{port})=C_{51}+C_{52}$，其中 $P_{failure}$ 为每个部件的故障概率；N_{boat} 为运维船租赁数量。

拆解成本 C_6 主要为：风机拆卸成本 C_{61}、浮体平台拆卸成本 C_{62}、系泊和锚固系统拆卸成本 C_{63}、电气系统拆卸成本 C_{64}、场地清洁成本 C_{65} 和材料清除成本 C_{66}。其公式为 $C_6=C_{61}+C_{62}+C_{63}+C_{64}+C_{65}+C_{66}$。

海上浮式风电装备的总成本约为 3.5 亿元，各阶段成本占比如下：制造成本占 55.65%，安装成本占 28.57%，前期成本占 15.22%。由于运行维护和拆除成本未计入，制造成本成为总成本的主要部分。制造的主要原料是钢材，因此钢材价格对总成本影响较大。安装成本较高是因为本项目仅开发 1 台样机，随着风电机组数量增加和单机功率提升，平均安装成本将下降。浮体平台的制造成本占比最大，其次是电气设备、系泊系统和锚机。

安装成本中,租用安装船只和设备占比最大。由于浮式风电在国内尚不成熟，时间规划不合理导致租用费用和码头场地租赁费用较高。随着经验积累，安装成本将逐步下降。

运维成本因浮式风电装备离岸较远且处于浮动状态，大部件吊装困难且成本高。开发智能运维和故障预警系统可以降低维护难度和成本。

设计开发成本主要涉及设计人员费用，占比不大。拆解成本因部件回收和售卖而有所摊低。

通过分析漂浮式海上风电机组的各阶段成本构成，可以得出以下结论：

一是，制造阶段成本占总成本的 52.6%，其中风机成本已平价，浮体和系泊系统可进一步降本。控制制造成本和施工成本是提高经济性的关键。

二是，浮体平台制造成本占比最大，电气设备、系泊系统和锚机的总制造成本与浮体平台相当。

随着“双碳”发展目标的提出，液化天然气（LNG）作为清洁低碳能源逐渐受到能源市场的重视，相关的运输产业也在快速发展。LNG 运输船因其高附加值和高技术含量被国际公认为重要船舶。通过对 LNG 运输船项目成本的分析，可以为运输合同谈判提供有力依据。

运输成本包括完成从装货港到卸货港 LNG 运输所需的直接和间接费用，分为资本成本、操作费用和航次费用。在期租模式下，船东承担资本成本和操作费用，承租人承担航次费用。无论采用何种组织模式和运输合同，运输成本的基本构成不变。

资本成本，也称建造成本或投资成本，指获得和占用船舶资产的费用，包括偿还船舶建造贷款本息、资本投入和合理收益。年度资本成本等同于折旧费用。按 20 年使用寿命、5% 净残值计算，一艘 3 万 ~5 万 m^3LNG 运输船的年折旧成本约为 2500 万 ~3000 万元。

操作费用，也称船舶运营成本或固定成本，是维持船舶正常运营的费用，不随租期或运输量变化。包括船员费用、坞修费用、维护修理费用、备件消耗品费用、船舶保险费用和行政管理费用。中小型 LNG 船的船员费用约为 912 万元 / 年，坞修费用约为 160 万元 / 年，维护修理费用约为 120 万元 / 年，备件消耗品费用约为 100 万元 / 年，保险费用约为 500 万元 / 年，行政管理费用约为 120 万元 / 年。

航次费用是运输过程中随运量和运输距离变化的可变费用，包括燃油费、港口使费、润滑油费和其他必要费用。燃油费用由船舶在航行、靠离泊、装卸货时消耗的燃油成本构成。中小型 LNG 船单航次港口使费约为 24 万元，润滑油费用根据航线不同为 5 万至 20 万元 / 年，其他航次费用约为 30 万元 / 年。

LNG 运输船运成本可以用公式 $R=\frac{C+O+V}{Q}$ 表示，R 为单位运输成本，万元 /t；C 为资本成本，万元；O 为操作费用，万元；V 为航次费用，万元；Q 为交货量，t。由此我们可以得出长期平均单位运输成本为：$R_a=\frac{\sum_{t=1}^{n}\left(c_t+\left(O_1+v_1\right)\times\left(1+i\right)t-1\right)}{\sum_{t=1}^{n}Q_t}$，$R_a$ 为平均单位运输成本，万元 /t；c_t 为第 t 年资本成本，万元；O_1、v_1 分别为第一年的操作费用、航次费用；Q_t 为第 t 年交货量，t；i 为基准折现率。

船舶利用率是船舶实际营运天数与可利用营运天数的比值。在其他条件不变的情况下，交货量与船舶利用率成正比。运输成本主要由资本成本、操作费用和航次费用直接决定，船舶利用率是间接影响因素。资本成本较为稳定，操作费用受市场和物价指数影响较大，航次费用与运输量成正比，并受物价指数影响。

根据 LNG 船运输成本测算，操作费用中船员费用占比超过 47%，航次费用中燃油费用占比超过 60%。在一定时期内，资本成本和操作费用固定且数额较大，只有当船舶利用率达到一定水平时，单位运输成本才会保持在可接受范围内。因此，重要因素包括船员费、燃油费和船舶利用率。

综上所述，中小型 LNG 运输船作为高附加值危化品运输船，投资高、管理难度大。船舶运输成本是反映船东及管理公司生产经营管理水平及经济效益的重要指标，是贯穿船舶全生命周期的关键要素。为确保船舶收益最大化，我们可以得出资本成本是最大的固定成本，操作费用中船员成本位居第二，航次费用中燃料成本是第三大成本因素。

从以上的实证研究中我们可以看到，进行成本分析可以帮助企业有效地分析成本的组成因素及控制成本。成本构成一般会分为固定成本、人工成本、维护成本、边际成本、资本成本、管理成本等。从长期来看，成本也会存在最优点，即固定成本分摊至产品中的比例足够低、人员增加到不再增加效益的程度、固定设备的使用年限较长且维护成本较低时，总成本处于最低，有利于企业提高经济效益和市场竞争力。

成本分析不仅仅是财务部门的工作，更是企业战略管理的重要组成部分。通过细致的成本分析，企业可以识别出哪些环节存在过高的成本，并采取相应的改进措施，可以通过优化生产流程、提高生产效率、降低浪费来减少生产成本；通过加强培训、提高员工技能来减少人工成本；通过定期维护和保养设备来延长设备使用寿命降低维护成本。

此外，企业还可以通过投资于技术创新和研发来降低边际成本。新技术和新工艺的应用不仅可以提高生产效率，还可以大大降低单位产品的生产成本。管理成本的控制可以通过优化组织结构、简化管理流程、减少不必要的管理层级来实现。

总而言之，全面而深入的成本分析是企业实现成本控制和效益提升的重要手段。只有通过不断地成本分析和优化，企业才能在激烈的市场竞争中立于不败之地，实现长期可持续发展。

第四节　企业战略与竞争优势

一、企业战略

企业战略是一个企业立身于复杂多变的市场环境中，为了实现长期发展目标而制定的全局性、长远性的发展规划和行动方案。它包括企业的愿景、使命和核心价值观，为未来长期经营提供方向，也为了凝聚企业员工的力量。企业战略还涉及企业如何在竞争中取胜、如何获取和利用资源、如何进行市场定位和产品布局等方面，确保企业在市场竞争中获得相应的市场份额，从而实现企业生存和盈利。

关于企业战略类型，Poter 理论较被人熟知。他认为，企业首先需要分析行业结构，以选择具有吸引力的行业。一旦进入行业，企业应着重捕捉价值链上的关键环节，并利用差异化或低成本策略来获得竞争优势。根据战略管理理论，企业可以采取以下三种基本战略：差异化战略、成本领先战略和集中化战略。

差异化战略强调通过创新手段打造独特的产品与服务，以在市场中树立鲜明的品牌形象，与竞争对手形成明显区别。该战略的核心目标是开拓全新市场领域，确保企业在行业竞争中占据独一无二的地位。企业可通过设计创新、技术领先、客户服务卓越或品牌塑造等途径，实现产品与服务的差异化。例如，通过引入新颖的设计元素，企业创造出与众不同的产品外观，吸引追求个性化的消费者；通过掌握尖端技术，企业提供性能卓越、功能独特的商品，满足对技术有高要求的客户；通过提供优质客户服务，企业构建良好的客户关系，形成口碑效应，吸引更多的潜在客户；通过精心打造品牌形象，企业在消费者心中留下深刻印象，增强品牌忠诚度。

成本领先战略通过优化生产与运营流程有效降低了企业成本，确保其总成本低于行业平均水平，从而在价格竞争中占据优势。采取此战略的企业通常注重规模经济、供应链优化、资源高效利用及技术创新，以构建成本优势。规模化生产可降低单位成本，供应链优化能减少物流与库存成本，资源高效利用可避免浪费，技术创新有助于提升生产效率。通过成本领先战略，企业能在价格敏感型市场中提供更具吸引力的产品，还能在成本控制方面形成壁垒，阻止潜在竞争者的进入。

集中化战略是企业将成本领先与差异化战略聚焦于特定细分市场的应用。该战略要求企业集中资源，专精于服务某一特定客户群体，深入了解并满足其独特需求。在实施集中化战略时，企业需制定针对性的功能策略，确保所有经营活动均围绕目标市场的需求展开。企业可通过对特定客户群体的深入研究，设计出符合其偏好与需求的定制化产品或服务，从而在细分市场中建立稳固的市场地位。通过深度挖掘细分市场的潜力，企业能有效抵御大型竞争对手的冲击，还能在该市场中形成较强的议价能力，实现较高的利润率。

此外，还有其他学者也对企业战略进行了研究。Ansoff 和 Steward（1967）根据企业进入市场的顺序，将战略类型划分为领先战略、跟随战略、模仿战略和实施战略。领先战略是指企业率先进入新市场或推出新产品，以抢占市场先机。跟随战略是指企业在市场已经被开拓后，紧随领先者进入，以利用已有的市场基础。模仿战略是在观察市场和竞争对手成功经验的基础上，通过模仿和改进来获得市场份额。实施战略是指企业通过严格执行既定计划和策略，以确保目标的实现。

Miles 和 Snow（1978）通过分析企业组织的战略定位，根据其竞争方式，将战略分为探索型战略、防御型战略和分析型战略。探索型战略强调创新和市场机会的不断发现，企业通过不断地试验和变革来寻找新的增长点。防御型战略则注重维护现有的市场和产品，通过提高效率和降低成本来保持竞争力。分析型战略是介于探索型和防御型之间，企业在稳定现有业务的同时，积极寻求新的市场机会，进行谨慎地扩展和创新。

Allen（1982）等人基于 Miles 和 Snow 的理论，将企业战略划分为四种类型：竞争型战略、进攻型战略、防御型战略和稳定型战略。竞争型战略强调在市场中与竞争对手直接对抗，通过差异化或成本领先来取得优势。进攻型战略注重快速扩展和创新，通过积极的市场进入和新产品开发来争取市场份额。防御型战略主要是通过强化核心业务和市场地位，抵御外部竞争威胁，以保持稳定的市场份额。稳定型战略侧重于保持现状，减少变化和风险，确保企业的持续运营。

企业战略制定要考虑五个基本方面，分别是外部环境分析、内部环境分析、企业愿景、使命和目标的确立、企业战略方案提出及企业战略选择。

外部环境分析：企业家要能够准确分析企业所面临的威胁与机会，特别要从宏观层面考虑到当前的经济大背景，国家产业政策、人口数量与分布等，这决定着企业能否长期发展，外部环境分析不仅仅是在企业创立初期考虑，还要在企业发展的各个时期考虑，因为无论是环境还是企业内部都是变量，新的需求总是不断产生的，就像柯兹纳说的那样，企业家具有警觉力，他们能敏锐地嗅到市场的变化和消费者的新需求并及时调整企业行为。

内部环境分析：企业家能审视自身企业，找出企业的优势和劣势，这一步能帮助企业找准自己的定位，全面了解和评估企业内部的各个方面，包括组织结构、人力资源、财务状况、生产运营、技术能力、市场营销、企业文化、信息系统、创新能力等，根据企业的综合能力制定最有效的企业战略，将企业的优势发挥最大化。短期目标通常是指在一到两年内希望达到的具体成果，如市场份额的提升、产品的开发、成本的控制等。而长期目标是三到五年甚至更长时间内企业希望实现的宏大愿景，如成为行业领导者、实现国际化扩展等。阶段性目标是企业在实现最终目标过程中的里程碑，帮助企业分阶段地检查和评估自身的进展，确保战略方向的正确性和执行的有效性。最终目标是企业战略的终极追求，是企业愿景的具体化和使命的实现。为了有效实现这些目标，企业需要制详细的行动计划，明确各个部门和员工的职责和任务，确保资源的合理配置和高效利用。此外，建立科学的绩效评估体系和激励机制，定期监控和评估目标的实现情况，及时进行调整和优化，以应对外部环境的变化和内部条件的变动。

通过明确的愿景、使命和目标，企业不能够树立清晰的发展方向和战略导向，还能够激励全体员工共同努力，推动企业在竞争激烈的市场环境中不断前行，实现持续成长和发展。

企业战略的实施几乎不能百分百按照制定的策略那样走，市场是时刻变化的，消费者群体的需求也是不确定的，因此企业战略实施需要遵循以下四个原则：首先是适度合理原则，在战略实施过程中，按照市场变化和自身优势灵活变动内容，实现总体目标和既定的发展路径。面对利益冲突时可以采用折衷的方式来规避风险。其次是统一领导与指挥原则，由高层领导统一领导指挥，确保资源分配、机构调整、企业文化建设和激励制度的有序进行，提高企业运行的效率。第三是权变原则，当环境发生重大变化时，需要对企业战略进行适时调整并制定充足的替代方案应对重大变化。在实施过程中，战略实施主要围绕三个方面展开：首先是实施主体，即明确谁负责实施。其次是实施方法，确定如何实施。最后是具体措施，建立相关组织机构，实现资源配置和内部支持，发挥指挥领导功能，使企业战略与组织机构、企业文化相匹配，协调内部关系，激发员工的积极性，确保战略目标的实现。

企业战略的评价是对企业战略实施符合既定的企业战略制定完成度的衡量，分析企业内部各个方面的绩效及不足之处、企业所面临的外部环境变化和挑战，企业据此改进和优化，确保行动与计划的吻合性。

下面我们结合案例来观察企业是如何制定企业战略。杭迎伟研究了大型建筑企业集团战略转型研究，以上海建工集团股份有限公司为例。1996 年，上海建工集团股份有限公司提出《跨世纪发展战略》，目标是到 2010 年形成以建筑为主、上下游多元产业为重要组成部分的结构，并适应市场变化。在“九五”规划中，强调结构调整，突出建筑安装主业，带动上游产业和基础设施成为经济增长点。“十五”规划主要是集中资源，增强市政土木技术和竞争力，发展基础设施投资和房产开发。“十一五”规划以建筑承包为主，拓展产业链，协调发展工业、房地产和基础设施投资，扩展全国及海外市场。“十二五”规划进一步提升总承包和集成能力，拓展产业链和区域，建设国际竞争力的大型建设集团。“十三五”规划定位为“建筑施工、设计咨询、建材工业、房产开发、城建投资”五大事业群，力争成为中国“建筑全生命周期服务商”领跑者，通过一体化、多元化、差异化战略,形成“全国化发展、全产业链协同、建筑全生命周期服务”的“三全”战略。

2020 年,上海建工集团股份有限公司进入世界 500 强,提出“十四五”规划，丰富“三全”战略，加快发展“城市更新、水利水务、生态环境、工业化建造、建筑服务、新基建”六大新兴业务，目标成为国际一流的建筑全生命周期服务商。集团坚持长期主义，以“创造客户”为核心，明确业务方向，确保战略转型。结合实际，“三全”战略在“十三五”规划基础上深化，成为未来发展的主线。

上海建工在战略转型过程中，首先强调科技创新战略。通过加强科技创新主体地位，统筹应用、攻坚和储备创新技术，创建科技创新平台和建筑机器人，实现一体化、多元化的创新合作，以及与高校和科研机构的开放合作，推动产学研用一体化。

其次，数字化转型战略成为关键驱动力。通过重新定义建筑生产逻辑，推动建造过程绿色高效精益化，打造智能化、集成化的建筑服务体系，以数字化赋能企业发展。

最后，服务商转型战略着眼于为客户创造价值。以客户为中心，从市场需求出发，提升服务能力和定制化服务水平，全面提升在建筑全生命周期领域的价值创造能力，实现差异化竞争优势。

上海建工集团还对战略转型提出了保障措施。首先是加强总部功能建设，确保管控体系和组织构架适应战略目标，优化资源配置和风险管控能力，进一步提升战略管理水平。其次是推进体制机制改革，以供给侧结构性改革为主线，转变发展方式，优化支持创新机制和人才激励机制，激发企业创新活力。最后是培育适配企业文化，弘扬企业精神，凝聚“国家队意识、工程师气质、服务商文化”等文化基因，为战略转型提供持续的思想引领和动力支持。

从以上内容我们能够看到一个企业的成长离不开企业战略的设定和实施，离不开企业家不断扎根市场需求来调整企业的业务，确保企业发展路径的实现，这一部分决定了 SCP 中的市场绩效。按照企业的发展特性来划分企业战略，有三种主要类型：第一种为成长型战略，其目的是扩大企业的市场份额和规模。常见的成长战略包括市场渗透、市场开发、产品开发和多元化经营。企业可以通过增加现有产品的市场份额、进入新市场、开发新产品或拓展新的业务领域来实现增长。第二种为稳定型战略，当企业在现有市场中占据有利位置且市场前景较好时，可能会选择稳定型战略。这种战略主要是保持现有市场份额和利润水平，通过提高运营效率和质量来巩固现有的市场地位。第三种为收缩型战略，当市场需求下降、企业面临财务困难、市场竞争激烈导致企业份额不断被挤压、产品面临淘汰、国家政策对企业不利时，企业可能会选择收缩型战略，缩小业务范围或退出某些市场，以集中资源在更具竞争力和盈利能力的领域。收缩型战略包括撤资、分拆、裁减业务等。这三种战略可以同时出现在一家企业不同时间段里的发展路径中，企业的发展速度也不是匀速的，因此企业家必须具备胆识和警觉的市场观察力来确保企业战略的正确性。

二、竞争优势

1985 年 Michael Porter 提出了竞争优势理论，主要围绕企业如何通过优化内部和外部环境，达到持续竞争优势，在前面提到他认为企业是通过两种基本竞争优势即成本领先和差异化来获得长期竞争优势的。同时，Poter 强调了持续的竞争优势并不是简单地在一时之间取得的，而是通过企业在长期内不断优化和提升自身能力和资源配置，以适应市场变化和竞争压力。1986 年，Coyne 指出仅仅超过竞争对手在绩效和利润上并不足以构成竞争优势，因为这种优势容易被模仿。相反，真正的竞争优势是企业能够提供与众不同且优于竞争对手的产品和服务，这种差异性越显著和难以复制，竞争力就越强。1989 年 Aake 进行了研究，说明追求持久竞争优势的企业具有以下特征：高效的生产优势、明显的企业特色和价格优势、经济上的低成本化、可持续且难以模仿的经营模式，以及灵活应变的技术和资产储备。Prahalad 从资源基础理论角度出发，强调企业可以通过高效利用和组合资源来获得竞争优势，这也是产生竞争优势的核心能力所在。此外，Grant 认为关键资源具备难以复制、低扩散性、不完全可转移，以及复杂因果链等显著特征，才能有效地支持企业获得竞争优势。

进入 21 世纪，国内学者也开始探讨竞争优势，强调其与竞争对手的比较，并强调优势的不可模仿性和难以复制的创新能力。当前数字化转型成为数字经济时代企业获得竞争力的必经之路，这有利于我国打破价值链中下位置的劣势，提高产品的附加值。吴烨、罗芮钰、郁玉兵、李皓辉研究论述了数字化转型将有利于提高企业的规模优势、成长优势和盈利优势。数字化作为新质生产力的重要特征之一，打破了信息的传播速度，加快了信息的透明化、公开化、整合性，帮助企业加强内部管理、提高企业内部的凝聚力。换句话说，谁先完成了企业数字化转型，谁就提高了其全要素生产率，进而提高市场经济价值。值得一提的是，一旦所有企业都完成了数字化转型，该优势便不复存在了。王广立研究了专精特新中小企业可持续竞争优势的培育路径。“专精特新”指的是企业“专业、精细管理、特色和创新”。到 2023 年年底，我国已有 10.3 万多家专精特新中小企业得到了国家的发展支持，2022 年国家工作报告中强调各地要给予专精特新中小企业人才、平台建设等支持。在专精特新中小企业的可持续竞争优势定位中，张平教授提到中国的产业存在两个重大问题：一是产业之间采取模仿策略导致产业集群同质化倾向过高；二是创新企业集群差异化不足。他提出了两点建议：企业要聚焦单一领域，深入挖掘，以技术原创为核心；企业要制定横向扩展市场应用场景，加强多元化，力争产业供应链上游的核心技术和下游市场的多元化优势，这一套方法被称为“T”型战略。

如何培育专精特新中小企业可持续竞争优势呢？这要从企业自身出发，首先，企业要与高极联合，加强人才储备与培养。《清华大学 2021 年毕业生就业质量报告》的数据中只有 30% 不到的毕业生会进入民营企业。因此招人难成了专精特新企业的核心痛点问题之一，企业可以吸取重庆经验，与高校合作，采用委托式、工学交替式等方式为企业储备人才。企业内部也要形成一套自己的育人体系，帮助人才在企业业务上更加精进。

其次是公司文化宣传。公司可以通过愿景、品牌故事等来吸引志同道合的员工，这为中小企业实现可持续竞争优势提供了重要保障。例如，星巴克通过其愿景和品牌故事成功吸引了大量志同道合的员工，并建立了强大的企业文化。星巴克的愿景是“在每个社区创造一种第三空间，除了家庭和工作之外，成为人们日常生活的一部分”。星巴克的品牌故事强调了对高质量咖啡、卓越顾客体验及社区参与的承诺。这种文化不仅吸引了热爱咖啡和社交环境的员工，还激发了员工的归属感和自豪感，从而提升了整体服务水平。这为星巴克在竞争激烈的咖啡市场中保持了可持续的竞争优势。

再次是信息的及时与精准传达。企业的信息包括外部和内部两部分。外部信息涵盖市场动态、客户情况及商务关系等，内部信息则涉及产品、人员和制度等。当这些信息发生变化时，及时且精准地传达能够帮助企业快速抢占市场先机或及时遏制潜在风险。信息传达不仅需要及时，更需要精准。建立完善的信息沟通机制，确保各信息传递点的畅通，可以帮助企业减少信息缺失，最大限度地将信息完整、精准地传递到目标部门，从而制定有针对性的应对方案，高效地解决问题。

若信息传递不及时或不准确，可能导致产品研发方向偏离市场需求，浪费企业资源和财力，甚至延误商机或误判形势，造成不可挽回的损失。

最后是流程与质量控制。专精特新企业高度重视在其专业领域中建立良好的产品和服务口碑。通过完善的工作流程，确保信息及时传递，从而提高服务效率。严格的质量控制为企业的可持续发展提供了保障，使得服务和口碑形成良性循环。当企业规模在百人以内时，跨部门沟通相对顺畅，基层意见也能迅速反馈到管理层。但当规模扩大到几百甚至几千人时，即使引入了 OA、ERP、CRM 等信息化系统，沟通问题却日益增多。许多员工感觉公司流程烦琐，沟通链条过长，小问题难以找到负责人，系统中的申请和订单也常常不清楚执行进度。专精特新的中小企业通常处于百人以上至千人左右的规模，制定完善的流程和质量管控机制对于保持其可持续竞争优势至关重要。

竞争优势理论大多集中于理论层面，探讨共性维度上的对比，从而相较企业之间的竞争优势，显然企业家在竞争优势方面考虑的维度是方方面面的，不单单是技术维度或企业管理维度等，站在全国地域产业的层度来说，产品功能、原材料采集、地域位置、品牌质量都是竞争优势的考察方面。例如，在长江三角洲生产第二产业和第三产业的产品占比较多，并且运输、劳动力综合素质优势较大，而在西北部地区，得益于天然地貌的优势，生产第一产业的产品占比较多且有相当的自然资源优势。那么，在长江三角洲的产业之间相互联系的纽带更紧密，加上距离相对较近，大幅度降低了运输成本，能够形成相对较大的产业链或供应链，因此企业在打造自己的竞争优势时，主要考虑三方面，即人、事、物。人是指企业所在的地区是否有支撑企业发展所需要的各个层次、各个方面的素质人才；事是指在企业行政、管理、技术工艺等方面是否完善，有无较高程度地利用好相关产业的合作关系、取得国家或地方政府提供的产业政策支持等；物是指企业从原材料进购到供给下游企业或消费者是否是完整的、流畅的、高质量的，企业所在的地区能不能处于上游采购和下游供应耗费的成本总量最低，即选址优势是否占据。当一个企业家在构思该企业的竞争优势时应当立足于市场需求，考虑该产品发展的空间，再分别从人、事、物的角度来考虑和瞄准市场差异化地带。

第四章　产业经济学的宏观应用

第一节　产业政策与经济发展

一、产业政策

产业政策是指由国家或国家根据产业发展现状和趋势，以及先进技术的发展，确定产业的发展方向，同时遵循产业的发展规律，适当地、合理地调整国家的产业结构，以便促使产业结构现代化，保持有序、安全的经济增长。

我国三次产业结构分别历经了“一二三”到“二一三”再到“三二一”的发展时期，第一阶段是从1949年新中国成立到1978年改革开放，第二阶段从1978年到现如今。我们用几十年的时间走完西方资本主义国家几百年的历程，这必然少不了国家在产业战略上的高度引领。

2024年1月18日发布了《工业和信息化部等七部门关于推动未来产业创新发展的实施意见》(下面简称《意见》。《意见》中强调未来产业由前沿技术驱动，我们要以习近平新时代中国特色社会主义思想为指导，贯彻党的二十大精神，贯彻新发展理念，加快构建新发展格局，统筹发展和安全，以传统产业的高端化升级和前沿技术的产业化落地为主线，以创新为动力，以企业为主体，以场景为牵引，以标志性产品为抓手，遵循科技创新及产业发展规律，加强前瞻谋划、政策引导，积极培育未来产业，加快形成新质生产力，为强国建设提供有力支撑。其基本原则是“提前部署、创新驱动、生态协同、开放合作”，并且明确了未来产业要达到的目标，即到 2025 年，未来产业技术创新、产业培育、安全治理等全面发展，部分领域达到国际先进水平，产业规模稳步提升。建设一批未来产业孵化器和先导区，突破百项前沿关键核心技术，形成百项标志性产品，打造百家领军企业，开拓百项典型应用场景，制定百项关键标准，培育百家专业服务机构，初步形成符合我国实际的未来产业发展模式；到 2027 年，未来产业综合实力显著提升，部分领域实现全球引领。关键核心技术取得重大突破，一批新技术、新产品、新业态、新模式得到普遍应用，重点产业实现规模化发展，培育一批生态主导型领军企业，构建未来产业和优势产业、新兴产业、传统产业协同联动的发展格局，形成可持续发展的长效机制，成为世界未来产业重要策源地。

未来产业在结构上将会出现调整，新兴产业将陆续进军产业赛道。由国家牵头提前部署的产业有未来制造、未来信息、未来材料、未来能源、未来空间和未来健康，这些新兴产业的出现标志着我国对该领域的关键技术的攻克获得明显成效。加快技术创新和产业化，既要加强基础共性技术，又要加快跨领域技术交叉融合创新，尽快促成成果转化，以便加强产业发展和产品推广。

《意见》中特别强调壮大产业主体，培养高水平企业梯队，推动多元化产业的发展。打造特色产业链，建设先进技术体系，提高供应链产业链的数字化，打通资源、数据、知识等生产要素的高效流通通道。

基于产业政策的高度引领性，国家要进一步优化产业支撑体系，加强标准与专利法规，主要分成四个方面，即前瞻布局标准、推动标准应用试点、深化标准国际合作、构建知识产权体系。建设一批中试和应用验证平台，推动新技术向生产力的转化，建设专业人才队伍，鼓励人才创新，建设一批未来技术学院，强化新型基础设施，构建高速泛在、集成互联、智能绿色、安全高效的新型数字基础设施。国家发展改革委还发布了《产业结构调整指导目录（2024 年本）》来进一步引导淘汰产业的平稳退出和新兴产业的安全进入。

南京大学长江产业经济研究院院长刘志彪指出传统产业政策主要通过国家强大的行政力量，根据非均衡发展原理，将稀缺资源重点投入需求弹性大、技术进步快、产业关联性强的主导产业，以此带动国民经济其他部门的发展。然而，这种政策存在两个主要问题：

一是它容易扭曲市场机制在区域协调发展中的作用。纵向的资源分配机制往往会抑制横向的市场协调，影响实际经济效率。例如，某些项目本应配置在资源丰富的中部地区，但在地方政府的补贴下，可能被配置到资源条件差、运输成本高的沿海地区。

二是这种资源配置机制容易忽视区域经济发展的公平性，造成地区发展差距。实践中，符合主导产业标准的往往是发达地区，而忽略了对相对落后地区的投资与发展。

因此，在研究中部经济如何提升时，刘志彪认为推动中部地区崛起需要新型产业政策措施，不能以速度型赶超战略为主，而是要注重发展公平，通过区域政策机制纠正传统产业政策的不平衡效应。近年来，我国在推进产业链现代化和构建现代产业体系方面取得了一定的进展，逐渐形成了以产业链为核心的综合性经济政策。这一政策具有四个主要特征：首先，产业链中企业之间的交易行为会对不直接参与交易的第三方产生外部性影响，因此，维护产业链稳定和秩序的政策也具有公共政策的性质。其次，产业链政策并没有独立的政策工具，它的形成和实施需要与其他政策精准搭配。再次，政策的参与主体多元化，除了国家，还有行业协会、企业和研究机构。最后，政策目标具有灵活性，当前的重点是确保产业链的安全和韧性。

产业链政策是推动中部地区崛起的有效手段，主要体现在以下几个方面：

一是这一政策有助于协调宏观产业政策和区域政策之间的矛盾。在推动产业链现代化过程中，可以综合运用产业政策和区域政策，促进中部地区加速发展。例如，通过区域政策将沿海地区失去比较优势的产业链环节转移到中部地区，并通过产业政策支持这些企业。这有助于中部地区在全球竞争中发挥作用，实现效率与公平的平衡。

二是这一政策有助于重塑国内垂直分工体系，增强其韧性和安全性。在当前全球化背景下，构建新发展格局需要充分发挥我国超大规模市场的优势，推动国内价值链主导的双循环发展模式。通过产业链供应链的内向化和跨区域重组，增强产业链的稳定性和安全性。

此外，中部地区应抓住第四次工业技术革命的机遇，加快发展新型生产力。在产业链转移过程中，利用新技术对传统产业进行改造，提升其竞争力，实现产业升级。中部地区应根据自身条件,积极发展与新型生产力相关的新产业和新赛道。

三是产业链政策有助于中部地区形成具有竞争力的区域创新产业集群和全球产业链集群。通过引导沿海地区的产业链向中部地区转移并进行新技术改造，促进中部地区先进制造业的集中和集聚。通过优化中部地区的投资营商环境，提高产业公共服务水平，降低产业链转移的交易成本。在中部地区布局开放性的全球产业链集群，有助于提升我国在全球产业链竞争中的优势。

中部地区崛起的政策体系可以从“点、线、面、体”四个维度来构建，以解决当前的主要问题。

一是制定产业链“点”突破政策。重点是解决东中西三大地区在建设现代化产业链、促进区域间经济循环时的堵点和卡点。在全球产业链供应链加速重构的背景下，我国需要通过“一链一策”的方法，针对具体问题进行分析和解决。特别是中部地区在投资营商环境、基础设施、科技体制等方面的短板，需要通过深化改革来降低交易成本，提高生产效率和收入水平，建设全国统一大市场，利用超大规模市场效应。

二是制定产业链“线”连接政策。重点是建设区域间产业链的协调机制。需要建立产业链部际省际联席机制、产业链上下游环节连接机制、产业链区域间连接机制、产业链要素连接机制、产业链国内外连接机制等。通过产业链“链主”与上游企业之间的互动，形成市场驱动的全球价值链“链主”机制，促进中部地区上游企业的发展，提升其竞争力。

三是制定产业链“面”协同政策。重点解决效率与公平的冲突。推动中部地区崛起需要国家加大区域政策力度，促进城市群建设和产业生态的培育。在高技术产业发展中，应以形成国内“垂直分工”为目标，将高技术产业中部地区具有优势的环节配置到中部地区，逐步改变地方主导型产业政策的分散竞争格局，推动国家主导型产业政策的实施。

四是，制定产业链“体”集聚政策。重点是建设区域创新产业集群和全球产业链集群。利用中国大国经济内部循环的优势，在全国统一大市场的支撑下，重塑内循环主导的新发展格局，建立内需主导的全球价值链分工方式与布局体系。依托京津冀、长三角与粤港澳大湾区等七大城市群，推动传统产业集群向区域创新集群转型，建设具有国际竞争力的全球产业链集群。政策目标是降低交易成本，推动城市群和周边地区协调发展，形成全球最具竞争力的经济中心。具体措施包括在中部地区设立新的资本市场交易机构，支持高新技术企业和中小企业的发展，推动中部地区与东部地区的产业集群联动，构建国内市场主导的国家价值链。

王高翔通过实证研究论证了产业政策与企业 ESG 存在显著相关性。ESG 分别代表了环境（Environment）、社会责任（Social Responsibility）、公司治理（Governance），ESG 指数反映了公司的发展理念和投资能力，在一定程度上可以说明产业政策影响了企业的行为和绩效。

结合以上内容我们可以看出产业政策可以直接或间接影响企业行为和产业结构，进一步影响了市场绩效。产业政策是把握系统观基于一国产业发展现状而制定实施的，部分发达国家与发展中国家都曾采用产业政策来实现一国的经济发展提升和产业布局，可见产业政策具有战略性和应用性，表现为有助于国家在新兴技术领域占据先发优势，并助力产业向高附加值、高技术含量的产业转型，实现产业升级，向现代化产业发展。未来产业的布局能够提供大量新的就业机会，有助于增强人们对经济的信心，从而营造创新的环境氛围，实现创新驱动经济，提升国际竞争力。但是，产业政策也可能陷入负面发展的局面，一方面产业政策部署的未来产业需要大量资金和资源投入，如果预测错误或者技术路线选择失误，可能导致资源浪费和经济损失，且在这个过程中产业结构调整涉及到多个部门和利益相关者，政策协调和实施难度较大，可能面临利益冲突和执行不力的问题；另一方面，一些新兴产业的发展前景具有不确定性，市场需求也具有不确定性，可能面临政策扶持的失败。与此同时，产业发展与人才水平存在相关性，新兴产业需要大量高端人才和拥有先进技术的人才，需要在教育和科研方面进行长期投入。随着全球化的加深，各个国家的经济联系更加紧密，未来产业的竞争会非常激烈，国际间的技术封锁和市场壁垒可能会增加产业发展的难度。

了解了产业政策的重要性之后，如何把握产业政策是重中之重。产业政策的制定需要考虑如何才能不影响市场机制，也就是自上而下的引领过程中如何保持市场的活性。

一是制定政策时要保留一定的弹性空间，并且尽可能降低信息的不充分和不对称性，确保政策制定前、实施中、评估后的透明度和公开性，营造公平的竞争环境。制定和实施时尽可能避免行政干预，产业政策提供的是产业未来发展的方向，而不是行动策略，应当遵循产业的发展规律，通过市场机制来引导资源配置，并且产业政策要保持竞争中性，不对特定产业予以过度保护和支持，以免形成市场垄断或不公平竞争，所有市场参与者应当在同等条件下公平竞争。

二是在产业政策实施过程中，国家要加强市场监管，对产业政策进行过程性和总结性的评估，并且维持市场竞争环境的公平性，一旦出现不良变化，可根据政策的弹性来及时调整和纠正导致市场扭曲的问题。

三是产业政策需要考虑协调性和地域性，确保各区域经济的平衡发展。我国采取了优先发展重点区域产业的策略，并通过资源倾斜的方式支持相对落后地区的产业发展。这种策略有助于缩小贫富差距过大的问题，也能有效缓解地区经济发展不平衡、不充分的问题。在重点区域优先发展方面，通过加强政策支持、资金投入和基础设施建设，促进这些区域产业的快速发展和升级。重点区域作为经济增长的引擎，能够带动周边地区的发展，实现区域间的协同效应。通过资源倾斜，向相对落后地区提供更多的政策优惠、资金支持和技术援助，帮助这些地区发展优势产业和特色经济。这样一来，不仅可以提升落后地区的经济水平，还能实现全国产业的合理布局和资源的高效配置。总之，政策的实施需要加强统筹协调，建立健全区域间的合作机制，推动跨区域的产业链和供应链的构建，实现资源共享和优势互补。通过协调发展和区域合作，可以形成全国一盘棋的发展格局，确保各区域经济协调、可持续发展。

二、经济发展

经济发展是一个多维度、多层次具有时间性的综合性概念，体现为“量”和“质”两方面。“量”一般指的是经济增长，常用的指标有国内生产总值（GDP）和全国居民人均可支配收入。“质”一般是指产业经济结构的优化。王理认为经济发展是指实现经济增长时，产业结构、城乡结构、就业结构和区域结构的逐步改善。我国每年 GDP 平均增速达到了 6.6%，对世界经济增长的平均贡献率超过 30%，居世界第一。但是习近平总书记强调了“再也不能简单以 GDP 增长率来论英雄”。一个国家的经济发展不是匀速上升的，它受到诸多因素的影响，尤其是人口因素，并且会遇到各种经济问题。根据报告显示，第二次世界大战结束后的五十多年里，全球有 101 个中等收入经济体，却仅有 13 个成功发展为高收入经济体，这说明经济发展是量与质的共同体，当前，我国实现“三二一”的产业结构后，也面临着如何推进经济发展实现高收入经济体的跃升。

我们将立足于社会主义国家体制，结合产业发展和区域经济来阐述我国是如何实现经济发展的，当前经济发展面临的困境及相应的对策。社会主义国家意味着在经济全局观上需要考虑人民的利益，在经济改革路上要牢记邓小平的“三个有利于”，即是否有利于发展社会主义社会的生产力、是否有利于增强社会主义国家的综合国力，是否有利于提高人民的生活水平。经济手段是过程，结果能够反向评估过程的利弊。我国坚持以公有制为主体，多种所有制经济共同发展的基本经济制度，公有制主要体现为国有企业集中于关系到国民经济命脉的产业，如产业链的上游产业、公共服务产业、金融服务产业、医疗健康产业、高新技术产业等，而非公有制则体现为鼓励民营企业积极创新和发展，向现代企业制度改革，充分调动生产要素的流通，发挥市场资源配置的作用，将蛋糕做大。为此，国家在投资、税率、补贴、准入机制上不断进行改革，比如，将“正面清单”和“审批制”改为“市场准入负面清单”，不在负面清单上的即允许企业成立或发展为产业，以绝鼓励经济发展，为经济长期发展营造良好的制度环境。

当前我国第三产业已成为劳动力的蓄水池和洼地，社会服务业进一步得到改造升级，第二产业下降趋势过快不是一个好信号。首先第二产业在产业类别上要做调整，减少对出口的依赖，健全国内产业链，抵御以欧洲国家为主导的分工体系带来的风险。其次是创新驱动力仍需提高，在人才培养和人才引进方面予以支持，创设产业孵化园、加强创新创业大赛平台的建设并鼓励各大高校人才参与，以项目带动创新，以竞赛带动创业，为第二产业注入活力，例如，新工科加强了多学科交叉的研究，新增了多学科交叉的专业和学院，为产业的深化奠定了人才基础。最后是制定适宜的产业政策，利用好公共服务中的配套建设，确保第一产业、第二产业、第三产业的占比符合经济发展需要，如通过专业设立和高考分流机制来辅助市场进行劳动力分配。

当前我国经济发展水平存在不平衡不充分的问题，这一方面说明产业的选址较为集中，有助于产业部门之间的流通；另一方面说明还有很多地区处于经济发展水平较低的状态，由地域上的产业经济引起的贫富差距加大。从国家板块上来看，根据地域经济关系可以划分为6个板块，分别为：东北、华北、华中、华南、西北、西南。我国还建立了三大区域经济圈，即粤港澳、京津冀、长三角发展战略区域。

在探讨区域经济增长时，一些学者通常从人口、教育、人力资本、交通和地理位置等角度进行分析，并结合产业经济的视角深入研究这些因素的作用和影响。

人口作为一国或地区最宝贵的资源，其集聚效应能够推动城市的繁荣发展，并对产业经济产生深远影响。王金营和王晓伟（2021）发现，人口集聚不仅能够提升人力资本，促使企业形成规模优势，还能提高劳动生产率并降低成本，从而实现规模经济。这些效应在产业集聚过程中尤为明显，大量人口流入有助于形成产业集群，提高生产效率。此外，人口集聚还有助于促进区域技术创新，为经济的可持续发展提供动力，进而推动产业升级和结构优化。杨东亮和郑鸽（2022）认为，人口集聚能够产生知识外溢效应，加强中间投入品和劳动力的匹配，从而导致规模报酬递增。刘西涛等（2023）指出，人口集聚通过提升人力资本，促进产品和技术创新，为区域协调发展提供支持。

教育在知识经济兴起的背景下，成为推动经济增长的关键因素，对产业经济同样至关重要。亚当·斯密早在1723年就提出，劳动生产率与劳动者的技能、经验及熟练程度密切相关，而这些均离不开教育的培养。亚当·斯密认为，教育能够提升劳动者的知识技能，将潜在的生产力转化为现实的生产力，从而推动经济发展。在现代产业经济中，教育对高技术产业和知识密集型产业的发展尤为重要。高水平的教育体系可以为产业提供高素质的人力资源，促进科技创新和产业升级。

交通基础设施是经济发展的重要前提，也是产业经济发展的主要因素。随着经济的快速发展，一些学者越来越关注交通与经济增长之间的关系。完善的交通基础设施可以提高国家的竞争力，吸引更多的外国投资，进而促进产业经济的发展。仇怡等（2023）指出，交通基础设施的完善能够提高区域资源要素流通的便利性，吸引要素向区域聚集，为该地区带来产业结构升级的机会。交通基础设施促进了物流的高效运转，并且在产业链的上下游之间形成了紧密的联系，有助于产业集群的发展。然而，也有观点认为，交通基础设施的改善可能会导致生产要素加速从不发达地区流向发达地区，从而加剧地区间的发展不平衡，这对区域产业协调发展提出了挑战。

地理位置和自然资源是城市早期发展的基础，对产业经济的发展有重要影响。肥沃的土壤、优越的地理位置、丰富的水资源和矿产资源有助于城市的快速健康发展。张荣佳等（2022）发现，过度依赖资源可能会导致“资源诅咒”问题。这一现象在资源型产业特别明显，单一的资源依赖可能限制产业的多样化和长期发展。有利的地理和经济区位可以加速区域内部资源要素的流动，促进城市工业化转型，也可能抑制服务业的发展。因此，在产业经济的视角下，应避免过度依赖自然资源，通过产业多样化和科技创新促进经济可持续发展。

金融发展方面，宋博（2023）指出，在经济金融化程度较高的区域，投融资活动更为活跃，有助于资本的形成与积累，从而带动经济增长。

另外，还有一些学者从省会城市或城市首位度的角度来分析区域经济增长。城市首位度是指人口、经济等资源要素在某一地区最大城市的集中程度，其高低反映了该城市集聚发展要素的能力。省会城市首位度可以通过最大城市的人口规模占全省总人口数的比值，或生产总值占全省生产总值的比值来衡量。

张航和丁任重（2020）认为，省会城市的发展通过集聚效应和扩散效应带动其他城市乃至整个省域经济的增长。省会城市吸引周边城市的人口、投资、技术和信息等要素，充分发挥规模经济效益。赵奎等（2021）指出，省会城市通常拥有较高的技术水平、研发密度和高铁等交通设施，产生强烈的溢出效应，并通过示范学习机制提高其他城市的生产率。

然而，也有学者认为，省会城市首位度的提高可能不利于经济增长和区域发展。丁从明等（2015）认为，行政干预和制度扭曲导致首位城市的过度集中，降低省域资源配置效率，抑制了经济增长。陈钊和陆铭（2014）指出，研究首位城市合理规模应考虑其发展阶段和环境。张航和丁任重（2020）发现，对于首位度中等以下的城市，提升首位度可促进经济增长和集聚效应；而首位度中等以上的城市，首位度提高可能不利于经济增长。因此，城市首位度与经济增长的关系因具体情况而异。

政治因素也对省会城市首位度有重要影响。Ades 和 Glaeser（1995）发现，政治权力集中时，人们倾向于靠拢权力中心，使首位城市获得更多的经济资源。魏后凯（2014）指出，城市规模与行政等级密切相关，行政等级越高的城市，经济增长越快，吸引力更强。然而，国家资源过度集中可能会导致首位度过高，反而对经济增长产生负面影响。

王俊杰、徐淑云、周怡阐述了中部六省经济社会发展情况，通过实证研究表明高素质人力资本的比例在一定程度上体现了一个地区对高技能劳动力的吸引力，既反映了地区的竞争力，也是长期经济增长的基础。此外，交通基础设施是经济增长的重要物质基础。短期内，交通基础设施建设可以为地区带来乘数效应。长期来看，交通基础设施通过溢出效应促进整体经济增长，并且随着交通基础设施存量和地区经济规模的扩大，经济增长将进一步得到推动。

通过对六省经济社会发展情况的比较，如果经济发展落后的省份不加强省会建设，很大程度上就会被邻近的省会虹吸，造成人口和产业的迁移，直到达到劳动力供给与产业劳动力需求均衡为止，进而省会形成集中度较高的密集型经济活动区域。对于各省而言，推行“强省会”战略是一种有利的选择，有助于推动省内经济增长。然而，这一战略成功的前提是，一省国家实施该策略，而其他省份则保持观望态度。然而，这种情况并不现实，因为如果“强省会”战略确实有助于经济发展，每个省都会有动力选择这一策略。若所有省份都采取“强省会”策略，整体上将无法带来额外的经济增长。这种省与省之间的博弈类似于囚徒困境，即尽管同时推行“强省会”战略不会带来额外好处，但每个省仍不得不采取这一策略，因为这是纳什均衡的结果。

针对这种模式下带来的虹吸效应和囚徒困境，为缓解区域之间经济发展不平衡不充分的问题，其优化策略如下：

一是为了促进省会都市圈的全面繁荣，强化省会城市的辐射带动功能，构建一个集基础设施优化、产业链深度整合于一体的现代化都市集群，以此作为驱动全省经济向更高品质发展的核心引擎。此战略路径的实施，需遵循以下原则与步骤：

首先，优化升级基础设施建设，确保交通网络的高效联通与信息通讯的畅通无阻，为都市圈内各城市间的人员往来、物流运输及数据交换提供有力的支撑。加强生态环境保护与治理，营造宜居宜业的城市环境，提升居民生活质量，吸引人才聚集，激发创新活力。

其次，深化产业协同，推动省会都市圈内产业结构的优化升级。通过政策引导与市场机制相结合，促进产业链上下游企业紧密合作，形成优势互补、资源共享的产业生态，增强区域整体竞争力。重点发展高新技术产业、现代服务业等战略性新兴产业，培育新的经济增长点，推动经济结构向高端化、智能化方向转型。

最后，强化省会城市的核心引领作用，充分发挥其在科技创新、金融服务、文化交流等方面的龙头优势，辐射带动周边城市共同发展。建立健全省会与周边城市的合作机制，实现资源共享、优势互补、利益共赢，打造一体化的产业和都市圈发展格局。

二是，针对首位度较高的省份，尤其是中部六省，应防止资源过度向省会城市集聚。倘若此类省份持续加强省会城市的优先发展，可能会催生并加剧“虹吸效应”，即省会城市过度吸引周边地区的资源，导致省内城市间的发展鸿沟扩大，进而形成不利于区域均衡发展的中心—边缘格局。鉴于此，采取科学合理的策略，着重发展副中心城市，充分利用人口红利与产业优势，推动整个区域均衡发展是十分必要得。

具体实施方案应着眼于全面统筹省会、副中心及中小城市的发展布局，将省会城市视为区域经济增长的引擎，通过其强大的辐射能力，带动周边城市的协同发展。还应依据各城市特有的产业基础、人文历史及地理优势，激发其内在发展潜能，构建城市间互惠互利、协调共生的良性互动关系，共同提升区域整体市场竞争力。

为了实现这一目标，需明确界定各级城市的功能定位，构建以省会城市为中枢、副中心为重要支点、众多中小城市为网络结点的多层级城市体系。通过加强城市间的互联互通，加速资本、人才、技术等经济要素的自由流动，形成良性循环的区域经济生态，促进资源的高效配置与区域的均衡发展。

在这一进程中，国家与市场的协同作用非常重要。国家应发挥规划引领、政策支持与公共服务供给的作用，创造公平竞争的市场环境，激活各类市场主体的活力与创造力。强化市场机制在资源配置中的决定性作用，确保区域均衡发展战略的有效实施，实现经济效益与社会效益的双重提升。

三是为了深化中部省份在产业、资源、技术及人才领域的协同效应，促进区域经济协同发展，构建一个全面优化的区域合作体系尤为关键。这一目标的实现，需依托于国家层面的积极引领，通过搭建跨区域合作平台，推动省份间在产业层面的深度合作，尤其是聚焦于城市群或经济带的构建，实现产业资源的高效共享与优势互补。中部地区应当秉持全局性视角，以协同合作与共赢共享为核心理念，实施“先富带动后富”的发展战略，各省应依据自身独特的地理位置与资源禀赋，探索创新的产业发展模式，扩大产业合作的正向溢出效应，共同推进中部地区全面崛起。

在产业协同方面，中部六省需持续深化在科技创新领域的合作，鼓励跨省科研机构的联动与科技成果的共享，不断优化产业结构，推动产业升级。鉴于各省科技创新资源的差异性，应采取差异化布局策略，实现科技资源的系统整合，构建以强带弱、整体协同的科技发展体系，为产业转型升级提供源源不断的创新动力。

具体到产业层面，国家应扮演好协调者的角色，通过政策扶持与平台搭建，促进中部省份在产业上的深度融合，特别是在汽车制造、电子信息、生物医药等重点领域，推动产业链上下游的紧密衔接，增强区域产业的整体竞争力。中部地区需强化“先富带后富”的发展理念，经济较为发达的省份应主动承担起引领责任，通过资金、技术、人才的输出，带动整个区域的均衡发展。

科技创新作为产业升级的重要推手，需得到中部六省的高度关注。各省应根据自身科技创新资源的分布特征，实施差异化科技布局，强化科研合作与成果共享机制，促进科技资源的优化配置。鼓励跨省科研项目的联动开展，打破地域限制，形成科技协同发展的良性循环，为中部地区的产业升级与经济转型注入强大的动能。

综上所述，各个地区经济发展不平衡不充分的问题受制于市场机制引发的资源配置是无法避免的，但是我们可以利用经济发展强势地区的辐射效应带动周边城市经济。产业作为最大的经济要素之一，其合理布局特别重要。应通过科学规划，使产业形成完整的产业链和产业集群，促进上下游企业间的紧密合作，提高整体竞争力和生产效率。通过产业区的合理布局和优化，可以实现资源的有效配置，提升区域经济的整体协调性和可持续发展能力。还应推动高新技术产业和传统产业的融合发展，提升区域创新能力，进而实现经济高质量发展。

第二节　全球产业链与贸易

一、全球产业链

不少学者从各个角度阐述了产业链的内涵，郑学益基于产业前后关联角度认为全球产业链是以市场需求旺盛、科技附加值显著、产品间关联性紧密的优势企业及其产品为核心。通过这些核心企业，借助产品技术的内在联系与资本的纽带作用,实现上下游环节的紧密衔接,向前向后拓展延伸,形成一条有机的产业链条。如此一来,原本单一企业的竞争优势便得以转化为整个区域乃至产业的集体优势,进而锻造出该区域和产业独特的核心竞争力。蒋国俊、蒋明新从战略联盟的角度提出产业链指的是在一个特定的产业集聚区域内，由具备国际竞争力或展现出巨大国际竞争潜力的核心企业，与同一产业及其上下游相关行业中的企业建立起的一种紧密的战略合作关系网络。这种关系链的形成，旨在通过整合资源、共享优势，促进产业内企业间的协同创新与高效协作，进而提升整个产业链的市场竞争力。李万立基于价值链的角度提出产业链，又称为价值链，本质上描述了一个围绕核心最终产品的动态关联网络，涵盖了从原料采购、生产制造直至终端消费的全过程，涉及多个产业部门之间的相互依存与协作关系，强调了产品生命周期中各个环节的紧密联系，以及各产业部门在价值创造过程中的不可或缺性。李倩则认为产业链实质上是由不同产业领域内的企业，依据上下游的供需关系串联而成的网络体系，围绕特定产品的制造，自原材料采集直至最终用户消费的全过程，形成了一条连续的作业链条。这一链条详尽描绘了产品生命周期中所历经的全部生产阶段。简而言之，产业链即为一种产品从概念设计、投入生产、市场销售至售后服务等各环节所构成的序列。

相较于本地产业链，全球产业链将产业链的空间范畴扩展至全球范围，跨越了单一国家或地区的边界。当参与产品制造或服务提供的企业分布于不同国家，其经营活动突破了国界的限制，便形成了全球产业链。全球产业链中的企业可能坐落于世界的任何角落，各国企业通过专业化分工与跨国协作，共同组织和协调产品从生产端至消费端的全过程。然而，由于覆盖地域广阔、涉及产业繁多，全球产业链相比国内产业链，其复杂程度大大增加，管理难度也随之加大。

当前全球产业链面临重构，厘清当前发展态势和提前进行产业链布局特别重要。梁中华表示自 2020 年起，我国制造业展现出强劲的复苏态势，促使出口业绩明显攀升，特别是在 2020 年下旬至 2022 年 7 月这一阶段，出口量实现了持续的双位数增长率。伴随全球供应链体系的渐进式恢复，我国出口增速自 2022 年年末起显现适度放缓迹象，尽管如此，总体态势依旧稳健。即便考虑到春节假期对经济活动的周期性影响，近六个月以来，我国出口年度化平均增长率仍维持在约 7% 的水平。

全球产业链的复苏进程，虽导致我国在全球出口市场份额自 2021 年初的峰值略有回落，但截至 2023 年年末，我国在全球出口市场中所占比例仍高达 15.6%，明显超越 2020 年以前的水平。相较于 2017 年，这一份额增长了 1.7 个百分点。值得注意的是，我国出口份额的扩大，逾七成可归因于中间产品出口的显著增加，这凸显了我国在全球产业链中日益重要的地位。

2020 年以来，我国出口表现亮眼，虽受全球供应链修复影响，增速有所调整，但整体保持稳定增长。在全球市场份额方面，我国出口占比虽较峰值略有下降，但仍处于历史高位，且中间产品出口成为拉动份额提升的主要动力。这体现了我国制造业的韧性和竞争力，也反映了全球产业链重构背景下，我国在全球贸易体系中角色的深化。

这种现象背后是我国持续优化产业结构、强化科技创新、提升产品质量和服务水平的努力成果，以及积极参与全球经济治理、深化对外开放的政策导向。未来，我国将继续致力于推动制造业高质量发展，深化产业链供应链国际合作，以实现更高水平的开放型经济发展目标。面对全球贸易环境的不确定性，我国也将加强风险预警和应对机制建设，确保出口贸易的持续健康发展。

梁中华还表示科技创新被视为引领未来发展的重要引擎，其核心是培育“新质生产力”。2024 年初，中央政治局会议明确指示，应致力于现代化产业体系的构建，加速推进“新质生产力”的成长。2024 年 4 月，中央政治局会议重申，要着力于新兴业态的培育壮大，前瞻部署未来产业，运用高新技术赋能传统产业的革新升级。值得注意的是，2023 年底年召开的中央经济工作会议已将“以科技创新引领现代化产业体系构建”列为 2024 年九大重点工作之首，彰显了对科技创新战略地位的高度重视。

在当前全球产业链重构的大背景下，我国未来产业发展需统筹考量“高质量发展”与“高水平安全”，核心任务是因地制宜地培育“新质生产力”。具体实施路径如下：

首先，以科技创新驱动产业创新，特别是依托颠覆性技术与前沿技术，催生新兴产业、创新商业模式、激发新增长动力，发展“新质生产力”。其次，健全新型全国体制，实施制造业重点产业链高质量发展战略，强化质量标准支撑，提升产业链供应链的韧性和安全性；再者，加速推进新型工业化进程，大力发展数字经济，加快人工智能技术的应用与推广。重点打造生物制造、商业航天、低空经济等战略性新兴产业，探索量子科技、生命科学等未来产业新领域，广泛采用数字化智能技术、绿色低碳技术，推动传统产业的现代化转型。此外，需加强应用基础研究与前沿科技探索，巩固企业科技创新的主体地位。同时，鼓励创业投资、股权融资等多元化资金渠道的发展，为科技创新与产业发展提供充足的资金支持。

总而言之，面对全球产业链的深刻变革，我国应以科技创新为引领，着力于“新质生产力”的培育，通过创新驱动、产业升级、安全韧性建设，实现经济高质量发展与高水平安全的双重目标。这不仅要求国家、企业、科研机构等各方协同合作，还需要构建开放包容的创新生态，以及健全的政策法规体系，以确保科技创新与产业发展的协同推进，为我国经济的长期繁荣奠定坚实基础。

结合以上内容可以知道我国在全球产业链上面临的潜在威胁，即存在一定程度的依赖出口带来的经济增长。随着国际贸易限制事件的此起彼伏，发生的“华为事件”“中兴事件”让我们意识到：一国产业欲在全球市场中展现真正的国际竞争力，必须首先确保关键技术的自主掌握与产业链的安全稳固。因此，当前我们如何保障中国产业链的安全性是重中之重。

张辽、胡忠博、陈松分析了全球产业链变化的趋势。后疫情时代，大国关系的不确定性加剧，逆全球化和产业“去中国化”趋势明显，产业链呈现回流趋势。西方发达国家对中国的快速发展产生紧迫感，纷纷制定再工业化战略，推动制造业回流，以重塑国际竞争优势。例如，美国加强与传统盟友合作，重塑基于价值观的贸易规则和产业链。日本、德国和法国也相继推出各自的再工业化计划。西方国家现已从全面回流转向尖端高技术产业的重点回归策略，以此应对制造业失业率上升和工业基础衰退，并且减少对他国供应链的依赖，确保关键领域的安全和自主性。这一策略将重新定义全球价值链，也影响了其他国家的国内价值链布局。面对外部风险加大和部分行业产能外迁的严峻形势，中国亟需提升高技术产业链的掌控能力和风险应对能力，引导企业加强对国际政治经济变化的风险防控。

产业链外迁趋势明显。虽然中国自改革开放以来就成为跨国公司产业链布局的首选之地，但近年来，部分产业开始向成本更低、技术更先进或市场更广阔的地区迁移。这一趋势受全球产业链调整和各国政策变化影响，导致企业在应对外部压力时选择将生产环节外迁，以保持竞争力。

产业链多元化趋势增强。外部不确定性事件加速了产业链的调整。全球跨国企业在供应链布局中更多地实施多元化战略，以减少对单一国家或供应商的依赖，提升供应链的安全性和可持续性。

产业链区域集中趋势加剧。大国博弈和新冠疫情影响加速了产业链区域化发展，形成了北美、欧盟和亚洲三大产业链网络。高水平区域贸易协定如 CPTPP 和 RCEP 等推动了区域经济一体化和产业链集中。产业链区域集中可能带来供应链稳定性和风险防控的挑战，特别是对于依赖特定地区的供应链。

因此如何保障中国产业链的安全有以下四个方面：

一是坚持在扩大内需中发挥本土市场规模效应的逻辑。全球经济发展历程表明，对于大型经济体而言，充分满足国内市场需求，可以为其经济稳定与增长奠定坚实基础。在当今全球化激烈竞争的环境中，有效利用本土市场规模效应已成为各国提升竞争力的关键策略之一。本土市场效应的本质是企业能够依托国内市场的庞大体量与潜在需求，在规模经济效应与贸易成本上升的双重作用下，实现市场份额与销量的显著增长，进而降低成本，提升生产效率，增强其在全球市场中的竞争力。对于拥有广大本土市场的大型经济体而言，其可凭借国内市场替代部分进口需求，推动出口产业的扩张，促进经济结构的优化与升级，进而放大本土市场效应的积极影响。

尽管改革开放以来，我国经济实现了迅猛增长，但长期存在的出口依存度偏高与进口需求不足问题，导致资源浪费与环境污染，对经济的持续健康发展构成挑战。步入新时代，构建以满足内部需求为核心的现代产业结构，能够减少对外部市场的依赖，降低外部风险，更能增强国家经济的自主控制力。大型经济体的国内市场，为技术创新提供了广阔的试验田，有助于分摊研发成本，降低创新风险。扩大内需，实质上是增强国民购买力，支持本土企业茁壮成长的过程。当消费者购买力增强时，他们倾向于消费本土产品，刺激内需市场，产生规模效应。本土企业的发展壮大，将进一步扩大市场规模，带动上下游产业链的协同发展，形成良性循环的规模效应。

因此，我国需坚定不移地推进扩大内需战略，通过促进国内消费，激发本土市场规模优势，拉动经济增长，提升产业国际竞争力。这一战略不仅涉及提高民众的收入水平，增强购买力，还要求国家采取有效措施，优化消费环境，激发消费潜力，支持本土企业创新与发展，共同构建健康、可持续的内需驱动型经济增长模式。

二是坚持在扩大对外开放中实现全球产业链竞争力提升的逻辑。确保产业链的安全与稳定，不仅是掌握先进科技的体现，更在于成为全球价值链中的高端引领者。当前，我国在部分高科技领域的产业链竞争力尚显不足，原因是诸多关键核心技术和关键组件严重依赖西方进口，这构成了明显的短板。因此，克服并突破核心技术瓶颈，对于企业乃至国家的长远发展至关重要。实现这一突破，需攻克一系列技术难题，涵盖基础理论探索、技术创新、工艺优化、材料性能增强等多方面，通过科学研究、技术开发、工程实践等途径，循序渐进地解决难题。为此，必须聚焦产业链中的薄弱环节，集中资源攻克技术难关，加速技术成果转化，确保产业向高品质、高附加值方向迈进。

核心技术瓶颈的突破是一项复杂且耗时的任务，需坚定不移地走自主创新之路，积极扶持国内企业和研究机构开展技术研发，激发创新活力，实现关键技术和核心组件的国产化。我国应进一步强化自主创新能力，提升对关键技术的掌控力。具体措施包括：持续加大对国家重点科技项目和战略性新兴产业的投入，甄选领军企业，提供充足的资金支持，鼓励其攻克关键技术，培育具有全球竞争力的行业巨头。营造良好的创新生态，强化产学研深度融合，鼓励创新、创业与风险投资，加强知识产权保护，拓展国际合作，加速科技创新平台建设，为企业的自主创新提供全方位支持。此外，优化营商环境，深化制度改革，提供金融支持，加强人才培养，为企业营造有利的成长环境。

三是坚持在扩大对外开放中实现全球产业链竞争力提升的逻辑。中国正致力于破解国际技术壁垒，掌握产业关键核心技术与标准制定权，凭借卓越的资源整合能力、庞大的内需市场和高效的政策实施机制，推动全球产业链竞争力的跃升。然而，提升竞争力并不等同于全面自给自足，而是在开放合作中寻求发展之路。作为全球范围内唯一拥有完备工业体系的国家，中国会继续通过深化对外开放，与世界各国共享发展成果，共创繁荣未来。

在全球产业链重构的背景下，各国及地区应根据自身特色与优势，积极融入国际产业分工体系，强化国际合作，提升制度建设效能。找准自身在全球价值链中的定位，通过优化生产流程、提升产品质量、增加产品附加值，能够增强本国在全球产业链中的竞争力，还能促进产业链的整体升级与优化。为此，国家需制定一系列激励政策，包括但不限于税收减免、财政补助、人才培养计划等，为本土企业提供优良的经营环境，激发其参与全球竞争的热情，共同推动全球产业链的协同发展与优化升级。

四是坚持在协同发展中实现产业链体系优化布局的逻辑。由不同区域、产业或相关行业构成的经济组织网络，展示出强大的链条整合能力，对于优化产业布局、增进产业链效率与提升竞争力具有不可忽视的重要性。在全球化潮流与市场驱动下，全球产业链的构建目标是达成成本效益最大化与高价值产出。产业体系的优化布局，在保障产业链的安全与稳定中发挥着核心作用，它通过促进地理上的产业集群效应，加强企业间协作与资源共享，进而提升产业链的弹性和市场竞争力。通过汇聚相关产业形成规模效应，可以吸引更多的投资与消费，扩大市场容量，增强在国际产业链中的地位与竞争力。

置身于全球产业链重构的背景下，优化产业链体系布局是一项充满挑战的使命，它要求我们在协同发展中寻求突破，着力于产业链整合能力的提升。强化产业链各环节间的协作，围绕主导产业与优势产业，实施扩容与强化措施，提高产业链协作效率与自给自足能力，以增强核心竞争力。构建稳固的产业联盟，推动企业、科研机构、高等教育机构及国家部门之间的深度合作，实现资源共享、技术互通与创新协同，确保产业链各环节协同进步，提升整体经济效益与市场竞争力。以“链主”企业为枢纽，构建统一、标准化的数字化平台，实现产业链上下游企业的高效协同与数字化升级，主动适应产业演进趋势，成为优化产业链体系布局的制胜关键。

因此，面对复杂多变的国际环境与产业挑战，我国为确保国内产业链的长期安全与稳定，需制定并实施五大战略导向，以构建更加坚固、高效且自主的产业链体系。

一是我国应推行开放合作战略。通过深化国际合作与倡导开放共赢的原则，我国将致力于构建一个更加包容、多元的全球产业链体系，以确保供应链的稳定与畅通，进而抵御外部冲击。

二是加速数字化转型的步伐成为必然选择。聚焦于产业链关键环节的数字化改造，打通信息孤岛，提升产业链的透明度与运营效率，确保数据流的无缝连接，以适应未来产业发展的数字化趋势。数字化转型能够提升产业链的敏捷性，还能够增强其抵御风险的能力。

三是优化空间布局与结构调整是提升产业链竞争力的关键。通过科学规划与合理布局，推动产业链的优化重组，促进区域间的协调发展，增强地理集群效应，提高整体产业链的竞争力。合理布局能够促进资源的高效配置，避免重复建设和资源浪费。

四是强化产业链集群能级提升是提升产业链整体效能的必要举措。我国需致力于产业集群的升级与优化，增强产业链的凝聚力与枢纽功能，打造具有国际竞争力的产业集群。通过集群化发展，可以促进上下游企业间的紧密合作，形成协同效应，提升产业链的整体竞争力和市场响应速度。

五是实施产业基础能力再造，是提升产业链韧性和自主可控能力的根本途径。应着眼于产业链底层技术与核心能力的重塑，加大研发投入，加强人才培养，推动技术创新，确保产业链安全。产业基础能力的强化，能够提升产业链的自主性，减少对外部技术的依赖，增强产业链的稳定性与可持续性。

值得一提的是，过去几十年我们国家的产业经济发展在一定程度上是以牺牲环境为基础的，2015 年党的十八届五中全会提出了“创新、协调、绿色、开放、共享”的发展理念，因此，我国在产业政策上明确提出了要促进产业经济发展绿色化，要改变低端的高污染、低端的产业附加值的现状，转向高端的低污染、高端的产业附加值的产业链建设，这意味着我国的产业要打破处于中下游产业链的现状，加强核心技术的突破，争先取得新技术的研发产权。

二、贸易

贸易主要指以货币为中介的经济交易活动，主要特征是交换。党的十八大以来，根据国家贸易数据统计，我国处于产业链中间的产品其出口量位列全球第一，是国际贸易互动中占比最高的，因此拓展中间产品贸易是一项重点工作。

刘翔峰深入分析了中间品贸易在全球经济体系中的核心地位及其对我国外贸战略的重要影响。依据联合国《广义经济类别分类》标准，商品被细分为初级产品、中间品及最终产品三大类别。其中，中间品作为国际产业链供应链合作的基石，主要用于制造其他商品或提供服务，涵盖原材料、零部件及半成品等。在全球经济一体化加深的背景下，中间品贸易已跃升为全球贸易的主导力量，占据了全球货物贸易总量的半壁江山，对于维护全球产业链供应链的稳定与安全发挥着不可小觑的作用。

自我国加入世界贸易组织以来，加工贸易蓬勃发展，形成了大规模进口中间品并进行组装后出口最终产品的贸易模式。统计数据显示，中间品贸易在我国对外贸易中的比重逐年攀升，从 2007 年的 56.9% 跃升至 2023 年的 61.1%，进出口总值达到了 25.53 万亿元人民币。特别是在出口领域，2023 年我国中间品出口总额高达 11.24 万亿元，占出口总额的 47.3%，其中，机电类中间品出口额更是达到了 6.37 万亿元。我国向日本、墨西哥、美国、德国等国出口的汽车零配件，向美国、德国出口的锂电池产品，以及向越南、印度尼西亚出口的平板显示模组类中间品均实现了双位数的增长。中间品贸易的蓬勃兴起，不仅契合了全球产业需求，还进一步巩固与扩大了我国的出口优势，成为推动外贸高质量发展的核心动力。

从进口角度来看，2023 年我国中间品进口总额为 14.29 万亿元，占进口总额的 79.4%，其中，机电类中间品、能源产品及金属矿砂等成为主要进口品类。我国中间品进口的来源地遍布全球六大洲的 200 多个国家和地区，这既确保了国内生产所需物资的稳定供应，也为世界各国提供了广阔的市场空间，对促进全球贸易的繁荣与产业链供应链的稳定发挥了重要作用。

拓展中间品贸易是推动我国产业升级、迈向贸易强国的必经之路，也是构建新发展格局的重要步骤。通过深化中间品贸易，我国能够加强与全球产业链供应链的国际协作，促进技术交流、产品创新与标准对接，加速全国统一大市场的构建。中央经济工作会议与《政府工作报告》均着重强调了拓展中间品贸易的重要性，提出了一系列旨在促进加工贸易升级、优化海外仓储布局、推动跨境电商健康发展的政策措施，发掘外贸新的增长点，增强产业链的自主可控能力。

聂平香深入分析了我国企业海外投资与中间品出口融合发展的策略，以期深化与全球产业链供应链的紧密链接。跨国公司作为全球产业链供应链的领航者，通过中间品贸易在全球范围内优化资源配置，利用各国和地区的比较优势，实现中间品的规模化与专业化生产，从而降低生产成本，提升生产效率。中间品贸易强化了跨国公司在产业链上下游的控制力，也确保了产品质量与供应链的稳定性。

中间品贸易作为全球贸易的重要支柱，为我国企业海外投资提供了关键平台，尤其在共建“一带一路”倡议的推动下，本土企业加快了在海外的生产布局，显带动了中间品出口的增长。东盟作为我国企业海外投资的焦点区域，亦是我国最大的中间品贸易合作伙伴。统计数据表明，大约 1/4 的受访中国内地大中型企业计划在未来 1—3 年内拓展海外业务，其中 45% 的企业拟在东盟地区拓展业务，位列各海外市场首位。截至 2022 年年底，我国在东盟设立的企业数量已超过 6500 家，投资存量总额达 1546.6 亿美元，占我国对外投资存量总额的 5.6%。

我国与东盟之间的中间品贸易联系紧密，2023 年双方的中间品贸易总额高达 4.13 万亿元，占我国中间品贸易总额的 16.18%。受我国企业在东盟的投资布局影响，对东盟的出口产品以工业中间品为主，包括机电产品、机械设备、钢铁制品、织物、塑料制品、车辆及其零部件、有机化学品等。值得注意的是，对越南和印度尼西亚的平板显示模组类中间品出口实现了两位数的增长，纺织类和塑料类中间品出口超过万亿元，主要市场聚焦于东盟国家。

中间品出口对于我国企业深度融入全球产业链供应链十分重要，通过出口中间品，我国企业成为了全球生产网络中的重要一环，提升了在国际市场的影响力。以比亚迪汽车为例，其在海外市场的布局促进了国内汽车零部件等中间品的出口，提升了中国汽车品牌的国际声誉，推动了国内汽车产业与全球汽车产业链的深度融合。为了满足国际市场对中间品的需求，国内汽车零部件企业不断升级技术水平和产品竞争力，逐渐获得了“走出去”的能力。

为了更好地适应全球经济格局和投资贸易规则的演变，我国企业需在海外投资布局和全球产业链供应链调整中采取以下策略：

一是提升企业海外投资与中间品出口的融合发展能力。整合国内重点产业链，加强重点海外投资企业与中间品贸易企业的合作，鼓励技术创新，建立产业集群协同创新机制，加快数字技术和绿色技术的应用，提升企业“走出去”的能力和中间品出口的质量。

二是以共建“一带一路”为核心，推动海外投资与中间品出口的深度融合。围绕重点产业加大投资合作力度，改善共建国家的基础设施、生产能力及收入水平，深化海外投资与国内产业链的融合，带动重点中间品出口。积极商签高标准的自由贸易协定和投资保护协定，为企业海外投资与中间品出口创造有利的外部环境。

三是建立综合性的海外投资与中间品出口融合发展促进体系。探索建立一体化的促进体系，制定相关政策，完善信用风险保障体系，推动海外投资与出口促进机构的融合，建立综合信息服务平台，为国内企业提供海外投资和中间品出口的信息支持。

王分棉深入剖析了我国拓展中间品贸易的战略视角及地方实践案例。截至2023年，我国已连续十二年稳居全球中间品出口榜首，中间品对我国外贸增量的贡献率接近近六成，成为推动外贸质与量并进的核心驱动力，并且为全球产业链供应链的稳定与安全提供了重要支撑。

为了促进中间品贸易的拓展，我国需着力构建门类广泛、上下游无缝衔接的制造业体系。我国拥有全球最完善的工业体系，为中间品生产提供了坚实的制造基础。山东青岛与天津的成功案例证明，凭借深厚的产业根基和全面的工业分类，积极扩展中间品贸易，不仅成功融入了国际生产网络，还挖掘了出口潜力，成为全球产业链供应链不可或缺的一环。据统计，青岛 2023 年的中间品进出口总额高达 4960.4 亿元，占全市进出口总额的 56.6%，天津在集成电路、新能源电池及汽车产业等领域构建了成熟的产业链供应链，为中间品贸易提供了坚实的产业支撑。

构建海陆空多式联运的国际物流网络是推动中间品贸易发展的另一个关键要素。鉴于中间品贸易对国际物流的高度依赖性，多个地区充分利用海港、空港和陆港资源，建立了海陆空多式联运的国际物流体系，如江苏无锡创新实施铁路“出口直装”模式，构建了集水路、公路、铁路和航空于一体的立体化国际物流网络，有效提高了通关效率，确保了外贸物流链和供应链的顺畅运行。南京海关在 17 个水运口岸全面支持铁海联运、河海联运等物流模式，有效促进了中欧班列和多式联运的高质量发展。

深化对外开放，积极开拓中间品的海外市场，是推动中间品贸易发展的一个重要策略。浙江、广东和天津等地通过拓展新兴市场、优化口岸营商环境、运用自由贸易协定等手段，积极支持企业拓展中间品的海外市场，提升贸易与投资合作的质量和水平。浙江持续开拓俄罗斯、墨西哥、东南亚和非洲等新兴市场，广东实施“五外联动”战略，天津连续三年开展“精准帮扶”专项行动，全力支持关键零部件和重要原材料等中间品的进出口业务。

当前，我国正处于产业转型升级的关键阶段，拓展中间品贸易对于推动制造业企业产业升级和价值链跃升具有重要意义。

一是提升产品质量。完善国家标准和行业标准体系，推动质量标准与国际标准接轨，强化产品质量监管，运用大数据、区块链等现代技术，实现全供应链、全产业链和全产品生命周期的精细化管理。

二是强化创新能力。加大研发资金投入，推动技术与产品创新升级，开发具有更高附加值的中间品产品，提升国际市场的竞争优势。

三是优化供应链管理。以高端化、智能化、绿色化为方向，引导制造业企业采用先进的供应链管理方法，提高供应链效率，确保供应链畅通无阻，推进供应链数字化转型。

第三节　宏观经济稳定与产业支持

一、宏观经济稳定

一个国家的宏观经济稳定意味着这个国家经济保持稳定增长、低通货膨胀率、低失业率、财政健康及国际收支平衡。在产业经济学的视域下，宏观经济稳定对产业经济发展具有很大的促进作用，具体体现在以下七个方面。第一，稳定的经济增长环境减少了经济周期的波动，使企业能够进行长期规划和投资决策，从而促进产业升级和扩张。其次，低通货膨胀率确保了价格的稳定性，降低了企业经营的不确定性，同时增强了货币环境的稳定性，有助于保持企业的盈利能力和国际竞争力。第三，低失业率提高了居民收入和消费能力，增加了对产品和服务的需求，并为企业吸引和留住高素质人才提供了保障。第四，健康的财政状况使得国家可以通过财政政策支持产业发展，如提供研发补贴、税收优惠和基础设施投资，减少企业和居民的税收负担，增加企业可用于再投资的资金。第五，国际收支平衡有助于保持货币汇率的稳定，增强出口企业的国际竞争力，并确保关键原材料和技术的稳定进口。第六，稳定的金融市场环境有助于企业获得长期稳定的融资，降低融资成本，并增强投资者的信心，吸引更多的国内外投资进入各个产业。最后，宏观经济政策的一致性和协调性减少了政策的不确定性，使企业能够更好地适应政策环境，国家也可以在此基础上实施有针对性的产业政策，进一步推动产业的转型升级和长期可持续发展。

下面我们将具体阐述维持宏观经济稳定的策略影响产业发展的路径，并通过相关的实证研究来作证。

一是财政政策。于姗研究了财政政策对辽宁高技术产业发展，采用了向量自回归模型来探究国家财政政策对高技术产业的影响因素。财政政策大致可以分成三种，即国家直接投入、国家采购、税收优惠。其相应的规律分别是在国家直接投入资金的情况下，企业自身投入也会被拉动增加；高技术产业发展处于初级阶段的情况下，国家实施采购政策可以给高技术产品提供稳定市场，进一步提高高技术产业的技术创新能力和市场竞争力；鉴于高技术产业研发活动固有的高风险与不确定性特征，实施税收优惠措施能够有效减轻企业创新成本负担，进而缓释研发风险，大大提高企业自主开展创新活动的积极性。

辽宁省高技术产业各行业的发展现状呈现以下特征：从总体营收增长的角度看，整体态势乐观，但各行业在经济产出上存在明显差异。在医药制造、航空航天、电子通信、计算机办公设备，以及医疗仪器仪表等五大行业间，电子及通用设备制造业以 731 亿元的主营业务收入领先，医药制造业与航空航天制造业分别以 550 亿元和 436 亿元紧随其后，而医疗设备及仪器仪表制造业和计算机及办公设备制造业的主营业务收入分别为 162 亿元和 50 亿元，与前三大行业存在较大差距。

创新产出方面，行业间差异样明显。依据新产品销售收入，航空航天制造业以 133.16 亿元的成绩领先，医药制造业、电子及通信设备制造业、医疗设备及仪器仪表制造业，以及计算机及办公设备制造业分别以 96.82 亿元、65.28 亿元、33.60 亿元、3.96 亿元依次排列。以专利申请量为衡量指标，电子及通信设备制造业以 1065 件位居第一，航空航天制造业和医疗设备及仪器仪表制造业分别以 661 件和 638 件位列第二和第三，医药制造业和计算机及办公设备制造业分别拥有 377 件和 43 件专利。

于姗基于 2000 至 2020 年《中国高技术产业统计年鉴》的数据，以 1999 至 2019 年的历史资料为基础，采用脉冲响应模型进行分析，研究揭示税收优惠对经济产出有促进作用，国家资金投入能有效推动创新产出，而国家采购的效益相对较低。

采用时间序列分析法，于姗运用 DEA 模型与 Deap2.1 软件，对五大制造业的经济产出效率与创新产出效率进行了细致分析。分析表明，财政政策对医药制造业的推动作用显著，纯技术效率值相对稳定，但规模效率值增长慢于纯技术效率值，暗示规模限制可能是该行业技术进步的障碍。航空航天制造业虽受惠于财政政策，但产出稳定性欠佳，该行业规模稳定，效率持续保持在高水平。电子及通信设备制造业综合效率最高，显示出财政政策投入在该行业的技术转化效率较高。计算机及办公设备制造业效率值变化较小，财政政策可以通过扩大产业规模来提高其综合效率。医疗设备及仪器仪表制造业的综合效率较低，反映了行业技术水平落后，财政政策未能有效促进其创新产出。

通过以上的案例可以看出财政政策措施对于不同的产业具有不同的效益，但是均能帮助该产业的企业提高经济产出，其提升程度取决于产业自身的技术和规模，并且这处于一个正相关的函数关系。国家直接投入和税收优惠政策的效益比国家采购要更好，但是产业对政策的各个措施的依赖程度是不同的，因此财政政策对产业经济的作用是非常显著的。

二是货币政策。货币政策通过调节利率和货币供应量来影响经济活动。随着全球经济一体化的加速，一些学者将研究视角转向开放经济条件下的货币政策规则，“多目标”货币政策规则逐渐成为学界关注的重点。司登奎等人认为，货币政策作为宏观调控的重要手段，除关注产出与通胀波动外，还应将人民币汇率与跨境资本流动作为调控目标。李成刚等研究发现，货币政策冲击对国际资本流动与人民币汇率的影响具有显著的时变特征。王立勇等在研究货币政策非对称问题时发现，在开放经济条件下，我国货币政策与人民币汇率之间存在非线性关系。张龙等进一步指出，随着全球经济周期波动加快，经济系统内在联系的非线性特征凸显，导致货币政策有效性呈现出一定的非线性特征。

李峰和李成刚研究了经济不确定性与货币政策的关系，这对产业经济有直接联系，影响着每一位企业家的决策。他们通过脉冲响应分析得到以下结论：首先，相较于全球经济政策不确定性，中国经济政策不确定性对国内产出与通胀的影响更大，但人民币汇率与国际资本流动更易受全球经济政策不确定性的影响。其次，比较低度与高度经济政策不确定性冲击发现，高度经济政策不确定性对产出、通胀与汇率的影响较大，并且在这种情形下国际资本还存在一定的流入趋势。再次，分析经济政策不确定性下货币政策有效性时发现，数量型货币政策规则与价格型货币政策规则对宏观经济的调控效果与经济政策不确定性程度的高低相关，高度经济政策不确定性更易削弱货币政策的有效性。总体而言，价格型货币政策规则在调控产出与通胀方面表现出更好的政策效果，但在稳定人民币汇率与国际资本流动方面容易陷入“顾此失彼”的困境。这些对我国宏观经济的负面影响通常不具有长期性，因此建议中国人民银行在应对经济政策不确定性冲击时，可进一步加大货币政策逆周期调控力度。

企业家可根据国家发布的货币政策来调整生产产量、控制规模或加强财务管理、优化资产结构来保持自身的弹性，在人民币的国际汇率下降时，适当减少进口依赖，增加出口量，而在国际汇率上升时，增加进口量，减少出口量。企业要积极探索需求新领域或拓展多元化经营模式，避免产品单一而受到货币政策带来的市值降低的风险。

三是自动稳定器。自动稳定器包括累进税制和社会保障支出等，可以在经济波动中自动调节经济活动。累进税制作为自动稳定器的一部分，通过对高收入群体征收较高的税率，有助于缩小收入差距，促进社会公平。这有利于提升中低收入群体的消费能力，扩大内需市场，促进消费品行业的发展，形成良性循环，推动整体经济的稳定增长。

自动稳定器通过社会保障支出，如失业救济和社会福利，在经济衰退时期为居民提供基本的消费保障。这有助于维持基本消费需求，防止消费骤减给产业经济带来的冲击，进而为企业提供相对稳定的市场需求，减少在员工福利方面的直接支出，从而缓解现金流压力，也能减少企业在经济低迷时期的销售压力。另外，自动稳定器通过累进税制在经济繁荣时期增加高收入群体的税收负担，防止经济过热，减少通胀压力。这有助于保持宏观经济的稳定性，减少企业对未来经济不确定性的担忧，增强企业的投资信心，促进长期投资和研发活动，有利于产业升级和创新。自动稳定器还通过社会保障和培训项目提升劳动力技能水平，为产业经济提供高素质的人力资源。

四是结构性政策。结构性政策是通过长期投资和改革来促进产业发展和经济结构优化。例如，国家在教育和职业培训方面的投资，提高了劳动力的技能水平和生产率，有助于高技术产业的发展。通过制定和实施产业政策，国家可以支持战略性新兴产业，推动经济向高附加值和高技术含量的方向发展。

五是国际经济政策。作为国家调控宏观经济的重要工具，通过外汇管制、贸易规则及全球合作机制，对国内产业的国际竞争力产生深远影响。在贸易政策层面，签订自由贸易协定（FTAs）与加入国际经济组织，如世界贸易组织（WTO）、亚太经合组织（APEC）等，能够降低关税及非关税壁垒，从而促进商品与服务的自由流通，增强跨国投资的吸引力，有利于打破市场准入障碍，还能通过制度性安排，营造公平竞争的国际贸易环境，增强投资者信心，推动资本、技术、人才等生产要素的跨境流动。国际经济政策还应包含促进投资便利化、知识产权保护、争端解决机制等方面的措施，以构建稳定、可预期的国际经贸秩序。通过这些多边或双边协议，国家可以更有效地参与全球经济治理，促进国内外企业遵循共同的国际标准与规则，从而在复杂多变的国际环境中维护国家利益，促进产业的国际化进程与可持续发展。

二、产业支持

产业支持大致可以分成金融支持、产业集群支持、国家政策支持、产业转型升级支持等几个方面。

第一，金融支持指的是金融机构或国家通过各种金融工具和政策，为特定的经济活动、产业、项目或群体提供资金和金融服务，以促进其发展和成长。该方式包括但不限于：贷款和信贷、股权投资、债券发行、保险服务、基金和信托、外汇和有价证券交易、资本市场服务、风险投资和天使投资、金融咨询和规划。张烁研究了在产业链安全视域下“专精特新”制造业金融支持的现状。2018 年，工业和信息化部颁布了《关于开展专精特新“小巨人”企业培育工作的通知》，明确了在 2018—2020 年，致力于培育约 600 家专精特新“小巨人”企业的目标。

自 2019 年开始，国家加速推进“专精特新”企业的发展，完善了相关培育体系，加强了金融指导力度，其中包括设立北京证券交易所等一系列举措。全国各地积极响应，对“专精特新”企业采取了认证奖励、服务补助、研发资助、机构扶持，以及科技金融等多种支持措施。

在“专精特”新企业的初创阶段，企业面临的主要任务是购置固定资产和开展产品设计研发，因此，其资金需求主要依赖于自有资金与政策导向的金融援助。随着企业步入发展中期，市场规模逐步扩大，企业开始显现多元化的融资需求，此时，除了政策性金融支持外，发行股票与债券成为企业融资的主要渠道。到了企业发展的成熟期，市场趋于饱和，企业转向技术创新以寻求突破，这时，股票、债券融资，以及内部资金积累成为支撑企业持续发展的主要金融资源。

然而，在现实情境中，银行信贷在评估及风险控制环节遭遇挑战，致使许多银行倾向于提供期限较短的贷款，如一年期或更短期限，而对中长期贷款的供给力度有待加强。企业与金融机构之间存在的信息不对称问题，加之专业人才短缺，使得融资渠道受到阻滞。因此，国家应当积极倡导企业通过债券市场融资，并且提升债券信用评级的精确性，推动企业上市以拓宽股权融资渠道，并优化银行信贷体系，以全面支持企业资金需求。

第二，产业集群支持是指国家、行业组织或其他机构为促进特定地理区域内某一产业或一组关联产业的发展而采取的一系列政策措施、服务和基础设施建设。通过加强区域内企业的合作与竞争、共享资源、知识溢出和专业化分工，提升集群内企业的竞争力和创新能力，促进区域经济的协同发展。例如，2024 年度，江苏省工业和信息化厅正式公布了本年度省级中小企业特色产业集群名录，其中，以南京空港经济开发区（江宁）为中心的航空动力与机电装备制造产业集群赫然在列，成为全省 75 个产业集群中独具航空制造特色的唯一集聚区。该区域已成功汇聚了基地航空公司项目，以及超过 20 家专注于飞机机电系统制造的企业，还有逾 10 家航空货运项目，被公认为国产大型客机 C919 核心零部件的重要生产基地，以及全国飞机机电系统产业的领航者。江宁开发区通过持续加大关键技术的研发力度，聚焦于核心技术的突破，积极引入重大产业项目，推动园区向产业链条的高价值端快速迈进，现已形成了由 30 余家航空研发与制造企业构成的产业生态。

第三，产业转型支持。当前产业存在产能过剩、要素成本增加、供需结构失衡等问题，技术创新成为破局关键。产业转型升级需要国家和企业自身的改进。

首先，加强政策引导，我国众多企业正处于新技术导入与架构设计的交汇点，国家理应特别关注前沿科技领域的探索，积极催化地方市场中主导产品的创新及新型模式的构建。为此，应着力于技术研发的深度推进，以实现区域经济的高质量发展与市场活力的持续激发。

其次，加快新型基础设施建设，它作为科技与企业革新之间的纽带，不仅支撑着产业的现代化跃迁，还在科技成果的商业化进程中扮演着重要角色。因此，各地国家应当加速推进 5G 通讯网络、智能计算、互联网生态及物联网体系的构建，以破解产业升级遭遇的技术障碍。传统基础设施的数字化与智能化升级亦不可忽视，这包括加速弥补现存的基础设施不足，确保城乡间设施供应的均衡，强化特高压电网、城际轨道交通及城市公共交通系统的建设，以此消除可能限制新型基础设施发展的潜在缺口。在全面规划基础建设的基础上，增强对共性技术与基础科研的投入，鼓励企业主动融入这一进程，构建一个集约高效、兼容并蓄的创新生态系统，以应对技术基建的独特要求，确保科技进步与经济社会发展的深度融合。

最后，提高技术创新和应用能力。企业提升其技术创新与应用效能，应聚焦于创新人才的汇聚、技术实力的深化及成果转化效率的优化。为达到这个目标，企业务必完善人才管理体系，强化吸引优秀人才的举措，特别是吸纳科技领军者，同步实施内部员工的培养计划，确保人才留存与有效利用。

在技术储备上，企业应专注于攻克核心难题，识别并逐一解决技术瓶颈，同步考量市场导向与战略需求，积极汲取海外先进经验，加以本土化改良与创新。通过并购整合、自主研发、技术成果收购等途径，充实知识库与技术资产。此外，强化产学研协同创新，依托项目申报与技术协作，构建稳健的合作机制，倡导在实践中的创新与创新后的实践应用。

就成果转化而言，国家应致力于专利体制的完善与知识产权的严密保护，配以科技成果转化的激励政策，搭建转化服务的平台，指导高等院校、科研机构及企业共建完善的管理制度，为科技成果的市场化提供有力的制度支撑。国家应运用税收优惠、财政补贴等政策工具，激励企业主动拥抱变革，将新技术、新工艺融入日常运营，持续提升产品与服务的科技价值。同时，设立科研成果转化实验区，协助企业规避转型风险，确保科技成果向商业价值的高效转化。

值得一提的是，大部分产业的发展在时间维度上，其发展潜力、速度、效益是不同的，产业在发展进程中大致遵循幼小期、成熟期、衰退期。因此，国家在制定产业支持相关政策时要充分考虑新兴产业的扶持和落后产业的退出协调。按照产业地位分类法即产业可以分成基础产业、支柱产业、辅助产业、瓶颈产业、先导产业和夕阳产业，因此，产业政策的支持应当充分考虑产业间的关系和各个产业的发展进程和地位。例如，对基础产业实施稳固的产业政策，对瓶颈和先导产业则加大产业支持力度，对辅导产业实施完善配套设施的产业政策。对于一些夕阳产业或技术成熟的产业，鼓励其转移到其他有市场需求的国家，既能助力其他国家的产业发展，又能协调促进我国的产业结构向现代经济产业结构转变。

第四节　经济危机与产业影响

一、经济危机

经济危机是指一国或全球范围内经济活动的严重衰退，它往往伴随着高失业率、企业破产、金融市场的动荡、信贷紧缩，以及消费和投资的急剧下降。经济危机的成因多样，可能源于金融系统的脆弱性、企业过度借贷、资产价格泡沫破裂、外部冲击、国家政策失误等多种因素。经济危机是周期性的并且联动效应较大。因此，在探究产业经济时经济危机是一个关键因素。

苏依依和王敏探究了经济危机对企业研发回报率的影响，他们搜集了1986—2014 年来自 63 个国家的 52638 个企业的年度大型数据样本，对比了

2008年经济危机前后的研发回报率，尝试以实证方式来验证“经济危机会带来巨大的创新潜力”，即Perez模型，并探究组织、产业，以及地域特性如何塑造企业在危机时期的研发回报动态。

研究结果表明：第一，在2008年全球经济危机的后续阶段，相较于市场主导地位稳固的企业，那些市场份额较小的参与者从研发活动中获得了更明显的回报。这暗示了在经济动荡时期，创新活动可能成为小规模企业提升竞争力的关键驱动力。第二，财务杠杆比率对研发支出具有影响的复杂性。在技术发展的早期阶段，即技术导入期，当众多创新技术和商业模式尚处于探索阶段，未有定论的新技术体系中，债权人的监管作用可能占据主导地位；然而，经济危机过后，随着新技术范式逐渐明朗，导入期转变为展开期，债权人的约束作用减弱，高财务杠杆对研发活动的抑制效果变得更突出，揭示了在不同经济周期中，财务结构对创新投入的不同影响。第三，行业差异大大地影响了经济危机前后研发回报的波动。服务业公司在危机前的研发支出仅为制造业企业的一半，但在经济危机后，其研发回报率明显超越了制造业同行。从数据回归分析的结果来看，无论是企业成长性还是盈利能力，服务业企业在经济危机后的研发回报均呈现大幅攀升。

尽管经济危机带来的效应从长期来看是有利的，经济危机可以促使经济结构调整，淘汰落后产能，推动创新和技术进步，为下一轮经济增长奠定基础。但是在短期内不可避免地造成了负面影响，如失业率上升、收入减少、贫困加剧、社会不稳定等问题。因此，产业的单位即企业如何面临并控制经济危机是值得推敲的问题。

郑子骜提出，企业内部风险大致划分为三类核心要素：管理可控风险，即那些可通过企业决策与管理策略加以调控的不确定性；品牌风险，涉及品牌形象的塑造与维护，对增强企业市场地位至关重要；技术风险，主要源于技术迭代导致的设备陈旧或无形折旧，威胁企业技术优势。

针对上述风险，构建经济危机防御机制的策略如下：

一是强化市场风险的管控，着重于营销体系的优化与建设。企业应清晰定位产品市场，精准预测创新趋势，以提升产品市场份额。同时，增强技术更新与保护能力，确保技术优势。

二是深化投资风险的管理，鉴于投资乃中小企业成长的重要路径，事前详尽的市场分析不可或缺。企业需明晰自身投资能力与方向，充分发挥核心竞争力，确保稳健发展。在项目选择上，需开展全面风险评估，包括可行性研究与未来趋势预判，避免盲目投资。

三是实施技术风险的规避，中小企业应优先投资于风险相对较低的技术创新项目，并且审慎考量自身承受力，以防陷入财务困境乃至破产。

四是加强财务风险的防控，旨在预防财务危机，提升抗风险能力，以达成财务管理目标。企业管理者应培养高度的财务风险意识，密切关注宏观经济政策与市场动态。此外，企业内部应构建财务危机预警体系，以期及时响应，有效防控风险。

在产业经济的深化发展中，我国金融体系的完善与优化是非常重要的。面对当前经济的复杂多变，金融体系需突破传统的局限，实现全面升级，以更好地服务于实体经济。这意味着金融机构要提升其覆盖广度和深度，确保金融服务的普惠性和安全性，更要求其在风险管理、信息共享与市场洞察方面展现更高的专业水准。

具体而言，金融机构应担当起产业与宏观经济之间的桥梁，通过透明化的信息披露，构建信任，减少市场不确定性。加强金融机构间的协作，形成合力，避免信息不对称导致的盲目跟风和短期套利，从而有效控制金融杠杆，预防系统性风险。此外，金融科技的应用将成为提升金融服务效率和安全性的关键，通过大数据、云计算等现代信息技术，金融机构可以更精准地评估风险，优化资源配置，促进产业经济的健康稳定发展。

与此同时，公共服务设施的建设和优化同样不可或缺。在经济波动中，社会福利服务需承担起稳定器的角色，为失业人群提供及时援助，确保劳动力资源的有效配置，避免人力资源的浪费。在经济复苏阶段，公共服务体系应快速响应，为企业提供充足的人力资源，保障产业链的连续性，推动产业经济的快速反弹。这要求国家在社会保障、教育、培训等方面加大投入，构建灵活多样的就业服务体系，以适应经济周期的波动，确保产业经济可持续发展。

总之，金融体系的现代化与公共服务设施的完善是产业经济发展的双翼，二者相辅相成，共同构建起经济发展的坚实基石。只有通过深化金融改革，强化公共服务，才能在复杂多变的经济环境中，确保产业经济的稳定增长，实现经济的高质量发展。

二、产业影响

产业影响指的是一个产业或行业对其所在经济体系中其他产业或整个经济产生的正面或负面的作用。这种影响可以通过多种方式体现，包括直接和间接效应，以及产业间的相互依赖和交互作用。我们通过以下几个方面进行分析：

一是直接效应。一个产业在其自身的生产、销售和采购活动中所产生的直接影响。例如，当国家在一个地区投资建设一个高科技产业园区，这个决定会立即对当地的建筑业产生直接效应。建筑公司会收到合同，开始建造办公楼、实验室、研发中心和相应的基础设施，这会直接增加对建筑材料的需求，如水泥、钢材、玻璃和电气设备等。

建筑工人的需求也会增加，这意味着直接创造了就业机会。这些工人将获得工资，从而增加他们的消费能力，他们会直接在当地购买食物、衣物和其他生活必需品，这将直接影响到零售商、超市和餐饮业。

二是间接效应。一个产业的活动对其上游供应商和下游分销商的影响。例如，杭州举办亚运会时，国际参赛团的到来刺激了当地出租车、公交、地铁和租车服务的需求，他们购买纪念品、服装和当地特色产品时会增加零售商店的销售额。由于游客数量增加，对城市清洁、垃圾处理和公共设施维护的需求也会增加，从而影响到清洁服务和公共事业公司。亚运会的举办会吸引媒体的报道，这会增加对当地广告和媒体服务的需求，包括印刷、广播和数字媒体。

三是诱导效应。指某一经济活动或政策变动在初始影响之外，通过引发其他相关经济活动而产生的额外效应。这种效应通常表现为初始活动所带来的收入、消费和投资增加，进而诱导其他部门或行业的经济活动，形成一种扩散和放大的作用。比如，绿色能源项目的投资直接增加了太阳能电池板和风力发电设备的需求，从而带动了光伏产业和风电设备制造业的发展。这些行业将扩大生产规模，增加就业，提升技术研发投入，提高产品的市场竞争力。绿色能源投资还会诱导相关的基础设施建设需求，如电网改造和储能系统建设。这些基础设施的建设需要大量的工程技术服务和建筑材料，进而带动建筑业和材料供应行业的增长。电网改造和储能系统的提升有助于提高能源效率，促进电力系统的智能化和现代化。绿色能源项目的投资还会对下游产业产生诱导效应。随着可再生能源的普及和成本的下降，电动汽车行业将受益于更为清洁和廉价的电力供应，从而加速电动汽车的推广和应用。电动汽车行业的发展带动了汽车制造业的转型升级，促进了相关配套产业，如电池制造、充电基础设施建设和智能交通系统的发展。

四是乘数效应。指经济活动中的某一初始支出引发一系列连锁反应，导致总经济产出增加幅度远大于初始支出的现象。表现为当某一部门或行业进行投资或增加支出时，这一支出直接增加了该部门或行业的收入，并且通过一系列相互关联的经济活动和交易，进一步带动了其他部门和行业的收入增长，从而在整个经济体系中产生放大的效果。

以国家对基础设施的投资为例，这一初始支出能够引发显著的乘数效应，带动多个相关产业的发展。假设国家决定投入大量资金建设高速公路网络，这一投资将直接增加建筑业的收入，创造大量的就业机会，提升建筑材料行业的需求，从而带动钢铁、水泥、沥青等相关产业的生产和销售。

首先，建筑业直接受益于基础设施投资，增加了项目合同数量和建筑企业的收入。随着项目推进，建筑业将雇佣更多的工人，增加就业，工人的工资收入随之提高。这些工人会将所得收入用于消费，如购买食品、服装、家电等，从而拉动零售业和服务业的需求。

其次，建筑材料行业也会因为基础设施建设项目的需求增加而受益。钢铁、水泥、沥青等原材料的生产商将扩大生产，提升销售，进一步增加这些行业的就业和收入。这些行业的增长将对上游的原材料供应商产生积极影响，如矿业和化工产业的生产和销售也会随之增加。

最后，高速公路网络的建设还将提高区域间的交通便利性，降低物流成本，提升企业的运输效率，进一步促进商品和服务的流通。交通基础设施的改善有助于吸引更多的投资和企业落户，从而带动地方经济的发展，形成新的增长点。

因此，国家对高速公路的初始投资不仅直接增加了建筑业的收入，还通过一系列连锁反应，大大带动了建筑材料行业、零售业、服务业、矿业和化工产业等多个相关产业的发展。乘数效应使得总经济产出增加幅度远大于初始投资金额。

五是产业间关系。指不同产业部门在生产、流通和消费过程中，通过技术、资源、信息等多种要素相互影响、依赖和促进的联系。这种关系体现为直接的上下游供应链关系，并且包括产业间的协作、竞争和共生关系，形成了一个复杂的产业生态系统。

以信息技术产业与制造业之间的关系为例，这两者之间展示了复杂的相互依赖和促进关系。信息技术产业通过提供先进的软硬件设备、数据处理技术和信息系统，大大提高了制造业的生产效率和产品质量。信息技术产业为制造业提供了各种先进的生产设备和技术支持，如数控机床、工业机器人和物联网设备，这些技术设备提升了制造过程的自动化程度和精确度，推动了制造业的技术创新和产业升级。

制造业通过引入信息技术，实现了生产过程的信息化管理，包括供应链管理、生产计划与控制、质量监控等。信息化管理系统提高了生产效率，减少了资源浪费，优化了生产流程。信息技术的发展还促使制造业出现了新的商业模式，如智能制造、定制化生产和基于互联网的平台经济。通过大数据分析和人工智能技术，制造企业可以更好地预测市场需求，实现柔性生产，提供个性化产品和服务。

制造业的需求反过来也推动了信息技术产业的发展。制造业对高性能计算、人工智能和数据分析的需求能够推动信息技术产业在这些领域的快速进步。，制造业的实际应用反馈也为信息技术的发展提供了丰富的实践案例和数据支持，促进了技术的进一步提升和完善。

总而言之，通过技术支持、信息化管理和新商业模式的产生，信息技术产业推动了制造业的升级和转型。而制造业的需求和应用反馈为信息技术产业的发展提供了动力和方向。这种相互促进、协同发展的关系，既提升了两个产业的竞争力，也为经济整体的协调发展提供了有力保障。

六是区域经济影响。指某一经济活动、政策或项目在特定地理区域内所产生的经济效应。这种影响通常包括对区域内生产总值、就业水平、收入分配、产业结构和资源配置的变化。市场氛围和环境。

通过对经济危机与产业影响的认识，我们应当加强市场监管体系的建设，尽可能地确保政策的正向促进作用。

第五章　产业经济学的未来趋势

第一节　产业融合及结构变迁

一、产业融合

产业融合是指不同产业之间通过技术进步、市场需求变化和政策推动等因素相互渗透、融合，形成新产业或产业体系的过程。这一过程打破了传统产业间的界限，通过资源整合、技术共享和业务协同，产生新的经济增长点和竞争优势。产业融合能够提升产业链的整体效益和创新能力，促进经济结构的优化升级。当前，我国的产业融合倾向于以第三产业为重心，从各个方面来提高产业及产品的附加值，从而实现经济增长点。

在当下的产业变革洪流中，产业融合成为创新驱动的方式之一，为我国产业经济注入了新的活力，例如，西门子公司与博世公司在华合资建立了生产基地，形成了涵盖采购、生产直至售后服务的完整产业链。通过高效生产与前沿研发，两家公司于 2024 年 6 月在南京共同揭幕了一个研发中心，专注于研发家电领域的尖端技术。这一合资行为激起了业界的广泛关注。

2024 年 7 月 17 日，长安马自达在其南京工厂推出了首款新能源汽车——MAZDA EZ-6。这款车型是基于纯电数字平台打造的 B 级电动轿车，标志着合资品牌迈入了 2.0 时代。这意味着中国本土汽车制造商不仅参与到关键技术的研发中，还在全球领先的电动化和智能化技术方面发挥了主导作用，并与合资品牌深厚的造车经验相结合。

上述案例中产业融合的动力来源于技术，还有市场需求和政策。一是技术作为生产要素其中的一部分，在产品数量和质量上起到了颠覆性的作用，马克思在《资本论》中提到企业家受利益驱动会主动追求技术创新从而获得超额利润，因此，新技术的应用会随着技术的成熟迅速占领市场而趋向利润均衡。反观历次的产业变革都与新兴技术的出现相关并且逐渐实现普及化。例如，第三次信息革命，计算机辅助设计、计算机辅助制造和数控技术的出现帮助制造实现了企业从设计、制造到管理的全流程数字化，生产效率和产品精度大幅提高，制造周期缩短，推动了精益生产和智能制造的发展。

二是市场需求，需求侧具有巨大的驱动潜力，当前我国社会的主要矛盾指明了市场上产业的产品已无法满足人民日益增长的美好需求。人民的需求呈现出个性化、复杂化的特点，根据马斯洛需求层次理论，在满足生理需求、安全需求、社交需求、尊重需求四个基础需求层次之后，人的需求会向高级需求发展，即自我实现的需要、超个人需求。以“双碳”目标与新能源汽车扶持政策为例，汽车产业正经历从化石燃料向清洁能源的转型，电动汽车的诞生便是汽车与电池制造业协同创新的成果。消费者对电动车续航能力的要求，加速了汽车与电池制造业的深度融合，进而驱动了电池材料安全性在材料科学领域的革新。这一融合进程提升了电动车的续航里程与充电效率，开启了汽车制造业与信息技术业的新一轮联姻，推动了车辆智能化进程。例如，小米公司推出的互联车型——小米 SU7，便实现了产品在互联网环境中的交互，构建起一整套互联网生态产品体系。2021 年，全自动无人驾驶出行服务平台“萝卜快跑”的亮相，更是见证了互联网、高端材料制造、汽车制造与电池制造四大产业的交织与革新。这一里程碑式的成就，是技术进步的体现，也是产业融合的典范，昭示着未来出行方式的无限可能，以及跨行业合作在推动社会科技进步中的关键作用。通过持续的创新与合作，这些行业正携手重塑未来，满足人类对智能、环保、便捷生活方式的不懈追求。

三是政策。2016 年，全球 178 个缔约方共同签署了气候变化协定，即《巴黎协定》，制定了长期目标：将全球平均气温较前工业化时期上升幅度控制在 2℃以内。冲刺目标为：将温度上升幅度限制在 1.5℃以内。我国作为签署缔约方之一，共同致力于该目标的达成。为应对气候变化、减少碳排放及保障能源安全，中国颁布碳中和的产业政策来大力推动可再生能源的发展，在这个过程中引导了多产业的深度融合，具体有以下四个方面：

首先，能源产业与制造业的融合尤为显著。国家通过财政补贴、税收优惠等政策激励新能源技术的发展和应用，促使传统制造企业加快转型，采用光伏、风能等可再生能源技术。提高了制造业的能源利用效率，减少了碳排放，推动了新能源装备制造业的快速发展，形成了新的产业增长点。

其次，能源产业与信息技术产业的融合在碳中和目标下也得到大力推进。智能电网、能源管理系统和物联网技术的引入，使得能源生产、传输和消费过程实现了智能化和精细化管理。在国家政策支持下，信息技术与能源管理深度结合，通过实时监测和数据分析，优化能源使用效率，降低了能源浪费，实现了更高效的碳排放管理。

再次，建筑行业与可再生能源产业的融合也是实现碳中和目标的重要路径。在政策的推动下，绿色建筑标准和建筑能效提升措施得以广泛实施。建筑物不仅安装了太阳能光伏板，采用了节能材料，还利用了智能能源管理系统，实现了建筑能源的低碳化和智能化。这种融合促进了建筑行业的可持续发展，带动了相关技术和产品的市场需求，推动了整个绿色建筑产业链的完善和升级。

最后，交通运输业与新能源产业的融合也在政策的支持下快速发展。国家通过提供电动车购置补贴、建设充电基础设施等措施，鼓励新能源汽车的普及。这既减少了传统燃油车的碳排放，又推动了电池、电机等核心技术的创新和进步，带动了相关产业的整体升级。

总体来说，融合方式可以分成六种，即技术驱动型、需求驱动型、供应链驱动型、服务驱动型、跨界融合驱动型、政策驱动型。下面我们进行逐一介绍。

技术驱动型融合主要通过新技术的应用和推广来实现不同产业之间的融合。它能引发各行业在生产方式、业务模式和价值链上的深刻变革，主要表现为生产效率的提升和成本的降低、催生新的商业模式和服务形式。一般来说，新技术在产业融合过程中通常遵循从点到面的扩散规律，逐步实现从单一企业、单一行业向多个行业的渗透和扩展。

需求驱动型融合主要由于市场需求的变化和消费者需求的多样化，促使不同产业之间相互渗透和融合。随着消费者需求的提升和个性化，产业融合成为满足市场需求的重要手段。

供应链驱动型融合通过供应链上下游的整合和优化，实现不同产业之间的协同发展。通过供应链的优化和整合，不同产业形成高效的产业链和生态系统，从而提升整体竞争力。

服务驱动型融合通过服务业与制造业、农业等其他产业的融合，实现产业间的协同效应。服务业的介入可以提升其他产业的服务水平和附加值，形成新的产业形态，例如，金融服务与科技形成金融科技，通过金融服务和科技手段的结合，提供更加便捷、高效和创新的金融服务。

跨界融合驱动型是通过不同产业之间的跨界合作和创新，形成新的产业和商业模式。例如，健康医疗与大数据产业的融合，形成健康大数据产业。通过大数据技术对健康医疗数据的分析和处理，提供精准的健康管理和医疗服务。

政策驱动型融合主要由国家政策和战略推动，通过政策支持和引导，实现不同产业之间的融合和发展。国家政策的支持能够提供资金、技术和市场等方面的保障，促进产业融合。

从产品特征来看，以上六种产业融合类型可以看成相似产业的融合和互补产业的融合。例如，通信技术的发展可以推动电信和互联网两个相似产业的融合，新能源汽车技术的发展可以促进汽车制造业和充电基础设施产业两个互补产业的融合。

产业融合实际上是市场机制引发、协调企业的市场经济行为从而实现帕累托最优的过程。欧洲理事会提出在欧盟范围内统一充电器接口为Type-C口，实现了充电器与各大手机生产商的整合，对生产商而言。标准化的充电口技术更成熟，节省了自产自销的充电口和配套充电器的成本；对消费者而言，实现了大范围内充电器共享，节省了时间和金钱，并且随着电子产品的普及，此举有利于减少资源不匹配而导致的电子垃圾过多的问题，有数据表明此前充电器每年会产生约 11000 吨电子垃圾，此后该现象会有明显改善。因此，产业融合最终的目的是使两种产业实现“1+1 ＞ 2”的经济效应结果，无论使整合旧产业实现资源共享，简化人们满足需求时所用成本，还是与新技术融合形成新领域的产业，都是在实现帕累托最优路径。下面我们通过一个实证研究来深入了解在实际中产业融合的解决路径。

刘伟华与兰蕊深入探讨了产业融合与新型生产力在物流行业降本增效中的协同作用。社会物流成本，作为衡量一国物流服务质量和物流业成熟度的重要指标，实质代表了在经济发展进程中，全社会为物流活动所负担的总费用。该指标通常通过计算全社会物流成本占国内生产总值 (GDP) 的比例来体现，反映物流效率与经济发展的耦合程度。

根据国家发展改革委、交通运输部联合发布的《关于进一步降低物流成本的指导意见》，降低社会物流成本的策略应涵盖制度优化、要素配置、税费减免、信息整合，以及综合成本控制五大领域。我国当前面临的社会物流成本偏高的问题，其解决之道是精简间接成本，而非简单地在物流业与其他产业之间制造经济利益的对立局面。

当前，物流业在寻求成本削减与效能提升过程中，遭遇两大障碍：一是中小微物流企业的大量存在构成首要挑战。依据第四次经济普查报告，我国交通运输、仓储及邮政业的从业者总计达 1396.7 万之众，物流相关实体超过 600 万家，其中超过九成被归类为中小微型企业。这类企业普遍遭遇融资壁垒，加之数字化转型进展缓慢，致使物流作业效率受限，降本增效目标难以达成。

二是全球经济的颓势加深了物流企业的经营困境。国际冲突频发，贸易摩擦升级，自然灾害频发，地缘政治紧张局势升级，以及逆全球化趋势抬头，共同构成了全球经济增长的重大阻碍。在此环境下，众多中国企业被迫采取紧缩策略，削减开支并抑制消费，对资本配置与财务效率提出了更为严峻的要求。受全球经济波动影响，我国物流行业经历了很大的业绩波动，社会物流成本屡现周期性激增，降本增效的努力遭受严重阻碍。

刘伟华与兰蕊主张，为实现降本增效的目标，需运用系统性思维，从宏观战略规划入手，与微观战术调控及执行层面的操作紧密结合。这个策略充分发挥了产业融合在供应链全环节的成本缩减效能，同时挖掘了新质生产力带来的技术效率提升潜力。

在战略构想层面，①是依托物流智能化技术，设计优质物流服务方案。以华为公司为例，其物流工程部下辖工艺、算法与标准三个部门，针对各类产品定制化物流运作规划，运用数字化与智能化手段，有效降低了物流全链条成本；②应以供应链订单为导向，实施供应链体系的创新设计。这能减少库存积压与无效消耗，通过核心企业引领，运用数智化工具，加速运输、仓储、配送、流通加工等环节的资源整合与模式革新，结合云端仓储与配送模式，实现物流资源的最优配置；③应借助供应链可视化技术，绘制物流成本控制蓝图。采用数智化方法，构建涵盖物流全链条的成本控制视图，确保物流信息的互联互通，协调各物流环节的直接与间接成本，实现成本的精细化管理。此举有助于提升物流效率，还能增强供应链的透明度与可控性，为成本节约与效能提升奠定了坚实基础。

在战术调控层面，为达到物流行业成本削减与效能提升的目的，需采取多管齐下的策略。具体而言，简化商品分销流程，如促进社区团购模式的精炼；缩减物流里程；构建共用物流设施以缩短货物运输路径；优化轴辐式物流架构，如通过改进集散与输送体系来强化网络效应；重塑与生态伙伴间的关系，如构筑集成化的数字智慧物流生态体系，从而达到降本增效的目标。

在战术操作执行层面，应秉持“三大推进”的指导思想：一是促使物流标准化水平的跃升，确保作业流程的一致性和高效性；二是促进供应链金融机制的健全，为供应链各环节提供稳定而灵活的资金支持；三是推动供应链金融服务的深化，优化资金流与物流的协同效应，进而增强整个供应链的韧性和竞争力。

二、结构变迁

在产业经济学理论基础部分，我们提到过八个发展规律，以此为依据，当前，我国的三次产业结构已完成“三二一”结构，尽管从比例分布视角审视，我们仍置身于后工业时代，但产业结构已初显现代产业结构雏形。

从一国的整体经济来看，在此前我国的发展在一定程度上以牺牲环境为代价，高速地实现了经济水平的跃升。当解决了温饱问题、城镇化建设问题后，国家适时适需转变经济发展方式，坚持绿色发展，新的生产力增长点应当以技术和劳动人口素质为抓手实现高质量的经济发展。因此，可以推测出在未来数十年，作为新一代产业变革标志的人工智能技术还需要不断地研究、试验和政策扶持，第二产业将因人工智能的制作、训练等发展的需要而保持平缓的趋势，在人工智能技术成熟后会呈现逐渐下降趋势，第三产业将因人工智能的普及和应用，更好地服务于消费者需求而继续缓慢地扩大，并且会存在瓶颈期，这是由于一项技术的成熟需要产业的通力合作研发，在市场上不断地试验才能赢得消费者的认可。

在国际背景下，一国经济在发展中会面临着中等收入陷阱和修昔底德陷阱问题，修昔底德陷阱是指当一个新兴大国迅速崛起，对现有守成大国构成威胁时，可能会导致两者之间的紧张关系加剧，甚至爆发冲突或战争。近几年，中美贸易发生了多起贸易摩擦事件，美国限制了高新技术产品对中国的出口，并且在一定程度上抵制中国产品的进口，影响了我国贸易经济的增长。这种经济行为也加速了我国解决中等收入陷阱的进程，减少对出口的依赖，尽快建立健全国内产业链供应链，实现产业对产品的自主研发和生产，有助于开创以国内大循环为主体，国内国际双循环相互促进的新经济发展格局。我国通过共建“一带一路”倡议已与 150 多个国家、30 多个国际组织签署了 200 多份合作文件，在贸易经济和产品流通上建立了友谊关系。一方面，我国积极推动企业走出国门，助力其他国家的产业发展;另一方面，我国也鼓励新兴产业的“引进来”，创造更多的就业岗位，形成国内良好的经济循环，带动经济增长。

从区域的经济角度来看，我国的长三角、粤港澳、京津冀等区域在改革开放以来经历了显著的产业集群结构变迁，反映了经济快速发展和产业升级的过程。第一个长三角地区，从 20 世纪 80 年代的纺织、轻工等劳动密集型产业起步，到 20 世纪 90 年代的电子信息、机械制造等产业崛起，再到 21 世纪中期至今的集成电路、生物医药等高新技术产业迅速发展，展示了区域合作和产业链扩展的重要性。第二个粤港澳大湾区则依托港澳的国际窗口优势，早期以电子、玩具、服装等加工制造业为主，逐步发展出电子信息、家电、汽车制造等产业，并在新兴的互联网、生物医药、人工智能等领域取得突破。第三个京津冀区域，北京的科研优势和天津、河北的重工业基础，推动了电子信息、汽车制造等产业的发展，尤其是北京中关村成为中国的“硅谷”。区域合作与一体化战略在这三个区域的变迁中起到了关键作用，推动了产业集群的结构变迁。

周梦瑶研究了中国产业结构变迁的投入产出分析。三次产业结构分析可以分为三次产业产值结构分析、投资结构分析、总产出结构分析。

投资结构分析对消费结构、进出口结构变动情况进行分析，反映了我国产业结构中投资结构的内部变化趋势。自1987—2000年，最终消费展现稳定攀升之势，表明人民购买力的持续增强。至2018年，消费增速稍有放缓，折射出我国供给侧结构性改革的积极效应正逐步显现，标志着经济对消费需求的依赖度正逐步调适，转向更为均衡的增长模式。消费格局的重塑表现为第一产业消费比例有序收缩，第三产业消费比例显著提升。表明人民对商业服务、公共基础设施及金融理财等领域需求的日益增长。人民日常支出的转变，不再局限于基础物资层面，而是向满足生活品质与精神追求的复合需求迈进，此趋势从侧面揭示了我国社会主要矛盾的深度转化。伴随市场经济体制的确立，第二产业消费在经历初期的波动后，借助国家强化基础设施建设与城镇化推进的战略契机，重获增长动力，其对经济的支撑作用不容小觑。至于进出口结构的调整，则是衡量我国贸易实力的重要指标。自2001年我国正式成为世界贸易组织成员以来，秉持内外贸并举的策略，我国外贸总额于该阶段实现迅猛增长。尤其值得关注的是，1987年至2018年，轻工业产品出口份额呈递减趋势，而高技术含量产业的出口占比则稳步攀升，反映出我国出口结构正朝着高端化、智能化方向转型。

总产出结构反映了各部门对国民经济的贡献程度。从1987年到2018年，我国电子通信领域与交通邮电业务展现出明显的成长势头，催生了技术与产业相互促进的新局面，形成了一种协同效应。与此相对的是，农林牧渔业及非金属矿产开采和制造加工产业经历了总产出的相对缩减，表现出传统产能调整的迹象。在此背景下，我国总产出结构的变迁，表现出以制造业为主导的第二产业与部分传统服务业逐步向现代服务业与高新技术产业转移的特征。这一转变，不仅反映了经济结构的优化升级，还预示着未来经济增长点的转向，即更加强调知识密集型与创新驱动的产业板块。

周梦瑶对我国产业关联结构变化进行了分析，一是分析产业关联变动，分别从中间投入变化、中间需求变化、影响力系数变化、感应度系数变化、主导产业变化阐述；二是从产业关联网络结构变迁分析，分别从产业关联网络拓补图、产业关联网络的节点、块模型进行阐述，并对该内容进行了曼—肯德尔法（Mann-Kendall）检验和信效度测度，其结果表明：

产业关联网络的架构日益繁复,各行业之间的纽带日益紧密。在这一网络中，化学制品、批发零售、运输物流、电信信息，以及通用与专用设备制造等四大产业群落，占据着核心节点，它们对整个经济体系的牵引力与资源配置效率表现卓越。相比之下，轻工业制造部门在网络中显得较为边缘化，这与其产品属性贴近日常必需品，以及生产过程中较高的自给自足特性相吻合。值得注意的是，第三产业中的公共服务与基础设施部门的关联强度渐增，这与我国公共事业及基础建设持续完善的步伐相呼应。

依据 Mann-Kendall 检验法，可验证自 1987 年至 2018 年，我国的产业结构历经了深刻变迁。在此期间，三大产业的产值比重均经历了动态调整，第一产业比重显著下滑，而第二、第三产业则呈现显著增长。在总计 30 个细分行业中，多达 22 个行业经历了产值比重的显著波动。

产业结构正向着高级化方向迈进，整体趋向高价值创造与高技术含量。我国产业结构的合理性在经历短暂起伏后，步入了持续改善的轨道，展现出有效的结构调整成效。这一进程与我国在产业经济与工业技术领域的进步密不可分，产业结构正逐步向高度组织化与规模化效益的方向演进。

综观全局，我国产业结构的演化遵循着内在规律，正朝着优化与高端化的路径前行。各行业间的互动日益深化，由单一需求驱动转向多元动能驱动的产业结构迭代模式正在形成，尽管如此，结构性失衡问题仍然存在。未来产业结构的优化，需着力推进农业现代化，加速工业与信息化融合，提升生产性及生活性服务业质量，强化产业间协作，实现资源高效配置，紧跟全球经济趋势，持续增强国家综合经济实力。

第二节　技术创新与产业变革

一、技术创新

技术创新是产业经济学中需要重点阐述的部分，技术创新既提升了企业竞争力，推动了生产力发展，又深刻影响了市场竞争格局和产业结构的演变。技术创新作为经济增长中重要的内生变量，对促进经济增长和产业结构优化具有重要意义。

技术创新的概念起源可追溯至约瑟夫·熊彼特，他首次系统阐述了这一理论。随后，Enos 进一步明确了其定义范畴，强调技术创新由一系列复杂活动的集合体构成，涵盖资本配置、机构构建、战略规划、劳动力招募及市场开拓等关键环节。美国发布的《科学指标》报告深化了对技术创新的理解，将其分类为两大核心类别：首先，标志性重大技术突破，这通常指代那些具有划时代意义的创新；其次，广泛意义上的技术演进，这类变革虽非颠覆性，但同样推动了技术领域的持续进步。我国于 1999 年 8 月，由中共中央与国务院联合发布的《关于加强技术创新，发展高科技实现产业化的决定》，对技术创新的实质作出了权威诠释。其指出："技术创新乃企业运用新颖知识、技术革新及精进工艺，优化生产流程与管理模式，从而提升产品品质，研发新产品，提供创新服务，并占领市场份额，最终实现商业价值的过程。"

从内容、模式、方式的角度出发，技术创新可以分为七类：

一是产品创新与工艺创新。产品创新的核心追求是创造出区别于市面上现存商品的新品种，或是对既定商品的架构、效能或外观进行升级，以此增强其市场竞争力。依据创新举措是否植根于前代产品之技术底蕴，产品创新可细分为两大类：开创型创新与改良型创新。前者聚焦于从无到有的创造，致力于催生前所未见的产品形态；后者则立足于已有商品之上，着重于功能优化与性能提升，力求精益求精。工艺创新则涵括了生产技术的革新，通过引入先进的制造方法，优化产品品质，缩减成本开支，并增进生产线的运作效率，从而在根本上提升企业的经济效益与市场响应速度。

二是演化式创新与颠覆式创新。演化式创新，即在现行产品与生产流程的既有技术框架内，实施一系列微调与优化，以逐步提升其效能与质量，这个过程强调的是持续性与累积性的进步。颠覆式创新指向对既有产品及生产工艺的根本性重塑，这一类型的创新犹如科技领域的催化剂，有能力激发整个行业乃至跨行业的革命性变迁，对社会经济体系产生深远且持久的影响。以第三次工业革命为例，信息科技领域，特别是数字信任技术的兴起，对传统技术范式形成了挑战与颠覆，引领全球步入了由信息驱动经济增长的新纪元，彻底改变了人类的生活方式与商业模式。

三是基于创新途径的不同，技术创新可细分为三大类别：自主型创新、协同型创新与效仿型创新。自主型创新，作为引进与效仿之外的独特路径，强调依托自身拥有的知识产权，核心科技的原创研发，进而实现技术革新，获取市场价值。该模式下，企业或机构需独立探索并掌握关键技术，推动技术前沿的进展。协同型创新，涉及企业间、企业与科研机构及高等教育机构之间的紧密协作。在这种模式下，各方共享资源、知识与专长，共同攻克技术难题，加速科技成果的转化与应用，形成共赢的创新生态。效仿型创新，是指企业通过对行业尖端技术的学习与借鉴，或通过合法途径，如引进、购入等手段获取核心技术秘密，以此为基础展开实践与改良，快速缩小与领先者的差距，实现技术能力的提升。这一策略通常包含对现有技术的深入理解和再创造，以适应特定市场需求或拓展新业务领域。

在明晰技术创新的内涵后，下面就我国的技术创新支持体系进行介绍，以及在 21 世纪初期，立足于国家产业布局，对我国的新兴领域技术进行罗列和简要介绍。

2024年党的二十届三中全会发表了《中共中央关于进一步全面深化改革 推进中国式现代化的决定》，明确了技术创新的重要性，通过党的高度引领，动员一切力量从各个方面支撑和优化技术创新的驱动力。我国通过实施科教兴国战略、人才强国战略和创新驱动发展战略，将教育、科技和人才作为现代化的基础性、战略性支撑，统筹推进体制机制改革，以提升国家创新体系的整体效能。

教育与科技的深度融合是技术创新的重要推动力。深化教育综合改革，加快建设高质量教育体系，通过改革育人方式、办学模式、管理体制和保障机制，提升教师的教育水平和学生的创新能力。特别是高等教育，通过优化布局，推进高校科技创新机制，提高科技成果转化效能，促进科技教育与人文教育的协同发展，构建职普融通、产教融合的职业教育体系，为技术创新提供坚实的人才基础和智力支持。

科技体制改革是提升技术创新能力的关键要素。我国要坚持面向世界科技前沿、面向经济主战场、面向国家重大需求、面向人民生命健康，优化重大科技创新组织机制，强化关键核心技术攻关，推动科技创新力量、要素配置和人才队伍的协同化发展。通过建立和完善国家实验室体系、优化科研机构和高水平研究型大学的定位和布局，推动国家和地方协同和科创平台建设，鼓励新型研发机构的发展，促进科技创新与产业创新的融合。

基础研究是技术创新的源泉。我国要加强有组织的基础研究，提高科技支出用于基础研究的比重，完善竞争性支持和稳定支持相结合的投入机制，鼓励地方、企业和社会力量支持基础研究。通过强化基础研究领域、交叉前沿领域和重点领域的布局，推动高风险、高价值基础研究的开展，提升国家在科技前沿的竞争力。

企业是技术创新的主力军。我国要强化企业科技创新的主体地位，建立培育壮大科技领军企业机制，加强企业主导的产学研深度融合，支持企业牵头或参与国家科技攻关任务。通过建立企业研发准备金制度和促进“专精特新”中小企业发展的机制，鼓励企业加大研发投入，提高研发费用加计扣除比例，推动科技成果转化和产业化。

科技成果转化机制的改革是技术创新的重要环节。我国要加强国家技术转移体系建设，完善首台（套）、首批次、首版次应用政策，加大国家采购自主创新产品力度，强化技术经理人队伍建设，推动科技成果的高效转化。构建与科技创新相适应的科技金融体制，加强对国家重大科技任务和科技型中小企业的金融支持，完善长期资本投早、投小、投长期、投硬科技的支持政策，健全重大技术攻关风险分散机制，提高外资在我国开展股权投资和风险投资的便利性。

人才是技术创新的核心资源。我国要实施更加积极、开放、有效的人才政策，完善人才自主培养机制，加快建设国家高水平人才高地和吸引集聚人才平台。通过培养战略科学家、一流科技领军人才和创新团队，建设一流产业技术工人队伍，提升各类人才的素质和创新能力。完善青年创新人才发现、选拔和培养机制，保障科研人员的待遇和专心科研的制度，强化人才激励机制，形成具有国际竞争力的人才制度体系。

可见我国的技术创新支持体系着重将人、企业、科研紧密相联，打破三要素不流通的堵点，并建立相应的反馈机制和资金扶持。在人的层面上，完善人才培育体系，加强领域突出人才的倾斜支持体系；在企业层面上，鼓励企业自主或与高校合作共同积极研发新技术，完善知识产权体系，尽可能降低除研发外，其他成本的花费，加强金融体系对企业的帮扶；在科研层面上，国家推进项目式研究，建立健全产业园孵化园地，为产业提供必要的资源，加强科研资金的投入，鼓励与国际先进技术国家和人才交流。

自 21 世纪开始，全球范围内的产业格局正经历着一场深刻的变革，新兴业态如雨后春笋般涌现。针对这种趋势，我国工业和信息化部等七部门于 2024 年颁布了《关于推动未来产业创新与发展的实施意见》，明确规划了六大前沿技术领域，旨在前瞻布局，引领产业发展新方向：

一是先进制造业。倡导智能化、生物化、纳米级、激光加工与循环经济制造，重点攻克智能调控、感知技术与仿真分析等关键技术，推广定制化、共享型制造模式，深化工业互联网与元宇宙技术的应用，驱动产业升级。

二是未来信息科技。加速推进下一代无线通信、卫星网络与量子信息技术的产业化进程，力促量子、光子计算技术的创新突破，强化神经形态智能、群智科学与大规模模型的赋能作用，助力智能产业的蓬勃生长。

三是创新材料科学。推动金属、化工、非金属材料的迭代升级，专注于高性能碳纤维、尖端半导体材料的研发，加速超导体等未来材料的创新与应用，构筑材料科技新高地。

四是清洁能源技术。集中力量于核能、核聚变、氢能源、生物质能等关键领域，构建涵盖采集、储运至利用的完整清洁能源装备体系。研发高效率晶体硅、薄膜太阳能电池及其配套电子设备，加速新型储能技术的发展，推动能源电子行业的深度融合与升级。

五是太空与深海深地探索。聚焦天空、海洋与地质领域，开发载人航天器、月球火星探测器、导航卫星、临近空间无人系统及先进飞行器等高科技装备，推进深海潜水器、作业平台、搜救探测装置与智能无人系统的研发及应用，支持深地资源勘探、地下空间开发，以及极地研究的装备创新。

六是生命健康产业。加速细胞与基因工程、合成生物学、生物育种等前沿技术的商业化，结合5G/6G通讯、元宇宙、AI技术，革新医疗服务模式，研发集成数字孪生、脑机接口等先进功能的高端医疗设备与健康产品，给人类带来更多的福祉。

该《实施意见》还提出了10项创新标志性产品。聚焦于仿生机器人技术，我们致力于突破高扭矩伺服电机、动态规划与控制、仿生感知与认知、智能灵巧机械手，以及电子皮肤等核心技术，以期在智能制造、家庭服务及特殊环境作业等领域，开发出性能卓越的机器人产品，推动人机共存的和谐生态。

其次，容错量子计算技术的加强，包括提升量子硬件性能和算法错误校正能力，将构建量子软件与云平台生态，展现量子计算的非凡优势，深入探索其在垂直领域的广泛应用，为量子信息技术开辟崭新的道路。

创新型显示技术方面，我们加快了量子点、全息显示技术的研究，推动Micro-LED、激光、印刷显示技术的商业化进程，致力于打造无障碍、全柔性、三维立体的显示效果，广泛应用于智能终端、智能网联汽车、远程协作、文化内容展示等多个场景，引领视觉革命。

脑机融合接口领域，我们将攻克脑机融合、类脑芯片、神经计算模型等关键技术，研发用户友好的脑机接口产品，鼓励其在医疗康复、智能驾驶、虚拟现实等领域的创新应用，开启人机交互的新纪元。

在第六代通信网络设备的探索中，我们致力于先进无线通信、新型网络架构、跨界融合、空间—地面，一体化以及网络安全技术的研究，打造第六代通信网络原型机，推广全息通信、数字孪生等特色应用，奠定万物互联的坚实基础。

超大规模智能计算中心的建设，将加速图形处理单元（GPU）芯片、集群低延迟网络、异构资源整合技术的突破，构建超大规模智能计算中心，以满足大型模型训练与推理的需求，推动 AI 计算能力的显著提升。

数据驱动的第三代互联网方面，我们探索区块链技术在数据交易所的应用，构建行业数据互联互通体系，研究第三代互联网数字身份验证系统，制定数据治理与交易规则，形成可复制的示范案例，推动数字经济的繁荣。

高端文化旅游装备的开发，涉及文化产业专用软件的研发，推进演艺、游乐、智慧旅游系统与监测平台的创新，开发沉浸式体验设施，推动文旅设备的智能化、高端化与集成化，丰富人们的文化生活体验。

先进航空装备领域，我们将聚焦下一代大型客机，攻克新型结构设计、自动驾驶、互联电子系统、电力推进、开式转子混动发动机等核心科技，探索超音速、超高效次音速、新能源飞机的概念，满足未来智能空运的需求。

针对深地资源勘探与开发，我们以超深智能钻井、深海油气开采系统、深海矿物采集车等高端装备为先导，推进关键技术研发，开启深地资源开发的新篇章，为可持续发展贡献力量。

二、产业变革

21 世纪初第四次产业变革掀起了浪潮，与前三次产业变革不同的是，第四次产业变革没有特定的标志性事件，而是全球部分不同国家在一段时期内都出现了新技术的突破，其核心特征是数字化、智能化、可持续化。如 2000 年出现了数字化技术的突破、大数据和云计算、人工智能和机器学习、物联网的发展、新能源技术、增材（3D 打印）技术。2020 年左右，全球围绕产业变革的核心特征迎来了新的产业突破，主要集中在数字技术、生命科学、新能源和制造业等领域，如人工智能和机器学习、生物技术和生命科学、新能源和电动汽车、量子计算、5G 和物联网、区块链和金融科技、空间技术。

当今的产业转型特征表现为多点并发，生产力结构亦随之重塑，由科技创新激发的新型就业形态对人才综合素养提出了升级要求。以往依托土地与自然资源的生产力驱动模式正逐步让位于新兴技术，后者愈发成为满足民众福祉与社会进步的关键要素。第四次工业革命不仅蕴藏技术创新的巨大潜能，也促成了供给侧与需求侧更为精准的对接与平衡。

具体来说，依据马斯洛需求层次理论，社会整体趋向于追求更高级别的需求，同时基础需求的满足度日益提升。马斯洛需求层次理论展示了人类需求从生理需求、安全需求，到社交需求、尊重需求，最终达到自我实现需求的逐步提升。随着经济发展和社会进步，基础需求的满足度大大提高，为追求更高级别的需求提供了条件和动力。

例如，持续改良的杂交水稻品种，其产量的提升有效缓解了粮食安全的紧迫性，确保了民众基本生存需求的稳定供给。广东省通过对水果品种实施嫁接与优化，创造出兼具优良基因表现与市场偏好的新品类，刺激了水果行业的经济效益增长。基础需求得到满足后，消费者对高级需求的关注逐渐显现，如服装材质和款式设计，开始更贴合人体需要，以及满足各种生活场景的需要。

消费者需求与产业供给通过市场信息调节，在供给端，各行业企业在产品开发过程中愈发重视用户体验与反馈。一方面，互联网的普及加速了信息流通，有助于产品的销售，同时互联网也放大了舆论影响力，迫使企业必须树立和维持其品牌声誉；另一方面，为在激烈的市场竞争中脱颖而出，企业致力于改进产品，使产品具有差异化，以吸引特定消费群体支撑企业盈利能力。这一系列竞争与创新的互动，驱动企业不断精进产品，进而推动了整个产业链的蓬勃发展。

生产力结构中最重要的组成部分之一是劳动者。随着社会物质水平的丰富和基础需求的满足，劳动者的求知需要、审美需要和自我实现需要在一定程度上引领了技术创新的发展。卓越的企业家致力于技术创新来实现产品附加值提升或新产品的研发，如小米公司创始人雷军研发了一系列围绕互联网的电子产品、家具产品、汽车产品等。

市场作为供给侧产品和消费者需求的媒介，起到了双向推动作用。企业通过市场创造产品来满足消费者需求，消费者通过市场促使企业改良产品和研发新产品。这一动态博弈过程实现了产业经济过程的闭环，成为产业变革的动力。通过不断的市场反馈和技术创新，企业能够持续改进和开发新的产品和服务，满足消费者日益多样化和高级化的需求，推动整个产业经济的可持续发展（如图 5-1 所示）。

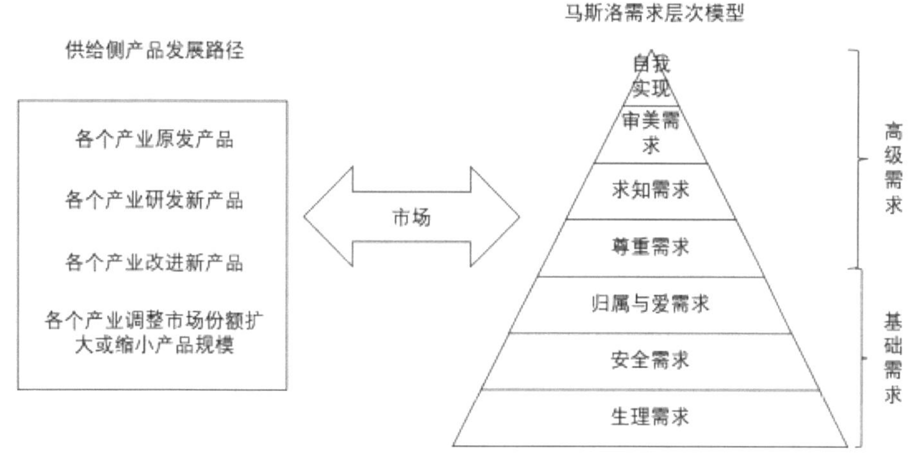

图 5-1 产业—市场—消费者博弈图

我们知道产业变革是以数字化、智能化、可持续化为特征的新技术集合，新技术会催生出新的产业链，创造大量新的就业岗位。如以人工智能产业为例，人工智能产业的崛起催生了一个广泛而复杂的产业链，涵盖了从基础研究到终端应用的多个环节。首先是基础层，包括硬件和基础设施。AI 芯片是人工智能计算的基础，包括 GPU（图形处理单元）、TPU（张量处理单元）、FPGA（现场可编程门阵列）等，这些芯片为深度学习和其他 AI 算法提供了高效的计算能力。服务器和数据中心用于存储和处理大规模数据，提供强大的计算能力支持 AI 模型的训练和部署。在数据资源方面，通过传感器、网络等渠道收集海量数据，并通过数据库和数据仓库进行存储，为 AI 模型提供丰富的数据资源。对采集的数据进行标注和清洗，确保数据质量，以便于 AI 算法的训练和优化。

接下来是技术层，主要涉及算法和平台。AI 算法包括机器学习和深度学习。机器学习涵盖监督学习、无监督学习和强化学习等算法，用于从数据中提取规律并进行预测和决策。深度学习利用神经网络模型，特别是卷积神经网络（CNN）和循环神经网络（RNN），在图像识别、自然语言处理等领域表现突出。AI 开发平台如 TensorFlow、PyTorch、Keras 等，提供了一套开发 AI 应用的工具和库，帮助开发者快速实现和部署 AI 模型。云服务平台如 Google Cloud AI、AWS AI、Microsoft Azure AI 等，提供云端的 AI 计算和存储服务，降低了 AI 开发和部署的门槛。

在应用层，AI 技术已经在多个行业中得到了广泛应用。在智能制造领域，工业机器人利用 AI 技术提升自主性和灵活性，实现自动化生产和智能控制。通过 AI 模型预测设备故障，实现预测性维护，优化维护计划，减少停机时间和维护成本。在智能医疗领域，AI 技术用于医疗影像分析，辅助医生诊断疾病，并通过分析患者的基因数据和病历，制定个性化的治疗方案。在智能金融领域，AI 技术用于风险控制，分析客户行为和交易数据，识别潜在风险和欺诈行为，并提供智能投顾服务，分析市场数据，提供个性化的投资建议和策略。在智能交通领域，AI 技术实现了自动驾驶，车辆可以自主导航和驾驶，并且通过分析交通流量数据，优化交通信号控制和道路规划。在智能家居领域，AI 技术提升家电的智能化水平，实现语音控制、自动调节等功能，同时通过人脸识别、行为分析等技术，提升家庭安防水平。

支撑层则包括政策和标准。各个国家通过制定政策和提供资金支持，推动 AI 产业的发展。例如，国务院印发的《新一代人工智能发展规划》旨在全面提升 AI 技术和产业水平。此外，制定 AI 相关的技术标准和伦理规范，确保 AI 技术的安全性和可靠性，促进 AI 技术在各行业的广泛应用。

新技术的出现将全球的产业链进行了重新洗牌，处于人工智能第一梯队的国家主要有美国、中国、英国、加拿大、德国、日本等，这些国家在 AI 技术的研发、应用和推广方面处于全球领先地位，形成了强大的产业集群和竞争优势。

一是，美国凭借其在硅谷的科技创新生态系统和众多世界顶尖的科技公司，如谷歌、微软、亚马逊等，持续引领全球 AI 技术的发展。这些公司在技术研发上投入巨大，并且积极推动 AI 技术在各个行业的应用，如自动驾驶、智能家居、医疗诊断等，带动了相关产业链的快速发展。

二是，中国在 AI 领域的快速崛起令人瞩目。我国的《新一代人工智能发展规划》明确提出要在 2030 年成为全球 AI 领域的领导者。在政策支持、资金投入和市场需求的共同驱动下，中国科技公司如百度、阿里巴巴、腾讯等，在 AI 技术研发和应用方面取得了很大进展，推动了从芯片制造到智能终端的完整产业链的形成。

英国作为欧洲的 AI 技术中心，通过其强大的科研能力和创新生态系统，吸引了大量的 AI 人才和企业。英国国家在 AI 战略中强调了人才培养、科研支持和国际合作，这使得英国在 AI 技术研发和应用方面保持了强劲的竞争力，特别是在金融科技、医疗健康和智能制造等领域。

加拿大在 AI 基础研究方面具有强大的实力，特别是在深度学习领域，加拿大的科研机构和大学培养了一批世界顶尖的 AI 科学家。多伦多和蒙特利尔成为全球知名的 AI 创新中心，推动了 AI 技术在各个行业的广泛应用，并吸引了众多国际科技企业在此设立研发中心。

德国凭借其工业 4.0 战略，在智能制造和工业自动化领域处于全球领先地位。德国的 AI 技术主要应用于制造业、汽车工业和机器人技术，通过智能工厂和智能生产线的建设，提高了生产效率和产品质量，进一步巩固了其在全球制造业中的领先地位。

日本在机器人技术和 AI 应用方面具有深厚的积累。日本科技公司如索尼、丰田等在机器人技术、智能家居和自动驾驶领域不断创新，推动了 AI 技术的商业化应用。日本国家也积极推动 AI 技术的发展，通过政策支持和国际合作，增强其在全球 AI 产业链中的竞争力。

只有在新技术上占据先发之势，才能在全球竞争中保持优势，并引领产业发展的方向。占据先发优势能够使国家或企业在市场中获得先入为主的地位，建立品牌认知和市场份额。通过率先推出创新产品和服务，可以吸引更多的用户和客户，迅速扩展市场规模，建立竞争壁垒。

先发优势有助于掌握关键技术和标准的制定权。技术标准在新兴产业中具有决定性的作用，标准的制定者往往能够主导产业的发展方向和规则。通过在技术研发和应用上的领先，这些国家和企业可以主导技术标准的制定，从而在产业链中占据更有利的位置。

先发优势使得国家或企业能够积累丰富的经验和数据资源。在新技术的开发和应用过程中，积累的经验和数据是宝贵的资源，可以为后续的技术迭代和优化提供重要支持。先发者通过不断的试验和改进，形成一套完善的技术体系和解决方案，进一步巩固其市场地位。

先发优势有助于吸引和培养高端人才。领先的技术和创新环境能够吸引全球顶尖的科研人员和工程师，他们的加入不仅提升了技术研发能力，也促进了技术的快速迭代和突破。先发者通过建立良好的人才培养机制和科研环境，形成持续的创新能力。

先发优势有助于形成完整的产业生态系统。领先的技术能够带动相关上下游产业的发展，形成一个完整的产业链和生态圈。通过与合作伙伴的紧密合作，先发者可以构建一个健康、可持续发展的产业生态系统，增强产业链的韧性和竞争力。

第三节　环境可持续性与绿色经济

一、环境可持续性

环境可持续性是指在满足当前社会和经济需求的同时，保护和维持地球生态系统的健康和功能，以确保未来都能够满足其需求。环境可持续性强调在资源利用、经济发展和环境保护之间寻找平衡，以避免对自然资源的过度消耗和生态系统的破坏。

在 21 世纪前，我国产业在实现经济快速增长的同时也带来了不少的环境问题，如空气污染、水污染、土壤污染、固体废物管理问题、生态系统退化、气候变化、海洋污染、光污染等。我们知道海洋循环系统、陆地循环系统和有机生物链，有害物质会通过某种途径再次回到人类生活中，在马斯洛需求层次理论中，空气、水、食物等是人类的基本需求，人类生活是置于自然背景下的，当自然出现严重的污染问题，人类也无法独善其身。而这一点马克思在《资本论》中早已进行过分析和批判，他认为资本主义生产方式既剥削工人，又严重破坏自然资源和生态系统，例如，他写道："资本主义农业不仅通过榨取工人来生产商品，而且还通过榨取土地来生产商品。因此，每一个进步都是在同一时间里，增加工人和土地生产能力的进步，是同工人和土地生产能力对立的进步。"马克思还使用"代谢裂缝"来描述资本主义生产方式导致的人类社会和自然界之间的关系破裂，他认为资本主义生产通过掠夺和破坏自然资源，打破了自然的代谢平衡，并且这种掠夺对环境造成了破坏，最终会影响人类自身的生存和发展。

马克思的这个思想为后来的生态马克思主义提供了理论基础，于是"环境可持续性"的理念随着资本主义的发展被提出和发展。我国吸取粗犷型经济发展引发的问题经验及先进国家的治理经验，结合自身的经济发展特点和制度特征，提出了新时代的中国绿色发展。

党的二十届三中全会发表了《中共中央关于进一步全面深化改革，推进中国式现代化的决定》，其中将生态文明单作为体制改革之一重点进行了阐述。中国式现代化强调人与自然和谐共生，为此，国家致力于完善生态文明制度体系，采取诸如减少碳排放、控制污染、扩大绿化面积及促进经济增长等行动，积极抗击全球气候变化，切实将"绿水青山即为金山银山"之信念纳入法制框架。下面是关键举措的概括：

一是优化生态文明基本架构。推行区域特定、差异化管理的环保模式，建立国土空间利用与规划许可的统一规范，完善自然资源资产的产权与管理结构，确立生态责任考核与监督机制，提升生态安全协作效能，并筹划制定《中华人民共和国生态环境法典》。

二是强化环境治理体系建设。增强环境治理的责任链、监管网络、市场机制及法制保障，普及基于排污许可制的污染源监控，构筑新污染物管理与风险防范体系，深化环境信息透明度与信用监管改革，推进流域环境治理一体化，构建以国家公园为中心的自然保护体系。

三是落实生态维护与修复机制。严守生态红线管控，改进陆地生态系统整体保护与修复，创新多元生态保护修复投资渠道，水资源管理从收费转向征税，加强生物多样性和海洋资源的保护力度，推进生态产品价值实现机制，深化自然资源有偿使用与横向生态补偿制度。

四是构建绿色低碳发展模式。设计并执行支撑绿色低碳经济的政策框架，催生绿色产业，倡导绿色生活方式，搭建绿色循环经济发展格局，改革国家绿色采购流程，优化绿色税收制度，加强资源节约与循环利用，推进煤炭清洁高效利用，加速新型能源体系布局，完善可再生能源配套政策，设立碳排放双控机制，构建碳交易市场与自愿减排交易体系，循序渐进地迈向碳中和愿景。

总而言之，环境可持续性已成为未来产业布局的核心考量要素。尽管这一原则已在政策层面为产业发展定下了基调，但其有效落地需依托企业层面的共同实践与创新，以便达成环境健康与经济效益双重目标的最大化。这个过程要求企业自我约束，追求卓越，还应激发行业内的良性竞争，确保整个领域乃至跨行业的企业都能遵循这一可持续发展轨迹。

陈先鹏的研究揭示了中国资源可持续性的地域差异与时间演变特征。通过运用行星碳边界理论，对我国各省份（不包括港澳台，鉴于西藏数据缺失）2001至2019年的人均碳排放进行了评估，结果显示大部分区域在多数年份内呈现碳排放非持续状态，且形成了北方省份产业碳强度高于南方产业的趋势。类似方法应用于氮、磷、水及土地资源的可持续性分析，发现氮资源普遍超负荷，而水与土地资源则维持在可持续水平。

值得注意的是，人口规模对碳指数的影响呈现出反比关系——较大规模的人口虽增加碳排放总量，但也相应地消耗了更多的碳边界份额，从而在统计意义上降低了碳指数，展现出复杂的人口效应。

陈先鹏运用Moran指数空间自相关分析技术，揭示了中国省级行政区划内碳、氮、磷、水及土地资源的环境可持续性指标，展示出明显的全局空间正相关特性，表明这些资源的可持续性在地理空间上呈现出聚集现象。局部空间自相关性分析显示，资源环境要素的不可持续性状况亦呈现出明显的空间集群特征，其中高度集聚（HH集聚）是主导型态，这表明不可持续性问题在某些区域尤为集中。

鉴于资源环境要素的时空异质性及其在不同情境下的可持续性变化，陈先鹏提出了针对性的优化路径与管理策略。国家现行的政策导向旨在确保社会经济的优质发展不会超出资源环境的承载极限，这要求我们在国土空间规划中充分考虑资源环境的承载力与开发适宜性评估，这两项评估是规划工作的基石。

在此背景下，各级国家机构需强化对企业的监管，尤其在资源消耗的上限、环境质量的底线，以及生态保护的红线方面，确保企业活动不突破自然生态的安全界限。这一系列措施是为了促进产业经济与生态环境的和谐共生，确保资源的合理利用与环境的长期健康，为可持续发展目标的实现提供坚实保障。

企业应当将生态文明的思想融入其长期发展战略，秉持生态伦理观，自觉担当起维护资源与环境可持续性的企业公民角色。具体而言，企业应将国家出台的环保法规与政策内化为企业行为准则，积极践行绿色生产方式，使产品设计与制造过程凸显资源节约与环境友好的核心价值。通过产品传递绿色、循环、低碳的生活哲学，引领消费者形成生态优先的消费意识。

企业需着力于技术创新、制度革新与管理优化，确保生产与消费环节的资源利用效率与环境影响在地球生态承载力的阈值之内。这包括但不限于采用清洁能源、优化生产工艺、提高资源回收利用率，以及建立严格的环境绩效评估体系，以期实现经济效益与生态效益的双赢局面。

企业作为市场经济的主体，应追求商业利润，更应承担社会责任，通过实施绿色供应链管理，推动上下游企业共同致力于减少资源消耗和环境损害，构建绿色产业链，助力实现产业经济的绿色转型和可持续发展目标。在这一过程中，企业应主动参与制定行业标准，推动行业自律，共同营造一个有利于绿色经济发展的市场环境。

环保社会组织积极发挥责任，它扮演着不可或缺的中介角色，其职责是催化企业、消费者与国家等多方利益相关者共同承担责任，致力于资源与环境的可持续性。这类组织应为企业提供专业的技术支持与策略指导，协助其实现资源环境责任的有效履行，帮助企业识别并采纳环境友好的生产模式和技术升级方案，推动企业乃至整个产业的绿色转型进程。他们通过举办研讨会、提供培训、发布研究报告等形式，增强企业对绿色经济的认识，引导企业制定符合可持续发展目标的战略规划。

环保社会组织应积极参与公共政策的讨论，向国家提供基于实证研究的政策建议，推动制定更加科学、合理的环境法规，创造有利于绿色经济发展的政策环境。还应致力于提升公众环保意识，倡导绿色消费，通过教育和宣传，促使消费者做出有利于环境的选择，从而形成市场对绿色产品的正向激励，推动产业经济的绿色转型。

二、绿色经济

自曲格平首次将“绿色经济”概念引入国内学界，这一术语被界定为一种植根于环境保护的经济模式，其显著特征为环保产业的蓬勃兴起与因应环保需求而变革的工农业产制方式。随后，孟子敏在审视时代变迁的背景下，洞察到构建可持续性经济体系乃历史必然趋势，她将绿色经济诠释为集约资源、守护环境、增进人类福祉并驱动可持续进展的所有活动的集合。

自 2009 年以来，我国已将绿色经济正式纳入国家战略议程。李正图进一步阐述了绿色经济是我国确保经济持续健康发展的同时，充分考量生态资源与环境承载力的新型发展模式，其强调的是自然、经济与社会三个维度的和谐共生与持久繁荣。

绿色经济的提出标志着经济发展范式的重大转变，从单纯追求经济增长转向追求经济、社会与环境的综合效益。这一转变体现在多个方面，并且深刻影响了产业经济的发展方向。

一是绿色经济通过科技创新推动资源的高效利用和环境污染的最小化。这种创新体现在新技术的研发上，也包括现有技术的改进和应用优化。科技创新使得企业在减少资源消耗的同时提高生产效率，从而实现经济和环境的双重收益。例如，在制造业中，通过引入物联网和大数据分析技术，企业可以优化生产流程，减少能源和原材料的浪费，并且提高产品质量和生产效率。西门子公司通过实施工业 4.0 战略，采用智能制造技术，实现了生产过程的全面数字化和智能化，大大降低了能源消耗和碳排放。进一步来说，绿色经济的实施还促使企业在产品设计和供应链管理方面全面改革。企业开始更多地采用绿色设计理念，从产品的生命周期角度出发，考虑资源利用和环境影响。这有助于减少产品在使用过程中的环境负担，还能在产品废弃后的回收和再利用过程中节省资源。

绿色经济推动了企业在供应链管理中的环保实践。企业通过建立绿色供应链，选择环保供应商和绿色原材料，减少生产过程中的环境污染和资源浪费。这种绿色供应链管理提升了企业的社会责任形象，带来了成本节约和市场竞争力的提升。例如，宜家公司通过与供应商合作，采用可再生和可回收材料，减少了产品对环境的影响，提升了品牌的可持续发展形象。

二是产业结构的调整是绿色经济的核心内容之一。通过优化产业结构，淘汰高污染、高能耗的产业，发展清洁能源和高技术产业，绿色经济促使经济活动更加环保和可持续。这种调整有助于改善环境质量，推动经济的持续增长，增强国家的竞争力。

产业结构的调整不仅涉及能源领域，还包括制造业和服务业的绿色转型。在制造业中，绿色经济推动了智能制造和绿色制造的广泛应用，企业通过引入先进的生产技术和管理模式，减少了资源消耗和污染排放。例如，瑞典的制造企业通过采用先进的废水处理技术和循环利用系统，实现了工业废水的零排放和资源的最大化利用。在服务业，绿色经济推动了绿色旅游、绿色金融等新兴产业的发展，这些产业具有巨大的市场潜力，带来了很大的环境效益。

政策引导是绿色经济发展的重要保障。国家通过制定和实施环保法规、提供财政补贴和税收优惠等手段，鼓励企业进行绿色投资和技术改造。这种政策支持有助于降低企业的转型成本，加速绿色技术的推广和应用，从而推动整个经济体系向绿色方向发展。

绿色经济强调资源的高效利用和循环利用，减少资源浪费和环境负担。通过资源循环利用，既可以降低原材料的需求，减少环境压力，又可以创造新的经济增长点，提高经济效益。这样的资源管理策略有助于实现经济和环境的双赢。在产业背景下，资源的循环利用不仅限于建筑行业，还广泛应用于制造业、农业和服务业。在制造业中，企业通过回收和再利用废旧材料，减少了生产成本，提高了资源利用效率。例如，日本的电子垃圾回收项目将废旧电子产品中的贵金属提取并重新利用，既减少了对自然资源的开采，又为企业带来了新的经济利益。在农业领域，绿色经济鼓励使用有机肥料和再生水资源，减少化肥和水资源的使用，改善土壤质量，促进可持续农业的发展。

在环境污染最小化方面，绿色经济倡导使用清洁生产技术和废弃物处理技术，降低生产过程中的污染物排放。这有助于改善空气、水和土壤质量，还能保护生态系统，增强其服务功能。这种环保措施对于长期的环境可持续性非常重要。绿色经济还重视生态系统服务功能的维持，强调生态修复和保护。通过修复被破坏的生态系统，保护生物的多样性，绿色经济可以增强生态系统的稳定性和韧性，从而为经济活动提供长期的生态支持。

唐平聚焦于长江经济带绿色经济发展水平的时空动态变化及其驱动因素进行了研究。借助随机效应 Tobit 模型进行统计回归分析驱动因素，通过 LR 检验验证模型的适用性与精确度。研究揭示，长江经济带的经济发展水平对绿色经济发展具有明显的正向推动作用，这一发现凸显了经济成长与绿色转型之间的协同效应。

科技进阶因子的贡献度呈现正向，且在诸驱动因素中位居榜首。科技创新不仅助力企业探索与应用清洁、可再生的能源，还驱动企业更新升级生产设备与工艺，从而增强企业治理污染的能力，推动产业经济向绿色、低碳方向转型。

对外开放程度的关联系数却显示为负值，表明高水平的对外开放可能与长江经济带绿色经济的发展呈逆向关联，这或许归咎于高污染行业的引入。然而，在 Tobit 回归模型中，对外开放因子的效果与预期相反，这暗示长江中、上游与下游城市在对外开放对绿色产业影响的强度上存在明显差异。

经济集聚效应的关联系数同样为正，但其数值在正向系数中最为微弱，表明经济集聚在推动绿色经济发展中的作用相对有限，可能是因为产业集聚未能有效促进环境友好型技术的扩散和应用。

金融支撑因子的正向关联性表明，长江经济带的城市可以将引入的金融贷款有效地用于绿色经济项目的投资，这一举措大大提升了区域整体的绿色发展水平，表现了金融在推动绿色转型中的关键作用。

环境规制的正向系数证实，适当的环境政策与法规在限制污染、保护生态环境方面起到了积极作用，为绿色经济发展提供了必要的制度保障。

可见绿色经济发展需要依托一定的社会生产力，而且这种生产力应该是高质量和可持续的。一方面是绿色经济发展需要投入资本、人力、技术支持；另一方面，绿色经济是协调和优化原有产业之间生产要素的作用方式。由于绿色经济并不直接根植于对自然资源的掠夺而产生经济效益，我们可以得出绿色经济将在经济发展水平较高时其存在的必要性和重要性得以显现，绿色经济效益是在一定的生产力基础上，既能在市场占据一席之地，创造相关的企业和岗位，生产绿色环保产品等，又能协调和提升原有产业在能源、材料等方面的资源利用效率，降低成本，从长远来看，能够减少治理环境问题的成本，提高人类的健康水平，一定程度上延缓甚至解决资源危机、气候危机带来的冲击，从而间接减少经济损失。

综上所述，在产业经济的未来趋势中，绿色经济将进一步得到重视。构建一个多维的绿色经济促进体系成为必然趋势。这一体系将涵盖绿色金融、绿色技术、绿色贸易、绿色消费及绿色法规等多个层面，全方位推动绿色经济的深入发展。具体而言，绿色金融将通过绿色信贷、绿色债券、绿色基金等金融工具，为绿色项目提供资金支持；绿色技术的研发与应用将促进产业升级，提升资源利用效率；绿色贸易通过绿色产品和服务的进出口，拓展国际市场，提升国家在全球绿色产业链中的地位；绿色消费倡导低碳、环保的生活方式，引导公众形成绿色消费习惯；而绿色法规为绿色经济的发展提供法律保障，确保各项绿色经济活动的合法性和规范性。

在这一进程中，国家、企业、社会团体和消费者将形成合力，共同推动绿色经济的发展。国家将扮演政策制定者和监管者的角色，通过制定绿色经济政策、提供税收优惠、设立绿色基金等方式，激励企业绿色转型；企业作为绿色经济的实践者，需积极响应绿色号召，投入研发绿色技术和产品，提高资源循环利用率，减少污染排放；社会团体和非国家组织则在绿色教育、环保宣传、绿色倡议等方面发挥作用，提升公众的环保意识；消费者作为市场的重要组成部分，通过绿色消费选择，反向推动企业绿色生产，形成良性循环。

第四节　数字化转型与产业经济

一、数字化转型

随着 21 世纪产业变革的蔓延，数字化转型成为企业实现提升生产效率和降低成本、提高产品和服务质量、实现业务模式创新的重要途径，这是企业追求超额利润的最大动力。在产业经济的背景下，数字化转型有助于产业链上的企业深入合作，增强协同效应，形成更加高效和灵活的供应链网络。

通过数字化转型，企业可以实现数据的无缝共享和实时沟通，使各个环节的信息更加透明和可追溯。利用物联网(IoT)技术和大数据分析，实时监控生产过程、物流状态和市场需求，及时调整生产计划和供应策略，减少库存积压和物流延误。这种高度协同的供应链网络提升了整体运营效率，降低了供应链风险。

数字化转型促进了产业链上下游企业之间的深度合作和资源整合。通过数字平台和云计算技术，企业可以与供应商、客户和合作伙伴共同开发新产品和服务，快速响应市场变化和客户需求。例如，在汽车制造业中，整车厂商可以通过数字化平台与零部件供应商和技术提供商协同设计和制造新车型，提高研发效率和产品质量。

数字化转型还推动了业务模式的创新，企业可以探索新的商业机会和利润来源。例如，制造企业可以通过数字化转型实现从产品制造向服务提供的转变，提供基于数据分析的增值服务，如设备维护、远程监控和预测性维修等。这既增加了企业的收入来源，又提升了客户满意度和忠诚度。

在全球化和市场竞争加剧的背景下，数字化转型使企业可以更好地应对市场变化和不确定性。通过灵活的生产和供应链管理，企业快速调整生产和销售策略，抓住市场机遇，提升市场反应速度和竞争优势。

然而我国大多数企业的数字化转型还处于起步阶段，企业的数字化转型受到多种因素的复杂影响。首先，部分企业特别是中小企业在技术基础设施方面较为薄弱，缺乏先进的信息技术设备和系统支持，导致技术障碍较大。其次，许多企业尚未建立完善的数据管理体系，数据采集、存储、分析和利用能力不足，难以有效利用数据进行决策支持和业务优化。此外，数字化转型需要大量具备信息技术和数据分析技能的人才，但目前市场上这类人才相对匮乏，企业面临严重的人才短缺问题。

数字化转型是技术变革，更是企业文化和观念的转变。许多企业的管理层和员工对数字化转型的认知不足，存在抵触心理，难以推动变革。与此同时，数字化转型需要大量资金投入用于技术设备、软件系统和人才培养，对于一些资金实力较弱的企业而言，这是一项巨大的经济负担。在数字化转型过程中，企业需要处理大量敏感数据，信息安全和隐私保护成为重要挑战，企业需要投入资源建立安全防护体系，防范数据泄露和网络攻击。

不同行业和区域的企业在数字化转型的需求和基础上存在较大差异。例如，传统制造业和服务业的数字化转型需求不同，发达地区和欠发达地区的数字化基础设施差异较大。数字化转型涉及到许多新的技术和商业模式，现行的政策和法规有时难以跟上技术发展的步伐，企业在实施数字化转型时可能面临政策和法规的不确定性。数字化转型是一个复杂的过程，许多企业缺乏成功的转型案例和经验指导，难以找到适合自身发展的转型路径和策略。最后，数字化转型需要整个供应链的协同配合，而供应链上下游企业的数字化水平参差不齐，协调困难，可能影响整体转型效果。

2024 年党的二十届三中全会提出：要健全促进实体经济和数学经济深度融合制度，加快推进新型工业化，培育壮大先进制造业集群，推动制造业高端化、智能化、绿色化发展。建设一批行业共性技术平台，加快产业模式和企业组织形态变革，健全提升优势产业领先地位体制机制。优化重大产业基金运作和监管机制，确保资金投向符合国家战略要求。建立保持制造业合理比重投入机制，合理降低制造业综合成本和税费负担。

加快构建促进数字经济发展体制机制，完善促进数字产业化和产业数字化政策体系。加快新一代信息技术全方位全链条的普及应用，发展工业互联网，打造具有国际竞争力的数字产业集群。促进平台经济创新发展，健全平台经济常态化监管制度。建设和运营国家数据基础设施，促进数据共享。加快建立数据产权归属认定、市场交易、权益分配、利益保护制度，提升数据安全治理监管能力，建立高效便利安全的数据跨境流动机制。

由此可见,我国在推动产业数字化转型的战略布局中采用了“领头羊”模式，即鼓励具有竞争优势的产业先行示范，通过自身数字化转型和创新，形成可借鉴的成功案例，以此带动区域内其他企业的数字化升级。从产业性质的角度来看，技术密集型产业在推动数字化转型方面的影响更为显著。因此，这些企业应当积极推进数字技术研发与设备引进，加速自身的数字化转型步伐，并通过数字化网络平台深化与其他企业及区域间的创新协作，进而放大经济效应。

对于资本密集型与劳动密集型产业而言，其数字化转型的重点是加大技术研发投入，积极引入高端数字化人才，以提升技术吸收与转化能力，确保数字技术与设备在企业内部得到有效应用，从而加快整个企业的数字化进程。

为了实现这一目标，企业需要采取以下策略：

一是加大技术研发与引进力度，积极引进先进的数字化技术与设备，以支持企业的数字化转型。这对于技术密集型产业尤为重要，因为这类产业本身的技术优势可以转化为推动数字化转型的强大动力。

二是加强内部人才培训，引进具有数字化技能的专业人才，提高企业数字化转型的能力。无论是资本密集型还是劳动密集型产业，都需要通过提升员工的数字技能来更好地应用新技术，推动企业的数字化转型。

三是利用数字化网络平台，加强与其他企业的合作，形成协同创新网络，共享资源与经验，促进整个行业的数字化发展。这种协作不单单仅限于同一产业内的企业，还包括跨行业的合作，有助于构建更广泛的数字经济生态系统。

四是国家应出台相关政策，为企业的数字化转型提供支持，包括提供财政补贴、税收优惠等激励措施，以及构建有利于数字化转型的政策环境。国家的支持对于企业顺利推进数字化转型至关重要，尤其是在初期阶段，需要克服技术障碍和市场不确定性等问题。

以深圳一家税务企业数字化转型探索与实践为例，该企业在数字化转型的过程中，秉持“数字化”引领“专业化、规模化、智能化、集团化”的理念，致力于构建全要素感知、全流程管控、多业务协同的信息化企业。通过顶层设计与有序实施，这家企业着重提升了城市排水系统的现代化运营能力。

这家企业以云计算、大数据、物联网和互联网等高新技术为支撑，围绕企业经营目标和发展战略，构建了“112”总体框架与“三横四纵”的技术架构。其中，“112”总体框架包括：完善智慧排水“一张网”、构建 1 个数据中心、打造智慧运营与智慧管控 2 个平台；“三横”涵盖了基础设施、数据中心与智慧应用，“四纵”涉及标准规范体系、数据资源体系、信息安全体系与 IT 治理体系。

在智慧水务建设规划的具体实施中，这家企业重点推进了智能感知与智慧排水应用，实现了管理全流程覆盖、问题全记录、安全保障的排水体系。成功实施了 GIS 系统、在线监测系统、排水运营管理系统、工程项目管理系统、客服系统、综合调度平台等多个信息化项目。

排水设施 GIS 系统通过全面录入设施数据，搭建了排水设施资产数据“一张图”，实现了排水资产的数字化管理。系统功能包括管网数据管理、地图展示、横纵断面分析、流向分析等，并支持数据质量检查和移动端 App 在线修改，确保数据的动态更新与准确性。

在线监测系统在关键位置安装监测设备，构建在线监测“一张网”，实时监控污水管网运行状态，为应急预警、内涝原因探究等提供数据支持。

排水运营管理系统通过信息化手段，实现了全要素管养数据采集和工单便捷处理，推动了运营管理标准化和精细化。

工程项目管理系统覆盖了项目从前期筹备到竣工验收的全过程管理，强化了风险防控，提高了项目管理水平。

客服管理系统通过排水热线中心和微信小程序，实现了案件发现、派单、处置、反馈的全闭环管理，提升了客户满意度。

水务设施远程集控系统通过物联网和人工智能技术，实现了对泵站和闸站的远程监控和管理，大幅提高了运营效率。

车载视频监控系统通过 GPS 定位和实时监控，实现了作业车辆的可视化调度和管理。

综合调度平台整合了现有信息化资源，涵盖多项业务模块，实现了设施全链路管理、业务全方位覆盖和综合调度一体化。

通过这些措施，这家企业在数字化转型过程中大大提升了管理效率和运营能力，推动了排水信息化建设和智慧水务的发展，为城市的可持续发展做出了贡献。

总而言之，数字化转型是现代化经济发展的必经之路。这需要多方市场参与者的共同努力，全方位共同促进企业的数字化转型，带动整个产业链实现数字化的规模效应，全链降低生产成本，激发企业做优做强的动力，促进经济增长。

二、产业经济

我们预测研究未来产业经济的方向将集中在以下几个方面：

一是产业集群与区域发展仍是重要研究方向。研究将重点关注产业集群在区域经济发展中的作用，探讨区域经济协调发展、产业集群形成机制和区域竞争力提升的路径。通过分析不同区域的资源禀赋、产业特点和发展策略，促进区域经济的均衡发展和产业结构优化。

二是数字经济与智能制造也是未来研究的重要领域。研究将深入探讨数字经济对传统产业的改造和升级，特别是大数据、云计算、人工智能等新技术在产业中的应用，推动智能制造的发展。数字经济对生产方式、商业模式和产业链的影响将是研究的核心内容，促进产业的数字化转型和智能化升级。

技术创新与产业升级将继续成为研究的重点。研究将探讨技术创新对产业发展的驱动作用，分析前沿科技在不同产业中的应用和推广。重点关注创新型企业的发展路径和创新生态系统的构建，以推动产业技术升级和高附加值产业的发展，提升整体产业竞争力。

绿色经济与可持续发展是未来不可忽视的研究方向。研究将重点探讨绿色技术、循环经济和生态产业的发展路径，促进经济发展与环境保护的协调统一。企业在绿色经济中的角色和责任也是研究的重点，倡导可持续发展理念，推动经济、社会和环境的和谐发展。

产业政策与金融支持也将成为重要的研究课题。研究将分析国家政策在产业发展中的引导作用，探讨通过政策手段促进产业结构优化和技术创新的方法。同时，探讨多层次资本市场的建设和金融创新在支持产业发展中的作用。

三是全球化与产业竞争力是未来研究的关键领域。研究将分析全球化对产业经济的影响，关注国际经济环境、全球产业链和跨国企业的发展动态。研究将探讨提升本国产业在全球市场中的竞争力的方法，研究产业国际化战略和跨国经营模式，推动产业的全球布局和竞争力提升。

随着新质生产力的发展和产业规律变化的趋势，未来的产业经济研究将呈现出多学科交叉融合的特征。这意味着研究将结合经济学、管理学、社会学、工程学等多学科的理论和方法，形成综合性的研究框架。将利用数据科学、信息技术、环境科学等新兴学科的工具和技术，提升研究的广度和深度。多学科交叉融合能够提供更加全面和深入的视角，解决复杂的产业经济问题，推动理论创新和实践应用。

数据驱动与实证分析是未来产业经济研究的另一大特征。研究将大量应用大数据技术收集、分析和解释产业经济现象，揭示隐藏的规律和趋势。实证分析将通过数据和案例研究验证理论假设，提高研究的科学性和可靠性。这一特征将提升研究的精确性和可信度，为政策制定和企业决策提供坚实的数据支持。

动态化与前瞻性也是未来研究的重要特征。研究将关注产业经济的动态变化，研究产业生命周期、技术演进和市场变迁等动态过程。前瞻性研究将预测未来产业发展的趋势和方向，提出前瞻性的政策建议和战略规划。动态化与前瞻性研究可以帮助把握产业发展的脉搏，预见未来的挑战和机遇，提升应对能力和战略规划水平。

未来的产业经济研究还将具有全球视野与本土化实践的特征。研究将放眼全球，研究国际经济环境、全球产业链和跨国企业的发展动态，分析全球化对产业经济的影响。结合本国实际情况，研究适合本地的产业政策和发展模式，实现全球经验的本土化应用。全球视野与本土化实践能够促进国际经验的学习和借鉴，并且确保研究成果切合本国实际，提升政策和实践的有效性。

创新驱动与政策引导也是未来研究的重要方向。研究将重点探讨技术创新、商业模式创新和制度创新对产业发展的驱动作用，探索创新驱动的实现路径。研究国家政策在产业发展中的作用，提出科学合理的政策建议，指导产业结构优化和升级。创新驱动与政策引导能够推动产业经济的高质量发展，促进技术进步和制度完善，实现可持续发展目标。

可持续发展与社会责任将在未来的产业经济研究中占据重要地位。研究将关注绿色技术、循环经济和生态产业的发展路径，推动经济发展与环境保护的协调统一。研究企业社会责任和产业发展对社会的影响，倡导公平、包容和可持续的发展模式。可持续发展与社会责任研究能够促进经济、社会和环境的协调发展，实现经济增长与社会进步的双赢。

科技与制度并重也是未来研究的一大特征。研究将深入探讨前沿科技对产业发展的影响，如人工智能、区块链、物联网等，研究技术创新的应用和推广。研究制度创新和完善对产业发展的保障作用，提出优化产业政策和法规的建议。科技与制度并重可以保障产业经济的发展具备坚实的科技基础和制度支持，提升产业的整体竞争力和稳定性。

区域差异与均衡发展也是未来产业经济研究的重要方向。研究将探讨不同区域的产业特点和发展策略，探索区域经济协调发展的路径和机制。关注区域间的产业发展不平衡问题，提出促进均衡发展的政策建议，缩小区域差距。区域差异与均衡发展研究能够促进全国范围内的产业协调发展，提升整体经济的均衡性和可持续性。

未来的产业经济将面临一系列新的挑战和机遇，表现出多方面的重要特征和趋势。为了应对这些变化，我国产业经济发展需要采取一系列具体措施，从产业布局、产业链安全、市场拓展、人才培养、基础设施建设和国际合作等多个方面进行系统部署和战略规划。

一是产业布局优化。我国需要根据区域经济发展的特点和资源禀赋，合理布局产业集群，促进区域经济的协调发展。通过实施差异化的区域发展政策，可以避免产业同质化竞争，提升各地区的比较优势。例如，沿海地区可以重点发展高端制造业和现代服务业，中西部地区可以发挥资源和劳动力优势，发展资源加工和劳动密集型产业。

二是产业链安全保障。保障产业链的安全性和稳定性是未来产业经济发展的关键。为了应对国际形势变化和潜在的供应链中断风险，需要构建自主可控的产业链，提升关键技术和核心部件的自给能力。例如，在半导体、航空航天等战略性产业领域，应加大自主研发和技术攻关力度，减少对外部供应链的依赖。建立健全应急储备机制，确保重要物资和原材料的供应安全。

三是市场拓展与多元化。市场拓展是推动产业经济发展的重要手段。通过积极开拓国际市场和多元化市场布局，可以减少对单一市场的依赖，分散风险。例如，推动共建“一带一路”倡议的实施，深化与沿线国家的经济合作，拓展新兴市场。通过自由贸易协定和区域经济合作机制，扩大出口市场，提升国际市场份额。

四是人才培养与创新激励。高素质人才是产业经济发展的核心资源。需要通过多种途径培养和引进各类专业人才，特别是在高技术和新兴产业领域。例如，推动产学研合作，加强高校和科研机构与企业的合作，培养应用型和创新型人才。通过政策激励和制度保障，营造良好的创新环境，激发人才的创新活力。

五是基础设施建设与现代化。现代化的基础设施是产业经济发展的重要支撑。需要加快新型基础设施建设，如 5G 网络、数据中心、智能交通、智慧城市等，以适应未来数字经济和智能制造的发展需求。例如，推动 5G 网络的全面覆盖和应用，建设高效的物流体系和智能交通系统，提升城市管理和服务水平。

六是国际合作与全球治理。在全球化背景下，加强国际合作和参与全球治理是提升产业竞争力的重要途径。需要积极参与全球经济治理机制，推动国际经贸规则的完善和公平竞争。

七是技术标准与知识产权保护。技术标准和知识产权保护是提升产业竞争力的关键因素。需要加快制定和推广符合国际标准的技术规范，提升我国技术标准的国际影响力。例如，在5G、人工智能、新能源等领域，推动我国标准成为国际标准，提升产业竞争力。完善知识产权保护制度，加大知识产权执法力度，保护企业的创新成果。

八是环境治理与可持续发展。环境治理和可持续发展是产业经济发展的重要内容。需要通过严格的环境保护措施和政策，推动绿色发展和可持续发展。例如，实施严格的排放标准和环保法规，推动清洁能源和节能技术的应用，减少环境污染和资源消耗。通过生态补偿机制和绿色金融，促进环境保护和经济发展的协调统一。

参考文献

[1] 李晓华，张作祥．美国产业政策复兴：目标、特征与启示 [J]. 产业经济评论，2024,(2):172−186.

[2] 沈立．德国国家工业战略 2030 及其对中国的启示 [J]. 中国经贸导刊（中）,2021(8):51−53.

[3] 徐清．后危机时代德国发展高新科技的战略及对我国的启示 [J]. 科技与经济，2011,24(2):45−48.

[4] 梁江艳，肖春梅，艾麦提江·阿布都哈力克．经济学一流本科专业建设视角下产业经济学课程教学创新实践探索 [J]. 新疆职业教育研究，2023,14(4):32−35.

[5] 程云鹤，胡贝贝．资源与环境经济学专业“产业经济学”课程教学创新路径探索 [J]. 吉林工程技术师范学院学报，2023,39(9):53−56.

[6] 陈素琼，鲁希．基于财经类专业创新型人才培养目标的产业经济学教学改革及效果评价 [J]. 创新创业理论研究与实践，2023,6(10):11−13.

[7] 孙智君．产业经济学 [M]. 武汉：武汉大学出版社，2010.

[8] 倪燕．基于 SCP 范式的高校图书馆创客空间建设研究 [J]. 大学图书情报学刊，2019,37(5):53−56.

[9] 杨雪子．基于 SCP 分析范式的国内网络自制综艺市场研究 [J]. 今传媒，2018,26(4):83−84.

[10] 陈漫漫．产业经济学视角下文创产业的发展分析 [J]. 商展经济，2021(20):18−20.

[11] 程胜利．产业经济学视域下的我国物联网产业发展探究 [J]. 中国市场，2022(32):63−65.

[12] 简新华．产业经济学 [M]. 武汉：武汉大学出版社，2001.

[13] 谭崇台．发展经济学 [M]. 上海，上海人民出版社，1989.

[14] 张培刚．农业与工业化 [M]. 武汉，华中工学院出版社，19846.

[15] 张培刚．新发展经济学 [M]. 郑州，河南人民出版社，1993.

[16] 威廉·配第．配第经济著作选集 [M]. 北京，商务印书馆，1981.

[17] 郝楠，宋洋洋．数字经济、产业结构与劳动力结构优化 [J]. 长春大学学报，2024,34(5):22−32.

[18] 潘文卿，李泽怡，郝远航．需求结构变迁与中国产业结构的动态演进——兼论中国的“去工业化”问题 [J]. 经济学报，2024,11(2):260−291.

[19] 李想，李艳．基于消费者行为理论的消费升级降级与绿色消费的关系研究 [J]. 商场现代化，2019(15):21−22.

[20] 黄志平．企业多样化战略对企业价值影响的实证分析 [J]. 国际经济评论，1(1),56−67.

[21] 曼昆．宏观经济学 [M]. 卢远瞩，译．第 7 版．北京：中国人民大学出版社，2011.

[22] 杨宜勇，梁俊．新时代中国特色价格理论及其实践成就 [J]. 中国物价，2024(4):5−10,22.

[23] 朱富强．不确定情形下的市场定价机制：基于心理—权力框架对新古典价格理论的审视 [J]. 财经研究，2018,44(5):61−82.

[24] 李成勋．平均利润和生产价格理论及其在《资本论》中的地位——纪念马克思诞辰 200 周年 [J]. 毛泽东邓小平理论研究，2018(3):54−60,107.

[25] 哈耶克．个人主义与经济秩序 [M]，贾湛，等译．北京：北京经济学院出版社，1989.

[26] 伊斯雷尔・柯兹纳．竞争与企业家精神 [M]. 刘业进译．杭州：浙江大学出版社，2013.

[27] 李子伦．产业结构升级与国家职能选择 [D]. 北京：财政部财政科学研究所，2015:25−95.

[28] 樊纲．有关交易成本的几个理论问题 [J]. 经济学动态，1992(5):49−55.

[29] 霍奇逊，演化与制度：论演化经济学与经济学的演化 [M]. 任荣华，等译，北京：中国人民大学出版社，2017.

[30] 金碚．论企业何为——关于企业行为的政治经济学研究 [J]. 改革与战略，2022,38(4):31−42.

[31] 中华人民共和国 2023 年国民经济和社会发展统计公报 [J]. 中国统计，2024(3):4−21.

[32] 方福前．正确认识和处理供给侧改革与需求侧管理的关系 [J]. 经济理论与经济管理，2021,41(4):4−11.

[33] 尹伟华．"十四五"时期我国产业结构变动特征及趋势展望 [J]. 中国物价，2021(9):3−6.

[34] 陈凯华，冯卓，康瑾，等．我国未来产业科技发展战略选择 [J]. 中国科学院院刊，2023,38(10):1459−1467.

[35] 伊斯雷尔・柯兹纳．市场过程的含义 [M]. 冯兴元，等译．北京：中国社会科学出版社，2012.

[36] 王亮，张光．规模经济与国有文艺院团效率增进——来自山西省的证据 [J]. 文化软实力研究，2024,9(1):75−86.

[37] 周舒旎，冯灿．漂浮式海上风电机组全生命周期成本分析 [J]. 中国海洋平台，2024,39(3):35−38,59.

[38] 高秋玲，何金平．中小型 LNG 运输船运输成本分析 [J]. 天津科技，2024,51(4):36−38,42.

[39] 罗彪，葛佳佳，王琼．探索型、挖掘型战略选择对组织绩效的影响研究 [J]. 管理学报，2014,11(1):37−45.

[40] 朱亚东．产业战略与企业战略关系研究 [D]. 天津：河北工业大学，2015:20−23.

[41] 金琳．上海建工首进世界 500 强 [J]. 上海国资，2020(6):38−41.

[42] 吕铁．传统产业数字化转型的趋向与路径 [J]. 学术前沿，2019(18):13−19.

[43] 杭迎伟．大型建筑企业集团战略转型研究——以上海建工集团股份有限公司为例 [J]. 建筑施工，2024,46(6):975−977.

[44] 吴烨，罗芮钰，郁玉兵，等.数字化转型、创新能级与竞争优势 [J]. 财经论丛 ,2024(7):102–112.

[45] 王广立.浅谈专精特新中小企业可持续竞争优势培育 [J]. 产业创新研究 ,2024(12):141–143.

[46] 张莹.产业政策、市场竞争与企业投资效率 [D]. 济南：山东财经大学，2023: 14.

[47] 刘志彪、凌永辉、孙瑞东.新质生产力下产业发展方向与战略——以江苏为例 [J]. 南京社会科学，2023(11):59–66.

[48] 赵芸芸、林佳欣，等.产业链政策：国际趋势与我国策略 [M]. 北京：电子工业出版社，2023.

[49] 王建军、马俊博、李琳."链主企业网络能力在产业创新升级中的作用——以广东省佛山市为例 [J]. 经济研究导刊，2023(24): 25–27.

[50] 王高翔.产业政策影响了企业 ESG 表现吗？ [J]. 财会通讯 ,2024(8):26–30.

[51] 王理.数据要素驱动经济发展研究 [D]. 成都：四川大学，2023.

[52] 王俊杰，徐淑云，周怡.区域经济发展中的虹吸效应与囚徒困境——以中部六省为例 [J/OL]. 当代财经，2024(8):17–29.

[53] 郑学益.构筑产业链，形成核心竞争力——兼谈福建发展的定位及其战略选择 [J]. 福建改革，2000(8):14.

[54] 蒋国俊、蒋明新.产业链理论及其稳定机制研究 [J]. 重庆大学学报，2004(1):37.

[55] 李万立.旅游产业链与中国旅游产业竞争力 [J]. 经济师，2005(3):123.

[56] 李倩.中国制造业在全球产业链中的地位研究 [D]. 北京：外交学院 ,2013.

[57] 刘家国，许浩楠.双循环视角下我国全球供应链韧性体系建设研究 [J]. 中国软科学，2023(9):1–12.

[58] 刘海云，聂飞.中国 OFDI 动机及其对外产业转移效应——基于贸易结构视角的实证研究 [J]. 国际贸易问题 ,2015(10):73–86.

[59] 刘洪钟.霸权护持与超越——高科技产业全球价值链竞争的政治经济学 [J]. 世界经济与政治 ,2023(2):128–154,159–160.

[60] 任迎伟，胡国平.产业链稳定机制研究——基于共生理论中并联耦合的视角 [J]. 经济社会体制比较 ,2008(2):180–184.

[61] 徐玉德，增强产业链供应链自主可控能力 [J]. 红旗文稿 ,2021(10):30–32.

[62] 张辽，胡忠博，陈松.全球产业链重构下保障中国产业链安全的逻辑思维与战略取向 [J]. 经济学家 ,2024,(3):35–44.

[63] 巩固拓展中间品贸易优势 [N]. 经济日报 ,2024-07-12(011).

[64] 于姗.财政政策对辽宁高技术产业发展影响研究 [D]. 大连：辽宁师范大学 ,2021：16–53.

[65] 李峰，李成刚.经济政策不确定性、货币政策规则与宏观经济稳定 [J]. 新疆财经大学学报 ,2022,(1):35–48.

[66] 张烁 . 产业链安全视域下“专精特新”制造企业金融支持研究 [D]. 郑州 ：中原工学院 ,2023.

[67] 马玉晓 . 论企业技术创新对产业转型升级的推动作用 [J]. 产业创新研究 ,2024(6):31-33.

[68] 苏依依 , 王敏 . 经济危机对企业研发回报率的影响——基于 Perez 巨浪模型的实证分析 [J]. 科研管理 ,2021,42(5):39-46.

[69] 郑子骜 . 基于经济危机的中小企业内部风险控制 [J]. 中国管理信息化 ,2017,20(21):22-23.

[70] 徐野，田聪，刘满凤，等 . 数据要素对经济增长的影响效应研究 [J]. 统计与决策，2024(6):121-125.

[71] 高华 . 技术创新与我国新能源产业发展研究 [D]. 北京 ：中国地质大学，2023.

[72] 中共中央关于进一步全面深化改革 推进中国式现代化的决定 [N]. 人民日报 ,2024-07-22(1).

[73] 陈先鹏 . 中国资源环境可持续性的时空格局、影响因素与优化路径研究 [D]. 杭州 ：浙江大学，2022.

[74] 曲格平 . 西部大开发与可持续发展 (下)[J]. 国土经济 ,2000(4):11-14.

[75] 孟子敏 . 绿色经济 ：21 世纪可持续发展的经济 [J]. 商业研究 ,2002(19):69-71.

[76] 李正图 . 中国发展绿色经济新探索的总体思路 [J]. 中国人口 · 资源与环境 ,2013,23(4):11-17.

[77] 唐平 . 长江经济带绿色经济发展水平时空演变及影响因素研究 [D]. 重庆 ：重庆工商大学，2023.

[78] 朱丽娜 . 数字化转型、企业 ESG 责任表现和创新绩效 [J]. 技术经济与管理研究 ,2024,(7):146-152.

[79] 潘辉 , 潘清 , 林晓燕 , 等 . 水务企业数字化转型探索与实践 [J]. 智能建筑与智慧城市 ,2024,(7):19-21.